浙江省习近平新时代中国特色社会主义思想研究中心课题成果

"八八战略"
二十周年研究丛书

丽水

红色浙西南
绿色大花园

何显明　袁顺波　徐友龙　著

ZHEJIANG UNIVERSITY PRESS
浙江大学出版社
·杭州·

图书在版编目(CIP)数据

　　丽水:红色浙西南　绿色大花园 / 何显明,袁顺波,
徐友龙著. —杭州:浙江大学出版社,2023.9
　　("八八战略"二十周年研究丛书)
　　ISBN 978-7-308-24108-3

　　Ⅰ. ①丽… Ⅱ. ①何… ②袁… ③徐… Ⅲ. ①社会主
义建设－研究－丽水 Ⅳ. ①D619.553

　　中国国家版本馆 CIP 数据核字(2023)第 151940 号

丽　水:红色浙西南　绿色大花园

LISHUI:HONGSE ZHEXINAN　LÜSE DA HUAYUAN

何显明　袁顺波　徐友龙　著

出 品 人	褚超孚
策划编辑	张　琛　吴伟伟　陈佩钰
责任编辑	陈逸行
责任校对	汪　潇
责任印制	范洪法
封面设计	周　灵
出版发行	浙江大学出版社
	(杭州天目山路 148 号　邮政编码 310007)
	(网址:http://www.zjupress.com)
排　　版	浙江大千时代文化传媒有限公司
印　　刷	浙江新华数码印务有限公司
开　　本	710mm×1000mm　1/16
印　　张	15
字　　数	200 千
版 印 次	2023 年 9 月第 1 版　2023 年 9 月第 1 次印刷
书　　号	ISBN 978-7-308-24108-3
定　　价	68.00 元

编写说明

20年前,习近平同志担任浙江省委书记期间,经过深入调查研究和系统谋划,为浙江量身打造了"八八战略"这一总纲领总方略,并为浙江发展倾注了大量心血、汗水和智慧,在之江大地书写了波澜壮阔的奋斗篇章,给浙江留下了宝贵的思想财富、精神财富和实践成果。20年来,"八八战略"引领浙江在省域层面率先开启了中国式现代化先行实践之路,推动浙江大地发生了全方位、系统性、深层次的精彩蝶变,实现了从资源小省向经济大省、外贸大省向开放大省、环境整治向美丽浙江、总体小康到高水平全面小康的历史性跃迁。

在"八八战略"实施20周年的重要时间节点,浙江省习近平新时代中国特色社会主义思想研究中心和浙江省社会科学界联合会共同组织力量编写"'八八战略'二十周年研究丛书",并将之纳入"浙江文化研究工程"。丛书重点论述了"八八战略"在浙江省11个地市(杭州、宁波、温州、湖州、嘉兴、绍兴、金华、衢州、舟山、台州、丽水)深入落实的全过程,以及所带来的深刻影响。我们希望,通过这套丛书,能让读者用心感悟习近平总书记的关心关怀和殷殷重托,学深悟透、感恩奋进、实干争先,持续推动"八八战略"走深走实,坚定不移沿着习近平总书记指引的道路奋勇前进;推动浙江在新时代新征程上奋力谱写共同富裕和中国式现代化先行的靓丽篇章。

目　录

导　论

　　21 世纪以来,丽水改革发展实践最鲜明的主旋律,就是在"八八战略"引领下,不断增强"绿水青山就是金山银山"理念,增强欠发达山区依托后发优势和生态优势实现赶超发展的信心,逐步走出一条高质量绿色发展之路,实现与全省同步高水平全面建成小康社会的奋斗目标,进而在全省高质量发展奋力推进中国特色社会主义共同富裕先行和省域现代化先行的进程中,全面建设绿水青山与共同富裕相得益彰的社会主义现代化新丽水。

　　习近平同志在浙江工作期间,多次赴丽水调研,作出了一系列重要指示。这些重要指示,作为"八八战略"的重要组成部分,为丽水坚定"绿水青山就是金山银山"的发展理念,坚持不懈地探索将生态优势转化为经济优势和发展优势,走出一条高质量绿色发展之路,提供了根本遵循。

　　20 年来,丽水全市上下铭记习近平同志的重要嘱托,全面践行"绿水青山就是金山银山"理念,努力探索和打造绿水青山转化为金山银山的丽水样本,推动生态、生产、生活全面融合,实现了生态治理、发展转型、生活改善的良性循环,在生态文明建设上走在了全省、全国的前列。

一、牢记重要嘱托,不断增强生态立市的战略定力

　　丽水位于浙江省西南部,市域面积 1.73 万平方公里,占浙江省陆

域面积的六分之一，是全省陆域面积最大的地级市。改革开放以来，丽水经济虽然得到了长足发展，但受制于发展基础、交通区位和资源要素条件，发展速度曾一直低于全省其他地区，特别是沿海地区。2002 年，丽水全市实现地区生产总值 183.8 亿元，仅占全省地区生产总值的 2.3%，财政总收入 20.9 亿元，仅占全省财政总收入 1.8%，全市 9 个县（市、区）全部属于全省 26 个相对欠发达县（市、区）。2002 年丽水城镇居民人均可支配收入 9900 元，农村居民人均纯收入 2920 元，分别只达到全省平均水平的 84% 和 59%。如何加快发展步伐，努力成为全省新的经济增长点，争取与全省同步全面建成小康社会，成为 21 世纪以来丽水改革发展的重大现实课题。

丽水是华东地区重要的生态屏障，拥有华东地区不可多得的生态资源禀赋优势。在经历了一段以牺牲生态资源换取经济增长的时期之后，20 世纪末以来，丽水干部群众逐渐意识到传统的粗放型增长方式不仅得不偿失，而且也无法实现追赶发展的目标，科学发展、绿色发展的观念逐步萌发。2000 年 5 月 20 日，丽水撤地设市，新成立的第一届丽水市委确立了"生态立市、绿色兴市"的发展战略，明确提出要打造"浙江绿谷"，积极探索超越"先污染、后治理""先发展、后保护"的发展路子。2001 年 5 月，丽水市人民政府正式实施《丽水市生态示范区建设总体规划》，守护好绿水青山，发挥好生态资源优势，成为丽水谋划欠发达山区跨越式发展的新路子的关键性问题。

20 年来，丽水各级干部不断深化对"生态是最大优势、发展是最重任务"的基本市情的认识，凝聚形成了"绿水青山就是金山银山"的最大共识，推动丽水形成了绿色发展的高度战略自觉。2003 年底，丽水市委一届十次全会提出了"生态立市、工业强市、绿色兴市"的"三市并举"发展战略。2004 年，丽水市委、市政府作出《关于建设生态市的决定》，全面实施生态农业、生态林业、生态工业、生态旅游、生态城市、生态环境、生态文化、生态安全等八项工程，着力将丽水打造成为具有发达的生态产业体系、优美的自然生态体系和完善的生态社会支撑体系的"秀山丽水,浙江绿谷"。

2007年,丽水市围绕打造"全国生态文明建设先行区和示范区",开始从战略上谋划生态文明建设的整体构想,致力于努力创建国家环境保护模范城市。2008年,丽水发布了全国第一个地级市组织编制并系统推进实施的生态文明建设战略纲要,即《丽水市生态文明建设纲要(2008—2020)》。2011年,丽水又以低丘缓坡开发利用试点、农村全面改革试点、扶贫改革试验区"三大国家试点"为抓手,努力建设绿色之城、养生之城、幸福之城,着力护好绿水青山,做大金山银山。在"八八战略"的指引下,丽水坚定不移举生态旗、走生态路、吃生态饭,确定了"绿色崛起、科学跨越"战略总要求,为丽水生态文明建设和绿色发展打下坚实基础。

2012年党的十八大召开之后,随着生态文明建设被纳入中国特色社会主义事业"五位一体"的总体布局,"绿水青山就是金山银山"理念上升为党治国理政的重要方略,丽水市进一步深化认识在全省、全国生态文明建设大局中的角色定位,进一步明确"绿色发展、科学赶超、生态惠民"发展主线,作出了打造"绿水青山就是金山银山"样板、争当"双区"示范、建设"生态旅游名城"、创建浙江(丽水)绿色发展综合改革创新区等一系列重大决策部署,推动了生态环境明显改善、生态经济蓬勃发展、生态文明深入人心,实现了绿色发展从"跟跑"到"并跑"再到"领跑"的重大跃变,生态文明建设从全国先行区向示范区演变。2013年11月,浙江省委召开丽水专题工作会议,明确将丽水作为浙江践行"绿水青山就是金山银山"理念的先行区和试点市,并决定对丽水不考核GDP和工业总产值两项指标。2013年12月,丽水市委作出了《关于坚定不移走"绿水青山就是金山银山"绿色生态发展之路,全面深化改革,建设美丽幸福新丽水的决定》,首次提出要"跳出丽水看丽水",把丽水的发展放到全省乃至全国发展的大背景、大格局当中去谋划,把"绿水青山"作为丽水发展的最大资本,强化生态保护力度。

为凝聚全市上下的思想共识，市委开展了"三思三问、三破三立"①的大讨论，要求全市围绕"三大指数、三张报表"②，全面推进"三美融合"，努力建设美丽幸福新丽水。

2016年3月7日，丽水市第三届人民代表大会常务委员会第三十六次会议决定，将每年的7月29日设立为"丽水生态文明日"，由此激励丽水全市干部群众在生态文明建设上奋勇争先。2017年2月，中共丽水市第四次党代会提出要始终遵循"尤为如此"重要嘱托，勇当绿色发展探路者和模范生，在"绿色发展、科学赶超、生态惠民"中，努力实现与全省同步高水平全面建成小康社会。2017年8月，浙江省政府办公厅印发了《浙江（丽水）绿色发展综合改革创新区总体方案》，提出率先把丽水建设成为生态环境优美、空间布局优化、绿色经济发达、人民生活幸福、体制机制完善的"大花园"，打造践行"绿水青山就是金山银山"全国标杆和"诗画浙江"鲜活样本。

2019年2月13日，丽水市隆重召开"两山"发展大会。市委明确提出，"绿水青山就是金山银山"理念是一场深刻的发展观革命，要深刻理解这一重大理念蕴含的发展内涵，以更大力度冲破思想障碍、破除观念藩篱，坚决克服在发展实践中不同程度存在的"不必转化"的守成心态、"不用转化"的盲目认知、"不敢转化"的畏难意识、"不会转化"的本领欠缺等认识误区，旗帜鲜明地树立起绿色发展的观念。丽水市委围绕以"绿起来"带动"富起来"进而加快实现"强起来"的高质量绿色发展的内在逻辑，提出要突出创新运用好"跨山统筹""创新引领""问海借力"三把"金钥匙"，推动"生态经济化、经济生态化"，全力构建现代化生态经济体系，使GEP（地区生态系统生产总值）更多、更好、更

---

① "三思三问、三破三立"：问一问发展为了什么，思考怎样才能让丽水老百姓真真切切看到、感受到丽水的绿色生态发展；问一问靠什么发展，思考用什么样的办法才能从根本上解决发展中的困难和问题；问一问是走先污染后治理的老路还是走绿色生态发展的新路，思考广大党员干部的精气神能不能适应今后改革创新绿色发展的要求。

② "三大指数、三张报表"：生态保护指数、绿色发展指数、民生发展指数，生态报表、经济报表、平安报表。

快、更直接地转化为 GDP，充分释放绿水青山的经济价值，努力变生态要素为生产要素、生态价值为经济价值、生态优势为发展优势，同时让发展成果更好地服务生态建设，更优地惠及群众利益，让高颜值的生态环境与高水平的经济发展服务并统一于高品质的美好生活，走出具有丽水鲜明特色的高质量绿色发展之路。全市"两山"发展大会，从发展观高度进一步深化了对"绿水青山就是金山银山"理念的认识，强化了在生态文明体系建设上先行先试的使命担当，推动丽水绿色发展进入聚焦打通和拓宽绿水青山转化为金山银山的现实通道，努力实现"生态经济化、经济生态化"良性循环，率先探索和构建现代化生态经济体系的新阶段。

2022 年 2 月，丽水市召开第五次党代会，全面系统地概括总结了丽水坚定不移地沿着习近平总书记指引的方向奋勇前进，不断深化"绿水青山就是金山银山"理念探索的实践经验，明确提出了高质量绿色发展必须遵循的规律性认识、经验性总结和行动性指南，即"八个必须坚持"：必须坚持高扬"丽水之干"的行动奋斗旗帜，必须坚持以浙西南革命精神注魂、赋能、立根，必须坚持把跨越式高质量发展作为新的历史使命，必须坚持把共同富裕确立为现代化建设的首要目标，必须坚持建设现代化生态经济体系的战略任务，必须坚持自觉运用好三把"金钥匙"，必须坚持把"双招双引"作为战略性先导工程，必须坚持以制度建设现代化推进市域治理现代化。大会还根据浙江肩负的高质量发展建设共同富裕示范区的使命，号召全市上下永做跨越式高质量发展道路上奋勇向前的新时代"挺进师"，强调要把跨越式高质量发展同满足人民美好生活需要紧密结合起来，打造共同富裕美好社会山区样板，为全面建设绿水青山与共同富裕相得益彰的社会主义现代化新丽水奠定坚实基础。

丽水牢记和践行习近平同志重要嘱托的过程，是全市干部群众对"绿水青山就是金山银山"理念形成日益广泛和深刻的思想共识的过程，是全市各级党委、政府贯彻"绿水青山就是金山银山"理念日益坚定、执着的过程,也是丽水全市绿色发展的动力、活力全面增强的过程。丽水已成为首批国家生态文明先行示范区、首批国家生态保护和建设示范区、全国水生态文明城市。正是坚定遵循习近平同志的重要嘱托,坚持绿色发展一张蓝图绘到底,一任接着一任干,丽水不断健全和完善了绿色发展的体制机制,逐步拓宽了绿水青山转化为金山银山的通道,推动了全市经济的快速发展和人民群众生活水平的显著改善。

二、坚持改革创新,不断深化"绿水青山就是金山银山"理念的探索

20 年来,丽水不断增强创新践行"绿水青山就是金山银山"理念的责任担当,围绕在守护好绿水青山的基础,努力将绿水青山转化为金山银山,不断加大体制机制创新力度,在促进经济生态化和生态经济化方面进行了大量的体制机制创新,在构建现代生态文明体系上走在了全国前列。

一是构建最严格的生态管控体系。按照生态环保功能的不同定位,综合考虑资源与生态环境现状、生态环境敏感性、生态系统服务功能重要性及其空间分布,丽水将全市 95.8% 的区域列为限制工业进入的生态保护区,其中生态红线区占比达到 31.9%。与此同时,全面落实管控措施,厘清负面清单,将各类经济社会活动限定在红线管控范围之外,以顶格标准压实生态底线,守护好秀山丽水的净土,切实有效地担负起了维护浙江省重要生态屏障、长三角生态"绿心"的重要职责。

二是完善排污权交易制度。2013 年,《丽水市排污权有偿使用和交易管理办法(试行)》正式出台,其后,丽水市又陆续出台了《丽水市排污权有偿使用和交易管理办法实施细则(试行)》《丽水市排污权有偿使用和交易规则(试行)》《丽水市排污权有偿使用收入征收使用管

理办法(试行)》《丽水市排污权抵押贷款暂行规定》《丽水市初始排污权有偿使用费征收标准》等五项排污权交易制度及支撑文件,规范了排污权交易对象、交易标的、交易形式、排污权回购及排污权租赁、排污权抵押贷款等排污权交易重要内容,搭建较为完善的排污权交易制度框架。从2014年7月开始,丽水市在统一排污权交易政策的基础上,实现交易区域全覆盖、交易污染物指标全覆盖,有序开展排污权有偿使用和交易各项工作,所有交易信息均及时在浙江省排污权交易平台录入。

三是完善生态补偿制度。丽水市将建立健全生态补偿机制作为促进生态文明建设的重要制度安排,推动建立瓯江源头地区水资源保护专项资金,探索研究公益林分类补偿和分级管理机制,建立政府间的横向财政转移支付制度,实行市场化、差别化的生态补偿模式。2018年,景宁畲族自治县人民政府印发了《景宁畲族自治县关于建立龙潭桥水库县城饮用水水源地生态保护补偿机制的实施意见》,在全市率先建立了饮用水水源生态保护补偿机制。随后,相关制度在市域范围内得到广泛推广。截至2019年4月,丽水市6个县(市、区)已经完成瓯江流域上下游横向生态补偿协议,省里对每个试点县(市、区)各出资500万元,设立横向生态补偿资金,建立了"一江清水送下游"的长效保障机制。

四是创新生态文明绩效考核与责任追究及损害赔偿制度。政绩考核是引导地方政府行为的重要指挥棒,在不考核GDP和工业总产值的基础上,丽水积极探索新的领导干部综合考核办法。根据不同的主体功能定位,丽水将9个县(市、区)分为城市核心区、生态经济区、生态保护区,突出考核"生态保护、绿色发展、民生幸福"三大指数,并将减排任务、水气、生态环境满意度等列入考核,实行差异化考核,与干部年度评优挂钩,生态文明建设指标占党政绩效考核的比重达56.7%。与此同时,丽水积极开展编制自然资源资产负债表省级试点工作,开展党政领导干部生态环境(自然资源资产)离任审计试点,探索生态环境损害党政领导干部问责办法,坚持对环境违法行为"零容忍"。2015年4月,中纪委、中组部到丽水调研生态环境损害责任追究问题,丽水制定的《丽水市生态环境损害责任追究办法(试行)》获得认同,为中央审议通过的《党政领导干部生态环境损害责任追究办法(试行)》提供了"丽水经验"。

五是探索建立资源环境市场化制度。丽水不断建立健全自然资源用途管制和有偿使用制度,对全域的水流、森林等自然资源进行确权登记。同时加快自然资源及其产品价格改革,建立健全矿产资源补偿费制度、用水阶梯价格制度、差别电价和惩罚性电价制度及天然气市场化定价机制。丽水市还积极探索水利产权制度改革,在全国开水电资源开发权有偿出让的先河,规定新开发水电项目的资源开发使用权实行公开招标和有偿出让。积极探索实行"三权"(林权、农民住房财产权、土地流转经营权)抵押贷款机制,在全国率先出台了《关于为推进农村"三权"抵押工作提供司法保障的试行意见》,组建了市、县、乡三级农村产权交易中心。

六是积极探索生态产品价值实现机制。2019年1月,丽水被国务院列为全国首个生态产品价值实现机制改革试点市。丽水抓住这一历史机遇,在全国地级市中率先把GEP和GDP一同列为市域经济社会发展的核心指标,着力探索实现GDP和GEP规模总量协同较快增长,GDP和GEP之间转化效率较快增长的有效路径,创新建立GDP和GEP双核算、双评估、双考核机制。丽水已发布国内首个山区市生态产品价值核算地方标准,建立市、县、乡、村四级GEP核算体系,并积极推动GEP进规划、进决策、进项目、进交易、进监测、进考核。2020年,丽水完成全国首笔公共机构会议碳中和交易,发放全国首笔"GEP生态价值贷",实现"两山银行"县(市、区)全覆盖,各类绿色金融产品余额达187.47亿元。建立市级生态产品政府采购和市场交易制度,完成生态产品政府采购5.92亿元。近几年,丽水还着眼于跨山统筹,自主性地推进国家公园创建,并取得突破性进展,圆满完成了国家公园设立标准试验区试点,额外通过了国家公园体制试点评估验收,入选"中国改革 2020 年度十佳案例"。

体制机制的一系列创新,有效地激发和调动了丽水干部群众探索将绿水青山转化为金山银山的积极性、创造性,丽水的生态环境不断优化,实现了在经济快速发展过程中生态资源的保值增值。据中国科学院生态环境研究中心于 2018 年 7 月发布的《丽水市生态系统生产总值(GEP)和生态资产核算研究报告》核算,丽水市生态系统生产总值从 2006 年的 2096.31 亿元增长到 2017 年的 4672.89 亿元,增加了 2576.58 亿元,按可比价格计算,增幅达到 86.7%。这充分表明,自 2006 年以来,丽水自然生态系统面积逐年扩大,质量逐年提高,生态资产持续增加,GDP 与 GEP 实现了双增收。到 2022 年,丽水生态环境状况指数连续 19 年全省第一,空气、水环境质量均保持全国前十。全市率先实现省级生态县全覆盖,云和、遂昌、庆元、缙云、景宁、松阳 6 县被评为国家级生态县。经济生态化与生态经济化良性循环发展格局,预示着丽水在践行"绿水青山就是金山银山"理念、努力构建现代生态文明体系上已经走在了全省、全国的前列。

三、坚持绿色发展,全面推进经济发展方式的转型升级

在守护好秀山丽水这块净土的同时,丽水市按照"八八战略"的总体部署,积极推进产业结构的调整和经济增长方式转变,逐步走出了一条欠发达山区绿色赶超之路。立足充分发挥生态优势的重大战略支撑点,坚决淘汰落后产能,大力培育生态产业,丽水实现了生态农业提质增效、生态工业扩量转型、生态旅游业蓬勃发展。

工业化是一个地区实现现代化的关键,也是现代化不可逾越的发展阶段,丽水要实现赶超发展就必须走出一条新型的工业化道路。2003 年,丽水明确提出"生态立市、工业强市、绿色兴市"发展战略,首次把"工业强市"融入了全市经济社会发展的重大战略决策,并把"合

力兴工、开放推动"作为经济工作的重中之重来抓。为处理好工业发展与生态保护的关系，丽水市按照主体功能区规划，坚持全市"一盘棋"思想，实施差别化的生态工业布局政策。在省级重点开发区和生态经济地区，重点布局发展生态工业，努力建成全市生态工业的发展高地；在省级重点生态功能区，坚持生态环境保护优先原则，因地制宜适当发展符合生态要求的生态工业；在禁止开发区，严禁一切工业开发，取消所有的工业生产点。2014 年 4 月，丽水出台了《工业企业绩效综合评价和要素差别化管理的实施意见》，在全市工业企业实行以单位用地、用电、产出效益核算为主要内容的企业绩效综合评价和要素差别化管理制度，随后又在全省率先出台了工业发展的负面清单管理制度。

丽水生态工业发展最为宝贵的实践经验，就是以平台创业撬动工业发展。目前，丽水全市共有 12 家省级以上开发区（工业园区、高新区）、68 个乡镇工业功能区，以占全市 1.75％的土地面积，集中了全市70％以上的规上工业企业，创造了占全市近80％的规上工业总产值和50％以上的税收，为全市工业化奠定了较为坚实的产业基础，成为推动区域经济发展最为强劲的"发动机""加速器"和"增长极"。2019年，丽水召开全市生态工业发展大会，明确提出把生态工业发展作为实现丽水高质量绿色发展历史使命的主攻方向和战略抉择，全面启动实施平台"二次创业"，紧扣"整合、转型、赋能、开放、改制"十字方针，奋力推进生态工业高质量发展。从丽水的发展实际来看，平台"一次开发"解决的是丽水工业经济"从无到有"的基本问题，开辟了丽水 21世纪工业化发展道路，有力地推动了丽水从传统农业社会向现代工业社会发展转型。平台"二次创业"要解决的是丽水工业经济继续"从有到好、从好到优、从优到强"的高阶问题，为的是开辟丽水新时代生态工业高质量发展新路径，进而推动产业实现从价值链中低端向中高端跃升。2022年，市第五次党代会进一步提出，坚定"工业强市"方向不动摇，把生态工业高质量发展作为现代化生态经济体系建设的重点，着力深化平台"二次创业"。2020年,全市五大产业集群占规上工业增加值比重达59%,高新技术产业、战略性新兴产业增加值年均分别增长9.9%、11%。芯片、细胞、未来建筑等新产业从无到有,丽水经济开发区滚动功能部件、缙云机床、龙泉汽车(空调)零部件等特色块状经济向现代产业集群加快转型。

在坚持工业强市的同时,丽水充分发挥生态资源优势,大力发展生态旅游业和生态农业。丽水市委、市政府在2005年出台了《关于进一步加快旅游产业发展的意见》,大力加强旅游产业发展的氛围营造、基础设施建设、旅游企业培育扶持、财政投入力度,特别是旅游项目建设、旅游管理体制建设力度。2008年,丽水出台了《关于推进生态旅游经济发展若干考核办法》,将生态旅游确立为全市的支柱性产业。"十二五"时期以来,丽水更是全速推进生态旅游业的跨越式发展,生态旅游业被确立为全市"第一战略支柱产业",成立了由市主要领导任组长的"生态休闲旅游产业发展领导小组",统筹协调全市旅游重大工作,出台了《关于推进美丽城乡建设、打造生态旅游名城的若干意见》等文件,全面打造"秀山丽水,养生福地,长寿之乡"品牌。丽水独特的生态旅游资源优势,经过持之以恒的保护开发,逐步催生出了生态旅游业井喷式的发展。

在推进经济增长方式转型升级的过程中,丽水市全面扩大对内对外开放,全力对接"山海协作"工程。通过浙江投资贸易洽谈会、"法国·中国浙江周"、丽水华侨华人大会等境内外大型招商经贸活动,广泛邀请海外侨胞参与经贸、科技等方面的合作与交流,华侨回乡投资领域不断延伸拓展。在利用外资上,丽水也逐步实现了扩量提质,外商投资产业结构得到优化,投资领域不断拓宽,外商投资来源的多元化格局已初步形成。

在扩大对内开放上,丽水市本着"优势互补、互惠互利、合作共赢"的原则,积极推进跨区域、全方位的"山海"合作与交流。近些年来,通过举办上海"丽水推介周"活动,丽水实现各县(市、区)与上海"区—

县"结对合作全覆盖。通过打造绿谷信息产业园、杭州海创园、大学生
创业园、大健康产业园等创新平台,举办"智汇丽水"人才科技峰会、全
国"两山"发展人才论坛,发起成立长三角一体化人才社团联盟,丽水
加强了与浙江清华长三角研究院、之江实验室、浙江大学、武汉大学等
大院名校的战略合作,以创新驱动架起通往现代化生态经济体系的桥
梁。通过设立丽水(长三角)招商中心、旅游推广中心,举办世界丽水
人大会、世界青瓷大会、华侨进口商品博览会、国际食用菌大会、丽水
"巴比松"国际研讨会、丽水摄影节、"智汇丽水"人才科技峰会,丽水有
效地融入了长三角一体化发展的进程,扩大了在国内国际的影响力。
"十三五"时期,全市实施山海协作项目 890 个,到位资金 910.58 亿
元,落地科创、产业、"消薄飞地"20 个。世界丽水人大会、侨博会、青
瓷大会等活动办出了"丽水影响力"。先后培育全国电商百佳县 7 个、
淘宝村 21 个,网络零售额从 121.4 亿元增至 481.6 亿元,年均增长
31.7%。获批国家外贸转型升级基地 3 个,出口年均增长 8.9%。

  发挥后发优势和生态优势积极推进产业结构优化,加大对内对外
开放力度,实现借力发展,为丽水经济的快速发展注入了新的强大动
力。在生态环境状况指数连续 19 年领跑全省的同时,2022 年,全市经
济总量跃上 1800 亿元新台阶,人均生产总值达到 1 万美元,一般公共
预算收入由 2015 年的 94.51 亿元增加到 2022 年的 170.86 亿元,年
均增长 8.8%。全市三次产业增加值比重由 2005 年的 14.0∶45.1∶
40.9 调整为 2022 年的 6.4∶38.6∶55.0,实现了由"二、三、一"到
"三、二、一"的根本性转变。在成功摘掉"欠发达地区"帽子之后,市域
综合实力实现了从处于全国地级市中位线以下水平到中位线以上水
平的关键性跃升。据权威机构评估,2019 年,丽水在全国 290 个城市
绿色竞争力指数评估中排名第 86 位,在全国地级市全面小康指数评
估中排名第 45 位。

四、坚持绿色富民,全面推进城乡经济社会文化协调发展

丽水市围绕生态富民,着力推进城乡经济社会文化协调发展。

丽水全市总面积占全省陆域面积的六分之一,户籍人口只占全省的十八分之一,但贫困人口却占全省的五分之一。2003 年以来,丽水全面实施"欠发达乡镇奔小康工程"。针对贫困乡镇消除绝对贫困后欠发达乡镇存在"区域性相对贫困"突出的现象,面向 118 个省级欠发达乡镇,依托深化产业开发,加强下山搬迁,实行社会救助等有效手段,减缓区域性相对贫困。随后针对以乡镇为单位的区域性相对贫困减缓后低收入农户"阶层性相对贫困"突出的现象,又进一步实施了"低收入农户奔小康工程",将 2007 年家庭人均收入低于 2500 元的农户列为扶贫对象,深化产业开发,加大易地搬迁力度,把符合最低生活保障条件的低收入农户全面纳入最低生活保障,合力提升专项扶贫、行业扶贫、社会扶贫"三位一体"的大扶贫格局,减缓群体相对贫困,缩小群体收入差距。2013 年 1 月,丽水市被国务院扶贫开发领导小组确立为首批国家级扶贫改革试验区之一,市委、市政府出台了《关于全面推进扶贫改革试验的实施意见》,详细制定了丽水市扶贫开发体制创新试验任务分解表,逐步探索形成了以"搬迁扶贫、产业扶贫、社会扶贫"为特色的扶贫开发"丽水样本"。此外,丽水通过探索形成信贷支农、信用惠农、支付便农、创新利农的农村金融服务"丽水模式",在全省率先支持发展农村电商,创造全国知名的遂昌"赶街"模式等,助力低收入群体创业致富。2015 年,丽水全面消除人均收入 4600 元以下贫困人口。

据统计,2005—2022 年,丽水市城镇居民人均可支配收入从 12846 元增加到 55784 元,农村居民人均可支配收入从 3572 元增加到 28470 元,城乡居民收入倍差从 3.60 缩小到 1.96,农民收入增幅自 2009 年以来连续 14 年位居全省第一。2015—2020 年,全市顺利实现

"四个清零"，最低生活保障实现城乡同标，政府民生类支出较"十二五"增长 2.29 倍。与全省同步实现教育基本现代化，高等教育毛入学率由 49.8% 提高到 62.1%。居民健康素养水平由 19.9% 提高到 32.3%，人均预期寿命由 79.37 岁提高到 81.04 岁。国家卫生城市（县城）、省级卫生乡镇实现全覆盖。生态富民的成效正在丽水不断彰显出来。

丽水市坚持越是欠发达地区越要加快推进城市化的理念，通过整合各种生产要素，推进区域经济布局的不断优化。2008 年，丽水市统筹城市建设各项奋斗目标，大力实施"六城联创"，坚持以生态旅游名城定位打造美丽城市，按照"青山画城、绿水兴城、文化荣城"的理念，全面推进"产居游共融、人景城共享"的国际生态旅游城市建设。经过长期不懈的努力，丽水市先后创建"中国优秀旅游城市""省级环保模范城市""国家森林城市""国家园林城市""国家卫生城市"，2018 年更是在参评第五届全国文明城市的 100 个地级市中夺得"全国第四、全省第一"的骄人成绩，创下浙江省历届全国文明城市创建考评的最好名次，一举摘取"全国文明城市"光荣称号。2015—2020 年，丽水市常住人口城镇化率从 56.4% 提高到 65%，中心城市建成区面积由 34.9 平方公里扩展到 43.5 平方公里，10.8 万名群众通过"大搬快治""大搬快聚"下山进城。

在做强、做大、做优中心城市的同时，丽水坚持统筹城乡发展的基本方略，按照生产空间集约高效、生活空间宜居适度、生态空间山清水秀的要求，协同推进新型城镇化和城乡一体化发展，统筹美丽城市、美丽城镇、美丽乡村建设，打响"秀山丽水、诗画田园、养生福地、长寿之乡"区域品牌。通过全面推进大交通、大水利、大能源、大市政、大智慧"五大网络"建设，连接市县的交通基础设施显著改善，先后于 2013 年实现"县县通高速"，2015 年迈入"高铁时代"，2017 年实现建制村客车"村村通"。通过实施"小县大城、组团发展"战略，实施两轮"百村示范、千村整治"工程，开展"六边三化三美"行动，全域保护传统村落，丽

水用景区化理念建设美丽城镇、美丽乡村，累计创成 A 级景区村庄
635 个，3A 级景区村庄 77 个，新增省级美丽宜居示范村试点 178 个，
257 个村被列入中国传统村落，成为"中国美丽乡村建设示范地区"。

在社会建设上，按照省委"平安浙江"建设的部署，丽水市委先后
作出了建设"平安丽水""法治丽水""信用丽水"建设的决定，全面加强
各项社会事业建设和社会治理创新。2016 年，丽水夺得"平安金鼎"，
并被中央综治委评为"2013—2016 年度全国社会治安综合治理优秀
市"。到 2022 年，连续 18 年被省委、省政府命名为"平安市"，下辖 9
个县（市、区）均被命名为省级"平安县（市、区）"，群众安全感满意率连
续多年位居全省第一，食品安全满意度连续 14 年全省第一，平安综治
工作走在了全省前列。

在文化建设上，丽水市大力弘扬浙西南革命精神，积极践行社会
主义核心价值观，深化"最美丽水人"主题宣传活动，全面加强丽水特
色生态文化建设，形成了"红绿融合"的文化建设新格局。通过持续实
施基本公共文化服务标准化均等化五年行动计划，建成了"农村三十
分钟文化活动圈、城市十五分钟文化活动圈"，基本实现村（社区）文化
活动场所全覆盖。聚焦挖掘、弘扬传统优秀文化和地方特色文化，丽
水呈现出前所未有的文化自信和文化新气象。"乡村春晚"被评为国
家公共文化服务体系示范创建项目，龙泉青瓷传统烧制技艺、庆元中
国传统木拱廊桥营造技艺、遂昌"二十四节气·班春劝农"入选人类非
物质文化遗产名录，汤显祖文化、摄影文化、华侨文化、畲族文化等具
有鲜明地方特色的文化不断展现出独特的魅力。

五、全面加强党的领导，不断优化山清水秀的政治生态

丽水市委在抓住经济建设这个中心的同时，高度重视党的建设，
全面推进党的建设新的伟大工程，努力形成围绕经济抓党建，抓好党
建促发展的良好局面。

多年来，丽水市委坚持总揽全局、协调各方，自觉坚持和改善党的领导的重大政治要求，从政治建设、思想建设、组织建设、作风建设、纪律建设等方面着手，改革和完善党委领导的体制机制，坚持民主集中制，严明党的政治纪律和政治规矩。全市各级党组织在集中主要精力抓住全局性、战略性、前瞻性的重大问题时，坚持把发挥地方党委的领导核心作用与支持同级各种组织积极主动、独立负责、协调一致地开展工作统一起来，正确处理与人大、政府、政协、司法机关、人民团体和各种社会组织的关系，做到不包办、不越权、不干涉，使各自的职能作用得到充分发挥，形成了各方在党委的统一领导下相互支持、相互配合，各司其职、各尽其责的工作格局。

与此同时，丽水各级党委自觉扛起全面从严治党的政治责任，不断推动全面从严治党向纵深发展。丽水突出加强党的政治建设，深入实施"习近平新时代中国特色社会主义思想教育培训计划"，教育引导党员干部增强"四个意识"、坚定"四个自信"、做到"两个维护"。严格执行领导干部政治素质考察实施细则，探索建立领导干部政治素质档案。全面推进清廉丽水建设，率先建立县级"清廉指数"指标体系，设立清廉丽水"红黑榜"和乡镇（街道）政治生态排行榜。严格落实中央八项规定精神和廉洁自律准则，以踏石留印、抓铁有痕的劲头整治"四风"，实践"四种形态"，坚定不移"打虎""拍蝇""猎狐"，高标准推进监察体制改革试点工作。2017年，丽水全面从严治党、党风廉政建设和反腐败工作群众满意度位居全省第一。

丽水市铭记习近平同志对丽水干部队伍建设提出的一系列重要指示，坚持"信念坚定、为民服务、勤政务实、敢于担当、清正廉洁"的高素质干部时代标准，围绕从严教育培养、从严选拔任用、从严管理监督，努力打造政治绝对忠诚、干事尤为担当、做人尤为干净、作风尤为过硬、精神尤为昂扬的"丽水铁军"。市委出台了加强干部选拔任用的一系列配套制度建设，不断扎紧选人用人的制度"篱笆"，树立注重品行、崇尚实干、重视基层、鼓励创新、群众公认的正确用人导向。2018

年 8 月召开的丽水市委四届四次全体（扩大）会议，强调以"丽水之干"担纲"丽水之赞"，推动"八八战略"再深化、改革开放再出发，高质量谱写"八八战略"丽水新篇章。市委专门出台了《关于进一步激励干部新时代新担当新作为以"丽水之干"担纲"丽水之赞"的实施意见》，着力强化敢担当、善担当、能担当导向。2019 年，丽水市委四届六次全会专门作出《大力弘扬践行浙西南革命精神的决定》，在全市掀起大力弘扬和践行浙西南革命精神的热潮，为"丽水之干"注魂、赋能、立根。

丽水市深入践行党的群众路线，把密切联系群众作为干部的基本功，全面推行县、乡、村三级干部联乡联村联户联动办实事和党员干部基层走亲连心制度，推动各级党员干部用脚步丈量民情，与群众"一块苦、一块干、一块过"。各县（市、区）结合地方实际，积极探索新形势下密切联系群众、维护群众利益的有效机制和载体，先后涌现出了松阳"民情地图"、庆元技能型乡镇政府、莲都"住村联心"等一系列在全省和全国产生重要示范影响的创新典型，有力推动了基层治理模式的创新。

党的二十大吹响了以中国式现代化全面推进中华民族伟大复兴的号角，浙江省第十五次党代会明确提出要以"两个先行"打造"重要窗口"，为现代化新丽水建设标注了新的时代方位。中国式现代化是人口规模巨大的现代化，是全体人民共同富裕的现代化，是物质文明和精神文明相协调的现代化，是人与自然和谐共生的现代化，是走和平发展道路的现代化。丽水要全面深化"八八战略"的贯彻落实，在全省"两个先行"中发挥更加积极的作用，就必须牢牢地把握中国式现代化的基本特征和本质要求，找准自己的方位，持续发力，以永做新时代"挺进师"的奋斗实干推进中国式现代化的丽水探索与实践，创建全国革命老区共同富裕先行示范区，全面建设社会主义现代化新丽水，为谱写中国式现代化的浙江新篇章，贡献更多的丽水新案例、新素材、新经验。

第一章　走出一条科技先导型、资源 节约型、环境友好型的发展之路

多年来,丽水历届市委、市政府牢记习近平同志的嘱托,坚持"八八战略"一张蓝图绘到底,秉持绿色发展理念,以发展理念的革命性变革引领发展战略的重构,以思路、技术、体制的全方位创新,着力探索将绿水青山转化为金山银山的有效通道,逐步形成了富有丽水特色的高质量绿色发展模式。2018 年 4 月 26 日,习近平总书记在武汉主持召开深入推动长江经济带发展座谈会并发表重要讲话,在谈到如何处理好生态保护与经济发展的关系时,总书记指出:"浙江丽水市多年来坚持走绿色发展道路,坚定不移保护绿水青山这个'金饭碗',努力把绿水青山蕴含的生态产品价值转化为金山银山,生态环境质量、发展进程指数、农民收入增幅多年位居全省第一,实现了生态文明建设、脱贫攻坚、乡村振兴协同推进。"①

第一节　树立全面的发展观

习近平同志在浙江工作期间,曾多次深入丽水调研,强调千万不要以牺牲环境为代价换取一点经济的利益②,要求丽水充分发挥生态

---

① 习近平:《在深入推动长江经济带发展座谈会上的讲话》,《求是》2019 年第 17 期。
② 中央党校采访实录编辑室:《习近平在浙江》(上),中共中央党校出版社 2021 年版,第 256 页。

资源优势,大力发展生态经济,促进经济与环境协调发展①,提出"绿水青山就是金山银山,对丽水来说尤为如此"②。

一、丽水经济发展及其面临的挑战

2000 年,丽水撤地设市,行政管理体制发生了重大变化,这一变化为丽水整合资源、优化资源配置、形成经济发展合力奠定了新的基础。同时,随着 21 世纪的到来,中国经济发展新的画卷渐次展开。坚持科学发展观、构建社会主义和谐社会等重大战略部署陆续出台。与之相适应,丽水提出了"生态立市、工业强市、绿色兴市"的"三市并举"发展战略,丽水经济社会发展走上了一条可持续的健康发展道路。

撤地设市以来,丽水市委、市政府出台相关政策,着力推进第二、三产业发展,把工业化与城市化结合起来,大力推进生态文明建设,丽水经济得以持续快速健康发展。三次产业结构呈现出农业比重不断下降、第三产业比重稳步提升的趋势。市委、市政府在做好生态保护这篇文章的前提下,把工业发展放在突出位置,以工业园区为载体,加大工业投入力度,实行扶优扶强政策,加强对支柱产业、优势产业和特色产业以及重点企业的投资引导,初步形成了以化学原料及化学制品制造业,皮革、毛皮、羽毛(绒)制品业,通信设备、计算机及其他电子设备制造业,塑料制品业,木材加工及木、竹、藤、棕、草制品业,电力生产和供应业,交通运输设备制造业等为重点的七大行业。

与此同时,处于世纪之交的丽水经济仍以传统要素驱动、投资驱动为主导,要素制约日趋严峻、产业层次低、竞争力不强、创新要素供给不足、社会发展不够平衡等矛盾日益突出。

(一)产业基础薄弱、产业层次不高

丽水产业结构以劳动密集型传统制造业为主,产业基础薄弱,集

---

① 中央党校采访实录编辑室:《习近平在浙江》(下),中共中央党校出版社 2021 年版,第 50 页。
② 《加快把生态优势转化为经济优势》,《浙江日报》2016 年 3 月 21 日。

聚发展能力不强,产业结构也不尽合理。三次产业中传统行业比重过高、现代化行业发展滞后;第一产业规模化龙头企业少,内部结构不合理,农业产业化、现代化水平低,农业支柱产业的集聚带动辐射作用没有得到充分发挥,农民增收的基础不稳定;第二产业内部传统产业技术含量低、深度加工能力不强等结构性矛盾突出,且重工业化趋势明显,黑色金属冶炼及压延加工业、金属制品业、塑料制品业高速发展,侵占了过多的生产要素和资源,"两新"(新材料和生物医药)与"两特"(农林加工和文创)产业规模小、发展慢。工业经济总量小、产品档次低、产业结构差,仍然是制约丽水区域经济发展的主要因素;第三产业内部以中低端观光旅游业和休闲农家乐为主,高端产业和龙头尚未形成。第一产业和第三产业的产业联动与高附加值不够,服务配套设施不健全,地域性、个性化特色不突出,具有核心竞争力的品牌尚未形成。

(二)工业化进程与生态保护的冲突

长期以来,丽水的工业比重一直比较低,但正因如此,生态才得以保护良好。随着丽水大力承接各地产业梯度转移,工业产业中技术含量低、能源消耗大、深加工能力不强的企业占据了较大的比例,本地工业化和城镇化的进程也进一步加快,环境保护压力明显加大。一些新建项目陆续投产,部分行业产能过剩矛盾开始显现,节能降耗及生态环境保护压力增大,尤其是黑色金属冶炼及压延加工业规模的扩大,使得节能减排压力增大。此外,由于资金与技术限制,部分生产与生活用水没有进行污水处理或回流利用,造成可再生水资源开发利用不够、节约利用不够以及水污染等问题。

(三)土地、能源等资源紧缺

丽水地貌以山为主,是"九山半水半分田",能直接用于工业化、城市化建设的土地仅占全市土地面积的约百分之一,发展空间受限一直是影响丽水经济社会发展的重要自然因素。同时,能源紧缺也是丽水经济发展面临的一个挑战。进入 21 世纪后,全国性煤电油供求日益呈现紧张的形势,丽水的能源约束更为严重,煤电油供应和运输全面告急,其中缺电情况最为严重,严重的电力短缺使得相当一部分企业处于"停三开四""停四开三"状况,能源约束日益紧迫。此外,丽水人口地域分布广泛,聚集性低,给经济社会的进一步发展带来了阻力。

(四)创新资源要素供给不足

一般而言,无论是产业升级缓慢还是物质要素短缺,从根本上讲,与创新要素不足有着密切关系。丽水内生动力不强,对政策与资金等外部资源依赖性明显,人才、资金等资源匮乏,支撑转型升级的体制机制不健全,制约了其经济的进一步发展。丽水产业层次较低,市场主体较少,特别是规上企业少、比重低,缺乏有影响力和能带动行业发展的龙头企业,工业"散、小、弱"的状况较为明显,依然处于产业链末端及价值分配链的附属地位。更重要的是缺乏各类技术和人才,突出表现为社会科技创新能力较弱,专业技术人员少,技术人员结构欠合理,不足以适应高新技术和先进工艺岗位的要求。同时当地大专院校、科研机构少,研究、引进推广科技成果的能力较弱,推进经济发展的科技含量以及科技投入偏低,粗放型经济发展方式急需转变。

二、丽水创新发展之路

习近平同志对丽水的关切和告诫,擘画了丽水的创新发展之路。市委、市政府牢记习近平同志的嘱托,坚持"八八战略"一张蓝图绘到底,保持绿色发展的战略定力,始终把生态作为最大的特色、最大的优势、最大的政治加以落实,全面探索绿色发展、生态富民、科学跨越的路子。

(一)大力发展生态工业,谋求绿色 GDP

谋求绿色 GDP,即不能单纯追求 GDP 的速度和规模,而是要更加注重经济发展的质量。发展是中国共产党执政兴国的第一要务。进入 21 世纪,浙江省已进入新的发展阶段。在此背景下,习近平同志认为,发展不仅仅是为了解决温饱,而是为了加快全面建设小康社会、提前基本实现现代化;不能光追求速度,而应该追求速度、质量、效益的统一;不能盲目发展,污染环境,给后人留下沉重负担,而要按照统筹人与自然和谐发展的要求,做好人口、资源、环境工作。为此,浙江发展既要 GDP,又要绿色 GDP。特别是浙江人多地少,如果走传统的经济发展道路,环境的承载将不堪重负,经济的发展与人民群众生活质量的提高会适得其反。① 习近平同志在丽水调研时指出,环境就是生产力,良好的生态环境就是 GDP,并要求丽水的经济发展围绕生态做文章,充分利用丽水国家级生态示范区的品牌优势,大力发展生态经济,变生态资源优势为经济优势。②

(二)积极推动生态经济化,释放绿色发展新动能

毫无疑问,绿水青山所提供的生态产品蕴含着极其丰富的直接或间接、现实或潜在的价值,但生态优势并不能直接转变为发展优势,绿水青山也不能够直接兑换成金山银山。丽水虽然生态资源优势突出,是"浙江绿谷""华东天然氧吧",但在相当长的一段时期里因为多方面的原因,存在"养在深闺人未识"的状况。在景宁调研时,习近平同志指出,景宁是"茶乡竹海"。"茶文化博大精深,茶业经济的潜力是很大的。目前,我们面临的问题就是怎么处理农药残留量太大的问题,因为农药的残留量太大了,出口就会受影响。外国现在搞绿色壁垒,一定要注意发展绿色食品,这样出口才有优势。国内也在搞绿色食品,最重要的是要注重食品安全。"③习近平同志要求丽水大力发展生态农业,以八大农业支柱产业为重点,以绿色食品和有机食品生产基地为

---

① 习近平:《之江新语》,浙江人民出版社 2007 年版,第 37 页。
② 习近平:《干在实处 走在前列——推进浙江新发展的思考与实践》,中共中央党校出版社 2006 年版,第 516 页。
③ 中央党校采访实录编辑室:《习近平在浙江》(下),中共中央党校出版社 2021 年版,第 47 页。

载体,搞好农副产品精深加工,拉长农业产业链,打造生态农业品牌。①

(三)走科技先导型、资源节约型、环境友好型的发展之路

"长期以来,我省发达地区走的是一条传统工业化道路,经济发展模式以资源消耗型为主,这种发展模式最大的弊端是对自然资源的过度消耗,造成对生态环境的破坏。随着资源要素的制约和环境压力的日益加大,这种粗放型的发展模式已经难以为继。"②习近平同志指出,多年来的实践证明,转变经济增长方式,是解决经济运行中一系列难题的关键,是一个复杂的系统工程,一项长期的战略任务。同时,转变经济增长方式有一个从量变到质变的过程,可能会有一个阵痛期,经济增长方式转变还会对经济增长速度带来一定影响。在这个过程中,会在存量和增量两方面影响短期经济增长。存量方面,由于要增加社会和企业在治理环境污染方面的成本,增加企业提高劳动力工资和研发投入带来的成本,会使企业短期效益下降,甚至有一些企业和产业可能因无法消化这些成本而造成经营困难。增量方面,由于更加严格地控制土地供给,更加严格地限制高能耗行业和禁止高污染行业的发展,可能影响一个地方的投资规模,进而影响到当地的即期经济增长。③ 但转变增长方式是省委对丽水的要求,也是丽水的历史责任,丽水各级都要追求实实在在、没有水分的生产总值,追求有效益、有质量、可持续的经济发展。

(四)深化对内对外全面开放

改革开放是决定当代中国命运的关键一招,是当代中国最鲜明的特色,也是我们党最鲜明的旗帜。坚持改革、扩大开放是一以贯之的思想。丽水虽然地处浙闽交界处,区位条件较差,但也必须进一步深

---

① 习近平:《干在实处 走在前列——推进浙江新发展的思考与实践》,中共中央党校出版社2006年版,第516页。

② 习近平:《之江新语》,浙江人民出版社2007年版,第93页。

③ 习近平:《之江新语》,浙江人民出版社2007年版,第158—159页。

化对内对外全面开放。"山海协作工程"是浙江发展"八八战略"系统谋划的重要组成部分,是为解决浙江省域内经济社会发展不协调而采取的重大战略举措。"山海协作"是一种形象化的提法,"山"主要指以浙西南山区和舟山海岛为主的欠发达地区,"海"主要指沿海发达地区和经济发达的县(市、区)。2001 年,"山海协作工程"在浙江省扶贫暨欠发达地区工作会议上被第一次提出。2002 年 4 月,浙江省协作办发布《关于实施"山海协作工程"帮助省内欠发达地区加快发展意见的通知》,强调"各地政府以项目、劳务合作为重点,遵循市场经济规律,搞好组织协调和牵线搭桥,逐步形成多渠道、多形式、多层次、全方位的区域经济合作格局","山海协作工程"正式实施。习近平同志在丽水调研时指出,丽水必须进一步解放思想,强化开放意识,加大开放力度。应充分利用好"侨乡"资源,打好"侨牌",打好"台球",大力实施"华侨要素回流工程",积极吸引华侨回乡投资创业,加快培育具有区域特色的华侨经济。同时,要紧紧抓住长江三角洲地区一体化发展的机遇,主动接轨上海、融入长三角经济圈。充分利用与温州、台州、金华等经济发达地区地域相连的优势,主动接受发达地区的经济辐射和产业转移,实现与周边地区优势互补、共同发展。[①]

三、丽水发展理念的历史性变革

(一)牺牲环境换取经济发展的阶段

丽水是在基础设施薄弱、民生发展落后的情况下迈开改革开放步伐的。20 世纪 80 年代的丽水,主导产业为农业经济,工业经济较为落后,第三产业发育不足,社会事业发展严重滞后,基础设施极其薄弱,民生发展落后。面对经济社会发展的这些特征,解决温饱、完成资本积累是丽水人的首要任务。在这一过程中,由于发展水平低、交通闭

---

① 习近平:《干在实处　走在前列——推进浙江新发展的思考与实践》,中共中央党校出版社2006 年版,第 516 页。

塞、思想观念保守等原因,以牺牲环境换取经济发展的发展取向比较明显,呈现出早期的粗放式发展特征,甚至出现了"靠山吃山、坐吃山空"的现象。

当时的丽水是"浙南林海",因此砍伐森林进行市场交易就成为这一阶段农民增收的主要手段。主要的林业大县像庆元、龙泉等地,木材交易十分红火,商贾云集,带来一些乡镇的空前繁荣。这种状况带来的两个直接后果,一是森林资源的过量消耗,二是环境污染的逐渐加剧。一方面,由于林业单一的木材提供,靠资源换取财富偏重"开源"的模式,致使森林资源过度消耗;另一方面,乡镇企业、个体私营企业发展迅猛,主要是从事资源粗加工的小煤窑、小化肥厂、小水泥厂、小造纸厂、小钢铁厂等企业,"村村点火,处处冒烟"的方式造成环境污染逐渐加剧。在这一阶段的发展过程中,经济发展粗放、体制矛盾突出、结构不合理等问题不断累积并显现,促使丽水各级党委、政府不得不反思当时发展理念的问题,并开始进一步解放思想、深化改革。

尽管这一阶段丽水用绿水青山去换金山银山的发展痕迹依然明显,经济发展依然粗放,但已开始认识到全面发展的重要性,丽水地委、行署提出要打开"三门":一是打开"脑门",解放思想,更新观念,破除自然经济、小农经济、产品经济的旧观念,增强市场意识和商品经济观念,增强改革开放和自强意识,强化以经济建设为中心的思想;二是打开"山门",接触世界,与世界融为一体,与国内、国际市场融为一体;三是打开"衙门",做好服务,为山区发展商品经济扫除思想障碍。同时,根据产业结构调整的要求,丽水关停了一大批小煤窑、小化肥厂、小水泥厂、小造纸厂、小钢铁厂等生产工艺落后和产能过剩的企业,做大了纳爱斯、元立等一批本土优质企业。在此过程中,随着生态资源重要性凸显,丽水逐步认识到发展生态效益型经济是丽水实现经济与社会、资源、环境协调发展的现实选择。

（二）生态绿色与跨越发展的理念

1999年12月,国家环保总局批准丽水成为全国第四个地市级生态示范区建设试点地区，丽水改革开放与经济社会发展由此开始步入新的发展阶段。与生态示范区要求相适应，当时丽水地委、行署确立了"发展绿色经济、培育优势产业、完善基础设施、建设生态城市"的发展思路，但各地对生态绿色的发展取向，在思想上还存在不同认识，在行动上还存在步调不一致的问题。2000 年开春，丽水为解决"软环境硬化"的突出问题，在全丽水地区范围内开展了优化经济发展环境的大讨论，以进一步解放思想，优化经济发展软环境。同年，新成立的第一届丽水市委提出并确立了"生态立市、绿色兴市"的发展战略，着力探索后发地区的超越发展道路：通过战略引导，走可持续发展道路，跨越"先污染、后治理""先发展、后保护"的阶段；通过加快推进城市化进程，促进产业集聚、人口集聚，跨越"先工业化、后城市化"的阶段；通过利用先进适用技术或高新技术改造传统产业和发展新兴产业，提高传统产品的技术含量和附加值，增强传统产品的市场竞争力，使新兴产业由弱到强，跨越"先粗放、后精深""先发展、后提高"的发展方式；通过政府行政管理体制的改革，着力规范市场经济秩序，跨越"先发展、后规范"的过程。

习近平同志充分肯定了景宁的"三特"——畲族的特色、山区的特点、后发的特征，指出"这'三特'都是你们的优势，有的是现实优势，有的是潜在优势"[①]。在座谈会上，习近平同志重点讲了走生态绿色可持续发展道路的重要性。他说："景宁一定要走生态绿色可持续发展道路。根据你们的'三特'来理清思路。我赞同你们立足'三特'提出的思路，就是要搞特色。你们的特色就是后发优势，不要小看后发优势，'风物长宜放眼量''人无远虑必有近忧'。我们任何时候都要看得远一点。生态的优势不能丢，丢掉这个优势，是工业化地区和当时没有注意生态保护的地区在后工业化时代最感到后悔莫及的事情。他们想用工业化所得到的东西再造一个生态优势，却不可能恢复原来的生

① 中央党校采访实录编辑室：《习近平在浙江》(下)，中共中央党校出版社 2021 年版，第 46 页。

态条件了,这方面的教训很多。比如,当时没有注意保护江河湖海,现在付出的代价远超过工业化给我们带来的好处,太湖流域、长江流域、闽江流域等都很难恢复原来的状态了。"①

2003 年 7 月,习近平同志通过深入调研、深邃思考,提出了"八八战略",从省域层面对中国特色社会主义进行了卓有成效的理论创新和实践创新。浙江省委、省政府出台了一系列扶持欠发达地区加快发展的政策,每年投入大量资金扶持丽水发展。习近平同志对丽水的发展提出了明确要求,要求丽水树立全面的发展观,把握好推进工业化与保护生态环境的关系,把握好加快经济发展与社会全面进步的关系,把握好坚持自主发展与争取外部支持的关系,并再次强调丽水经济的发展一定要围绕生态做文章,应大力发展生态经济,变生态资源优势为经济优势,走可持续发展的路子。②

在国家和省级政策的支持下,丽水全面贯彻落实"八八战略",在注重原有战略延续性的同时,创新提出"生态立市、工业强市、绿色兴市"的"三市并举"发展战略,并提出打造"秀山丽水、浙江绿谷"的城市形象。"生态绿色"与"跨越发展"成为丽水发展的主旋律和引导丽水发展的航向标。

在此理念指导下,一方面,丽水大力发展生态农业。生态茶、生态果、生态菜、名花佳木、绿竹食笋、蚕桑药材、食草畜禽、水产养殖等特色产业,松阳有机绿茶、遂昌竹炭、庆元食用菌等在市场声名鹊起,绿色品牌开始崛起。另一方面,丽水积极推进工业园区建设。全市经济开发区和工业园区经历初创和调整,得以快速发展。丽水通过"走出去""请进来",培育了一批优质企业,实施了循环经济的试点工作,形成了市区合成革、微电机,云和木制玩具,缙云纸、金属制品,龙泉汽摩

---

①　中央党校采访实录编辑室:《习近平在浙江》(下),中共中央党校出版社 2021 年版,第 46 页。

②　中央党校采访实录编辑室:《习近平在浙江》(下),中共中央党校出版社 2021 年版,第 50 页;习近平:《干在实处　走在前列——推进浙江新发展的思考与实践》,中共中央党校出版社 2006 年版,第 516 页。

配、木制太阳伞,松阳不锈钢制品,庆元汽摩配、竹木制品等块状经济。从2000年开始的6年时间内,丽水累计完成工业产值233.86亿元,总体上已经跨入工业化中期的门槛,丽水制造品牌加速显现。

在这一阶段,丽水绿色生态发展的战略取向基本明晰,但在推进经济发展特别是工业经济发展的过程中,还有一些地方在工业园区招商引资时,为了追求量的扩张,不自觉地承接了大量从沿海先发地区转移过来的高能耗、高排放、高污染型企业。在其他产业发展中丽水还存在经济量的增长优先于生态效益的发展取向。

(三)"绿水青山就是金山银山"的高质量绿色发展理念

以习近平同志对丽水提出"绿水青山就是金山银山,对丽水来说尤为如此"的重要嘱托为标志,丽水的发展理念转变为统筹推进生态文明建设、探索构建生态价值实现机制、着力探索绿水青山与金山银山转化通道的绿色高质量发展阶段。

在此阶段,丽水各级党委、政府以"八八战略"和"绿水青山就是金山银山"理念为指引,勇当绿色发展的探路者、模范生,一张蓝图绘到底,始终贯彻保持生态优先、绿色发展的战略定力,为秀山丽水带来了全面深刻、影响深远、鼓舞人心的变化。从"生态立市"到"生态发展"再到"生态富民","绿水青山就是金山银山"理念已根植丽水大地,成为丽水人民的共同意愿和自觉行动。

从2006年开始,丽水市开展了"百村示范、千村整治"工程和生态市建设"创模"(创建国家环境保护模范城市)工作。2007年,党的十七大首次明确提出建设生态文明的战略要求,丽水也步入了全面建设小康社会的关键时期。丽水牢记习近平同志"尤为如此"的重要嘱托,举生态旗、打生态牌、创生态业,走山路、唱山歌、念好山水经,建设生态文明的整体战略构想应运而生,丽水也进入了持续发力推进生态文明建设阶段。2008年,丽水在全国率先发布《丽水市生态文明建设纲要(2008—2020)》,这是全国地级市率先组织编制并系统推进实施生态文明建设的战略性纲要。2013 年 12 月,丽水市委审议通过了《关于坚定不移走"绿水青山就是金山银山"绿色生态发展之路全面深化改革建设美丽幸福新丽水的决定》,首次提出"跳出丽水看丽水",把丽水的发展放到全省乃至全国发展的大背景、大格局当中去谋划,把"绿水青山"作为丽水发展的最大资本,强化生态保护力度。2015 年,丽水率先在全省提出园区"两无"目标,以铁腕手段整治非绿色的 GDP。步入 2016 年,我国经济发展新常态的特征更加明显,在新机遇、新挑战面前,丽水全市上下开展了一场轰轰烈烈的归零翻篇大讨论,提出以归零的心态、翻篇的姿态引领经济发展新常态,努力开辟"绿水青山就是金山银山"的转化通道。

2017 年 2 月,丽水召开第四次党代会,市委提出要始终遵循"尤为如此"重要嘱托,勇当绿色发展探路者和模范生,在"绿色发展、科学赶超、生态惠民"中奋力夺取与全省同步高水平全面建成小康社会的历史使命。以全域统筹为路径,以综合改革为动力,以绿色发展为目的,丽水开始积极统筹全域发展的新路子,实施科学赶超"五大行动",为"浙江今天"和"中国明天"奉献更多丽水实践、丽水元素、丽水印记。

2017 年 6 月,浙江省第十四次党代会胜利召开。省委站在"两个一百年"奋斗目标交会的重要历史方位上,向全省发出坚定不移沿着"八八战略"指引的路子走下去,全面建设"六个浙江""四个强省","高水平全面建成小康社会","高水平推进社会主义现代化建设"的宏伟号召,作出建设"大花园"的战略部署,要求丽水把生态经济培育成为发展的新引擎,加快建设"大花园"。省委的战略部署使丽水率先成为浙江建设"美丽大花园"的先行探路者,加快了丽水全域统筹、综合改革、绿色发展的步伐。

2019 年,丽水市召开的"两山"发展大会提出,运用好"跨山统筹""创新引领""问海借力"三把"金钥匙",践行"绿水青山就是金山银山"

理念，推进高质量绿色发展。①丽水正着力打造以"生态经济化、经济生态化"为显著特征的"5＋5"现代化生态产业体系，专门构建了"专项政策＋产业基金"政策体系、"产业—科技—人才—政策—服务"五位一体工作体系，建立了市县要素资源跨区域的统筹机制。

　　在此阶段，丽水坚持把"绿水青山就是金山银山"作为区域发展的战略思想，把握"绿色发展、科学赶超、生态惠民"的发展主线。尤其是在党的十九大胜利召开之后，丽水深入贯彻落实党的十九大精神，以习近平新时代中国特色社会主义思想为引领，坚定不移迈向高质量绿色发展，着力推动理念转换、动能转换、结构转换、效力转换和环境转换，奋力开辟"绿水青山就是金山银山"的新境界。围绕处理好高质量发展与较快增长、实体经济与数字经济、第一战略支柱产业与第一经济、统筹发展与重点突破、补短板与扬优势、抓发展与惠民生的"六大关系"，全力推进创新区建设，努力在高质量发展上走在全国前列，确保与全省同步高水平全面建成小康社会，同步高水平全面建设社会主义现代化，全面建设人人向往的浙江大花园最美核心区、全国生态文明高地和世界级诗画丽水。

第二节　下决心转变增长方式

　　丽水作为欠发达地区，长期以来处于相对落后的农业生产环境下，经济社会基础薄弱，经济总量小，工业化进程滞后，城市化水平低。2000年，丽水全市生产总值136.8亿元，占全省的2.26％。2003年，丽水全市生产总值218.2亿元，占全省的2.37％，人均生产总值8751元，只有全省平均水平的44.35％，不足金华、舟山的一半，也落后于衢

---

① 《丽水：三把"金钥匙"加快"两山"转化》，《浙江日报》2019年2月14日。

州。① 在加快经济发展的愿望与意识的强烈冲动下,丽水也曾片面理解"发展是硬道理",加上市场观念落后,抢抓机遇能力不够,导致重工业、高耗能产业占比偏高,适应丽水发展的低消耗、轻污染、高效益产业缺乏,经济发展和资源匮乏、环境恶化之间的矛盾不断积累、凸显。丽水各级党委、政府开始思考和探索如何摆脱后发劣势的制约与贫困现象的恶性循环,走出一条能够充分发挥自身优势的工业化道路,并实现赶超。

在当时,和先发地区相比,丽水在资金、政策、人才、科技以及基础设施等方面都有很大的差距,作为后发地区,唯有正视差距、发挥优势,超常规选取发展路径,才有可能找到跨越式发展的路子。丽水因为工业不发达,较好地保持了自然生态和人文生态,这正是发达地区花费巨大代价也难以恢复的。而且,生态价值已越来越被人们所认识和重视,生态环境系统作为一个整体,本身具有使用价值,且这种价值具有整体有用性、空间固定性、用途多样性、持续有用性、共享性等特征,这是许多发达地区所无法比拟的优势。因此,丽水的发展必须避免重蹈发达地区"先污染、后治理"的覆辙,防止以牺牲生态环境和资源为代价实现粗放型、赶超型、掠夺型的经济增长,努力寻求一条发展与保护并重的跨越式发展路子。②

丽水谨记习近平同志的嘱托,正确把握生态环境保护和经济发展的关系,积极转变经济增长方式,把生态资源转变成发展资源、生态优势转变成经济优势,着力探索绿水青山与金山银山的转化通道,实现了生态文明建设、脱贫攻坚、乡村振兴协同推进。

一、发展生态农业,助力乡村振兴

丽水各级各部门认真贯彻落实中央、省委有关工作部署,着力在

---

① 杨晓宏、张建伟:《丽水建设特色制造业基地务必转变增长方式》,《浙江经济》2004 年第 23 期。

② 葛学斌主编:《"两山"重要理念在丽水的实践——丽水改革开放 40 年研究》,浙江人民出版社 2018 年版,第 8 页。

"生态立农、改革活农、科技兴农、质量强农、多措惠农、依法治农"等方面下功夫,进一步转变农业发展方式,促进农业转型升级和"农业增效、农民增收"。丽水广大农村发生了翻天覆地的变化,2022 年实现第一产业增加值 117.71 亿元。

(一)大力发展生态精品农业

生态是丽水农业发展最具区域特征的优势资源,丽水先后出台《丽水市生态精品现代化农业发展规划》《丽水市生态精品现代化农业发展实施方案》等文件,依托"三区"平台建设以及生态精品现代农业工程的实施,以产业化理念、基地化模式发展特色农业,着力在生态精品农业主体、农产品(基地)特色差异和区域品牌建设上下功夫;以工业化理念、园区化模式发展现代农业,着力在规模经营、项目推进和基础设施建设上下功夫,走出了一条"生产标准化、产品精品化、经营产业化、发展绿色化"的特色农业发展道路。

大力发展山区循环农产品。着力打造生态种养、稻鱼共生的"丽水香鱼"和"稻鱼米",应用稻鱼共生、稻蟹共生、稻鳖共生、稻虾共生、稻鳅共生、稻螺共生等系列稻田生态种养模式,培育大鲵、棘胸蛙、溪鱼三大生态精品水产品。其中,稻鱼共生的"百斤鱼、千斤粮、万元钱"模式实现了综合产值超万元的目标。在发展水库洁水渔业的基础上,成功打造了"湖山源"有机鱼品牌。庆元县依托良好的生态环境和水质,推广大鲵仿生态养殖和稻田养殖红鲤鱼、泥鳅等养殖方式,使"丽水香鱼"成为富民增收的一大产业,培育出了山鼎大鲵有限公司、瓯源渔业合作社、德瑞祥种养专业合作社、莲湖种养专业合作社等龙头企业。青田县以"稻鱼米"为试点产品,在舒桥、小舟山、方山等乡镇发展"稻鱼米"产业基地 1500 亩,推广应用稻鱼共生生态种养技术。

充分发挥地理条件和气候优势。景宁推进"景宁 600"计划,推广种植高山精品蔬菜和高山精品水果。景宁有千米以上山峰近 800 座,截至 2018 年 5 月,有约 2.5 万名农民居住在偏远高山。① 全县海拔600 米以上村庄出产的农产品在有关部门的整合下,统一种植技术、统一包装、统一销售。基于山地多的优势,景宁提出"景宁 600"三年行动计划,21 个乡镇围绕"一乡一业""一村一品"做大生态精品农业,海拔 600 米以上大山上的农作物,都打上了"景宁 600"的品牌。

全面实施生态精品农业"361"和"912"工程。认定了一批整建制生态循环农业示范县、生态精品农业示范县、乡镇主体和生态精品农产品,加快推进生态精品农业产业体系建设,大力推广林药、林菌、林粮复合经营等"一亩山万元钱"创新模式。

加强生态农产品品质管控。2011 年,松阳县在全国率先推出专门定制的 IC 卡——"茶叶溯源卡",通过香茶品质管控为松阳香茶品牌赋能。2016 年,松阳推出专门针对茶农使用的"茶青溯源卡",完整记录并留存相关茶叶交易流程,一旦发生茶叶质量问题,可通过系统追溯完整的来源和去向。2017 年,松阳建成浙江省农产品质量安全可追溯县。2018 年,松阳推出农资购销"一卡通",将茶农、茶厂、茶商与短信、交易卡、网络平台有机结合,实现从购药、种植到加工、经营的全产业链可追溯。2019 年 4 月,松阳县茶叶"双卡溯源"信息化监管系统全程可追溯项目被评为"2018 年度全国县域数字化农业农村发展水平评价创新项目"。

创立"丽水山耕"农产品区域公用品牌。丽水在 2013 年通过并实施《生态精品农产品区域公用品牌战略规划》,出台《"丽水山耕"品牌建设实施方案(2016—2020 年)》,成立农业投资发展有限公司。2014年,以政府所有、协会注册、国资公司运营的模式,创立全国地级市首个覆盖全区域、全产业、全品类的农业品牌——"丽水山耕"区域农产品公用品牌。通过政府背书,建立全产业链一体化公共服务体系,通过建立统一的认证、追溯系统和标准化程序,为符合标准的农产品提

---

① 《畲乡大地,铺开美好生活新图景》,《光明日报》2018 年 5 月 22 日。

供品牌认证,不断提升农产品价值,为生产主体进入市场创造条件。"丽水山耕"解决了农产品由缺乏品牌支撑难以形成优质优价的机制所造成的农业增效难、增收慢的老难题,生产主体加盟使用品牌的积极性高涨。2014年以来,经过运营,"丽水山耕"品牌效应明显,增强了农产品品牌体系的区域整合力和区域联动力。

高度重视农产品区域品牌建设。丽水长期坚持农产品区域品牌培育与创新运营,农产品区域品牌发展不断取得新突破,先后获得"中国香菇之乡"(庆元、景宁、龙泉)、"中国黑木耳之乡"(龙泉)、"中国灵芝之乡"(龙泉)、"中国椪柑之乡"(莲都)、"中国田鱼之乡"(青田)、"中国杨梅之乡"(青田)、"中国麻鸭之乡"(缙云)、"中国竹炭之乡"(遂昌)、"中国名茶之乡"(松阳)、"中国绿色生态茶叶之乡"(松阳)、"中国茶文化之乡"(龙泉、松阳、景宁)、"中国棘胸蛙(石蛙)之乡"(龙泉)、"中国菱白之乡"(缙云)、"中国蜜蜂之乡"(丽水)等18张"国字号金名片"。"缙云黄茶"入选全国名特优农产品目录和浙江知名农业品牌百强。

(二)深化农村金融改革

丽水生态良好,森林覆盖率高达81.70%。通过林权改革和林权确权,林权已经成为丽水农民较为重要的资产。为盘活林业资产,增加林业投入和农民收入,丽水市在2006年率先尝试进行林权抵押贷款,并探索了"林权IC卡"等新型贷款模式。2006年,丽水市委、市政府印发了《关于推进森林资源流转工作的意见》;2007年,中国人民银行丽水市中心支行与丽水市林业局联合印发了《丽水市森林资源资产抵押贷款管理暂行办法》,对林权抵押贷款业务进行了系统性制度安排;2008年,丽水市政府印发了《关于加快金融业改革发展的若干意见》,对林权抵押贷款的财政贴息和风险补偿金政策给予了制度性安排;2009年,中国人民银行丽水市中心支行印发了《关于建立林权抵押贷款专项统计制度的通知》,对林权抵押贷款业务统计工作进行了规范;2010 年,丽水市委办、市府办联合印发了《关于全面推广"林权IC 卡"进一步深化金融支持集体林权制度改革的若干意见》,对林权抵押贷款产权信息登记、价值评估等工作给予了政策安排;2014 年,丽水市委、市政府印发了《关于全面深化农村改革加快促进农民增收的若干意见》,对林权抵押贷款的财政奖励制度给予了政策支持;2014年,丽水市中级人民法院印发了《关于为推进农村"三权"抵押工作提供司法保障的试行意见的通知》,对林权不良资产的司法处置给予了制度支持;2017 年,丽水市林业局及中国人民银行丽水市中心支行相继出台《关于印发丽水市公益林补偿收益权证明管理办法的通知》《丽水市公益林补偿收益权质押贷款管理暂行办法》等文件,推进生态公益林补偿收益权质押贷款工作。至此,丽水已经形成了包含林权确权发证、价值评估、抵押登记、贷款发放、交易流转、司法处置、风险缓释、财政奖励的完善的制度体系,为林权抵押贷款的健康、有序发展奠定了坚实基础。此外,丽水建立了市、县两级"三中心一机构"(林权管理中心、森林资源收储中心、林权交易中心、森林资源调查评价机构)的森林资源流转服务平台,健全完善财政贴息风险补偿、政策保险等激励措施,形成了林权抵押贷款的"丽水模式"。

在林权抵押贷款制度创新和取得先行先试经验的基础上,2012年 3 月 30 日,中国人民银行和浙江省政府联合批准在丽水市进行农村金融改革试点,丽水成为全国首个经央行批准的农村金融改革试点地区。之后,丽水又提出"四个最大限度"的要求,即最大限度地实现农村基本产权可抵押、可融资,最大限度地优化农村金融生态环境,最大限度地实现农村金融服务普惠发展,最大限度地增加农村金融服务主体。以破解"三农"融资难问题为目标,推进"三权"抵押贷款的扩面增量,加快完善农村产权融资配套机制和平台建设。

在多年开展林权抵押贷款实践的基础上,丽水市还在全国率先开展公益林补偿收益权质押贷款试点,出台了《丽水市公益林补偿收益权证明管理办法》《丽水市公益林补偿收益权质押贷款管理暂行办法》

《推进公益林补偿收益权质押融资工作指导意见》等文件。

为有效满足不同贷款主体的资金需求,丽水市探索三种生态公益林收益权质押融资模式。一是公益林补偿收益权直接质押贷款模式,是指借款人将自有或他人所有的未来一定期限内的公益林补偿收益权直接质押给金融机构,金融机构根据未来公益林补偿收益总额的一定比例发放贷款。二是公益林补偿收益权担保基金贷款模式,是指村集体或农户以公益林未来一定期限内的补偿总收益为质押成立担保基金,基金为农户向金融机构贷款提供担保,担保倍数一般不超过收益担保基金规模的 10 倍。三是公益林未来收益权信托凭证质押贷款模式,是指农户或村集体将公益林未来补偿收益集中托付给信托公司管理,信托公司向农户发放信托权益凭证,农户向当地信用社办理信托权益凭证质押贷款。

生态公益林补偿收益权质押贷款有效盘活了农村沉睡的绿色资产。按照每亩补贴 35 元计算,丽水市每年约有 4.5 亿元公益林补偿收益,且每年稳定增长,以未来五年的生态公益林补偿收益为基数,金融机构放大 5—10 倍融资杠杆,最大可为丽水市广大农民提供 110 亿—220 亿元的融资规模。

（三）构建农村电子商务服务体系

作为全国"农村电商"的发源地和辐射中心,丽水在全国首创"电商化营销＋农村电商服务中心"模式,打通了优质生态产品的输出通道。全市建设了 4050 个村级电商服务站、24 个"中国淘宝村",7 个县入选全国电商百佳县,数量居全国首位,成为国内第一个农村电商全域覆盖的地级市。丽水电商模式已向 23 个省(区、市)输出,中国国际电子商务中心已连续六年在丽水召开中国(丽水)农村电子商务大会,阿里巴巴连续三年在丽水召开"淘宝村"高峰论坛。2016 年,共青团中央等六部委在丽水联合举办了"中国青年电商群英会暨电商扶贫活动周"。

丽水以全省"农村电子商务创新发展示范区"建设为主抓手,推广"遂昌赶街模式",农村电子商务网络销售体系和消费体系全面建成,构建各类农村电商服务站和县、乡、村三级物流体系,使特色农产品通过网络上行销售,农资和消费品通过网络下行消费。

2013 年 7 月,丽水市首家农村电子商务公共服务中心投入运营,围绕"植根农村,服务农民"这一宗旨,开启了农村电子商务"政府投入、企业运营,公益为主、市场为辅"的公共服务推动模式,有力推动农村电子商务快速发展。丽水成立由市长任组长、分管副市长任常务副组长的电子商务工作领导小组,各县(市、区)分别成立协调机构,统筹发展农村电子商务。出台《关于促进丽水市电子商务发展的实施意见》等 17 个电子商务促进政策,总扶持资金超过 5000 万元。搭建线下集聚平台,截至 2016 年,全市累计建成各类电子商务集聚园区(创业楼宇)13 个,集聚企业(网商)600 余家,在各类平台上开设活跃店铺 1 万余家。着眼于"互联网十"与特色产业高度融合,鼓励传统生产企业、商贸企业开展不同形式的电子商务应用,扩大销售新渠道,提供电商就业岗位。

二、推进新型工业化,实现经济生态化

丽水谨记习近平同志的嘱托,以市场需求为导向,以优势资源为依托,以产业结构调整为重点,大力推进工业化进程。尤其是党的十八大以来,丽水不断强化创新、协调、绿色、开放、共享的新发展理念,工业发展努力适应经济发展新常态,着力推动传统产业转型升级,努力培育新兴产业,奋力推进生态工业高质量发展,为精彩书写践行"绿水青山就是金山银山"理念的时代答卷提供强大产业支撑。

(一)推动传统行业转型升级,优化产业结构

由于历史和区位因素,丽水承接了温州、金华等地的产业梯度转移,工业产业中技术含量低、能源消耗大、深加工能力不强的企业占据

一定的比例,严重影响了丽水工业的生态化、绿色化。为此,丽水在全省率先出台《关于实施丽水市生态工业发展负面清单制度的通知》,在产业选择上坚持"五不要",提出了限制发展类项目 27 项、禁止类项目 33 项。采取合成革生态化改造、不锈钢产业提升工程、钢铁行业整治、低小散行业整治等措施,对阀门、铸造、竹木制品加工、石材加工等行业进行了强力整治。出台《工业投资项目入园决策评价服务工作管理办法》等文件,把生态标准作为项目入园的先决条件,并严格项目入园审查,严禁高能耗、高污染等非生态工业项目入园,确保入园区项目符合生态要求。

根据自身实际情况,丽水重点对现代装备制造业和环保材料产业进行升级改造。在现代装备制造业领域,突出抓好机械设备、汽摩配、金属制品、阀门制造四大产业集群的高端化、智能化,完成青田县阀门铸造行业的整治工作;在环保材料产业领域,狠抓不锈钢和合成革产业生态化改造。为了进一步加快企业升级改造的速度,出台了《丽水市工业企业绩效综合评价和要素差别化管理的实施意见》,根据对企业占地情况、用电量、产值、排污量、税收等综合效益的客观评价结果,对企业进行分类,包括优先发展、鼓励提升和重点整治三个类别。对不同的类别,在用电、用地、排污、信贷等资源要素方面进行差别化配置。

积极实施装备的智能化改造,丽水市政府出台《关于促进企业技术改造的实施意见》,推动企业的技术改造。大力开展机器换人、单台换成套、数字换智能行动。同时,围绕打造"传统产业智慧高地、信息经济示范基地",丽水加快推动绿谷信息产业园建设,把绿谷信息产业园作为丽水经济转型升级的主平台。丽水绿谷信息产业园是丽水首家信息产业园,重点发展流媒体服务、呼叫中心、云计算、云服务、嵌入式软件、网游增值服务、工业设计等领域。园区规划用地总面积约 264 亩,总建筑面积 58 万平方米,初步形成了游戏开发、应用软件研发、电子商务服务等行业特色。此外,丽水坚持把培育发展战略性新兴产业作为新方向,出台了《丽水市工业转型升级重点产业产品导向目录》《丽水市工业主导产业发展规划(2010—2015)》《丽水市战略性新兴产业发展规划(2012—2016)》《丽水市人民政府关于大力培育发展战略性新兴产业的实施意见》,设立市级战略性新兴产业专项资金,重点培育高端装备、节能环保、生物医药、电子信息、文化创意和新能源等六大战略性新兴产业。

(二)坚守生态底色,推进生态工业高质量发展

丽水将发展"绿色环保、高效低耗、高端低碳"的生态工业作为生态产业的第一经济来抓,通过推进生态工业高质量发展,建立了较为完整的生态工业体系,呈现出产业结构不断优化、总量规模不断壮大的良好态势,实现了速度、质量和效益的有机统一。

2017年3月,丽水市第四次党代会提出了"把生态工业作为第一经济来培育"的新定位;2018年初,全市领导干部大会则强调要"理直气壮抓生态工业,坚持生态工业是第一经济的定位不动摇,坚持抓生态工业的信心不动摇";2018年8月,市委四届四次全会上再次强调"坚定不移发展壮大生态工业'第一经济',不再纠结'要不要'的争执,而要凝心聚力于解决'好不好''够不够好'的问题"。2019年新春伊始召开的全市"两山"发展大会,则要求首先克服在发展实践中不同程度存在的几种认识误区:"不必转化"的守成心态、"不用转化"的盲目认知、"不敢转化"的畏难意识、"不会转化"的本领欠缺。2020年,丽水召开全市生态工业发展大会,要求把生态工业发展作为实现丽水高质量绿色发展历史使命的主攻方向和战略抉择,全面启动实施平台"二次创业",奋力推进生态工业高质量发展;提出"整合、转型、赋能、开放、改制"十字方针,部署开展生态工业发展倍增行动;创设"分区共竞"机制,聚力打造半导体全链条、精密制造、健康医药、时尚产业、数字经济五大产业集群。六条产业链入围省"链长制"示范试点名单。

通过发布《丽水市生态工业发展规划》,改变原来以扩量为主的工

业"3000 亿元行动计划",转向以提质为主发展生态工业。丽水按照
主体功能区规划,坚持全市"一盘棋"思想,实施差别化的生态工业布
局政策。在省级重点开发区和生态经济地区,重点布局发展生态工
业,努力建成全市生态工业的发展高地;在省级重点生态功能区,坚持
生态环境保护优先原则,因地制宜适当发展符合生态要求的生态工
业;在禁止开发区,严禁一切工业开发,取消所有的工业生产点。

　　坚持用考核逼地方政府转变发展观,通过出台并实施新的生态工
业考核办法,改变以往重量不重质、重快不重优、重大不重强的考核办
法,转为结构调整、质量效益、绿色发展的考核,转变发展观念和执政
理念,转变短期行为,减少无效 GDP 和负 GDP。

三、统筹生态旅游业,助推生态经济化

　　良好的自然环境和丰富的人文资源,为丽水的生态旅游业发展带
来了广阔的前景,旅游业在经济社会发展战略中的地位和作用日益得
到重视。丽水是全省旅游业发展起步较晚的区域之一,丽水市旅游局
直到 1997 年才成立,各县(市、区)旅游局则是在 1998 年以后陆续成
立的。但是,丽水天然的资源禀赋不仅使丽水旅游资源具有高品位和
垄断性资源单体较多的优势,而且具有生态环境和民情风俗两大整体
优势。在我国旅游市场日益发展、旅游者消费心理渐趋成熟的背景
下,生态环境和民情风俗兼容的整体优势产生了越来越大的市场
影响。

　　习近平同志到丽水调研时曾提出,生态的优势不能丢,丢掉这个
优势,是工业化地区和当时没有注意生态保护的地区在后工业化时代
最感到后悔莫及的事情。[①] 2003 年,丽水正式提出"生态立市"战略,
旅游业开始在经济社会发展中占据重要位置;2005 年市委、市政府出

---

　　① 中央党校采访实录编辑室:《习近平在浙江》(下),中共中央党校出版社 2021 年版,第 46 页。

台《关于进一步加快旅游产业发展的意见》,在旅游产业发展氛围营造、基础设施建设、旅游企业培育扶持、财政投入力度等方面进行引导与支持;2007 年,提出将旅游业作为经济支柱产业来培育;2008 年,制定下发《丽水市推进生态旅游经济发展考核办法的通知》;2011 年,明确要用 10 年左右的时间把旅游业打造成第一产业;2013 年,确立旅游业为第一支柱产业;2015 年,提出将生态旅游产业培育成为千亿级第一战略支柱产业;2017 年,浙江省第十四次党代会召开,赋予丽水"培育新引擎,建设大花园"的新使命、新定位,并提出率先打造"诗画浙江"鲜活样板、世界一流生态旅游目的地的新期望、新要求。

（一）全力打造"秀山丽水"旅游品牌

丽水生态资源极其丰富,生态质量等级领跑全国,素有"中国生态第一市""浙江绿谷"之美誉。丽水山好,动植物资源丰富,森林覆盖率达 81.70%,为全国第二;拥有海拔 1000 米以上山峰 3573 座,其中凤阳山黄茅尖高 1929 米,为"江浙第一高峰"。丽水水好,是瓯江、钱塘江、飞云江、椒江、闽江、赛江"六江之源",2022 年,全市 10 个县级以上集中式饮用水水源地水质达标率均为 100%,水资源丰富,水环境质量居全省第一。丽水空气好,每立方厘米空气的负氧离子平均浓度为 3000 个左右,全市环境空气质量指数优良率为全省第一,各县(市、区)空气质量均达到国家二级标准,2022 年,丽水市区空气优良率为 96.7%,是全国空气质量十佳城市中唯一的非沿海、低海拔城市。同时,丽水不仅生态环境状况指数、生态环境质量公众满意度连续多年保持全省第一,城市地表水环境质量也稳居全省首位。

丽水历史悠久,文化底蕴深厚,如缙云的黄帝文化、龙泉的剑瓷文化、青田的石雕文化和华侨文化、景宁的畲族文化、遂昌的汤显祖文化、庆元的廊桥文化和香菇文化等,地域文化特色非常显著。此外,丽水拥有多处全国重点和省级文物保护单位以及众多的非物质文化遗产,包括青田石雕、龙泉青瓷烧制、宝剑锻造技艺、松阳高腔等在内的国家级非物质文化遗产。

丽水立足全域生态和特色人文资源优势，着力全域旅游产品的开发。为了整合力量，共创民宿品牌，丽水专门创建了"丽水山居"品牌，进行统一的推介传播，与"丽水山耕"形成了良性互动和有效互补。经过多年的探索与实践，丽水已形成了具有江南山水特征的休闲度假产品体系，具有瓯越人文特质的旅游体验产品体系和具有丽水生态品质的特色旅游地商品体系，"秀山丽水"旅游品牌知名度和影响力得到提升。

丽水打造的"山水浑然、文景合一"旅游景区集群，无论是山水生态城市游、江浙之巅森林氧吧游、浙闽水系源头滨湖游、华东山水科普研学游、江南山地民宿之旅，还是东部传统村落游、"中国摄影之乡"采风游、中国剑瓷文化游、中国畲乡风情游、中国侨乡风情游、世界香菇朝圣之旅，玩转丽水或休闲养生，都能给游客带来独特的体验。

丽水正着力构建"产业集聚、风情别样"的旅游特色小镇集群，依托原始的江南山区生态、完整的江南文化遗存、丰富的江南山地空间，凭借青瓷、宝剑、石雕、油画等特色文化资源，建设了各具特色的省级特色小镇，使之成为新型城镇化的新模式、旅游新型"经济体"、旅游产业发展的增长极和旅游特色品牌的重要支点。

（二）持续推进农旅融合

丽水农业资源禀赋独特，乡村农耕文化丰厚，乡村肌理完好，农产品优质丰富，是传统村落最为集聚的地区之一，被称为"最后的江南秘境"和中国最具乡愁的地方，全域旅游创建催生农旅融合快速发展，推动丽水农民收入快速增长。

为强化农旅融合，丽水制定并实施了《丽水市推进农旅大融合促进乡村旅游转型升级发展三年行动计划（2017—2019）年》，市本级每年整合资金 1000 万元，用于农旅融合业态培育。一是农旅融合实现农产品溢价，以"丽水山耕"市域公用品牌为引领，布局全市所有的高等级景区、精品农家乐民宿网点,生产游客放心、携带方便的伴手礼,作为分享丽水的载体,实现了农产品平均溢价率的大幅提升。二是农旅融合建设精品民宿,以"丽水山居"市域公用品牌为引领,政府做媒,为房主和投资者牵线搭桥,建设了一大批精品民宿,乡村旅游收入增幅连续多年位居全省前列。三是农旅融合促进乡村田园建设,坚持"从农业进、从旅游出",将农业的生产功能与休闲观光的旅游功能有机统一,延伸产业链实现效益叠加,多次增值。四是农旅融合带动林旅融合发展,依托森林覆盖率、林地保有量、林木蓄积总量及年增量均为全省第一的优势,大力实施森林旅游休闲民宿经济发展工程,加快推进林旅融合发展,2017年被国家林业局授予浙江省唯一一个"全国森林旅游示范市"称号。五是农旅融合推动农耕文化传播,通过策划丽水各地常态化的民俗节事活动,让日出而作、日落而息的农耕生活方式,鸡犬相闻炊烟袅袅的田园生活状态,成为人们"回归乡愁、走进田园"的绝佳体验产品。生态精品农产品"丽水山耕"、乡村休闲旅游品牌"丽水山居"、休闲观光农业品牌"丽水山庄"三大农旅融合区域公用品牌,已经成为游客买得放心、住得舒心、玩得开心的新选择,带来的是美丽产业、美丽田园、美丽乡村、美丽经济。

(三)统筹全域旅游

全域旅游具有产业辐射面广、产业带动性强等特性,有助于放大山水生态资源优势,加快资源向产值的转化,实现产业转型的平稳过渡。因此,通过全域旅游驱动产业转型升级和创新经济发展模式,作为丽水全产业转型升级的第一战略途径具有前瞻性与突破性。为此,丽水市政府于2018年11月正式发布《丽水市全域旅游发展规划》,提出要以打造全域旅游为牵动,发挥旅游产业在"绿水青山就是金山银山"转化通道中的重要作用,不仅要把保护生态环境作为丽水经济社会发展的第一基准要求,还要释放"绿水青山就是金山银山"经济活力,通过"旅游+"和"+旅游"催生第三产业新业态,推动丽水产业经济结构调整，拓展发展新空间，形成新的经济增长点和市场消费点，让生态旅游业成为打开"绿水青山就是金山银山"转化通道的金钥匙。

丽水从"十一五"期间提出把旅游业培育成为第三产业中的龙头产业，到"十二五"期间提出把旅游业打造成为第一产业，再到"十三五"期间确立把全域旅游培育成为第一战略支柱产业，市委、市政府致力构建多规融合的旅游规划。目前，市区城市总体规划定位和功能分区与全域旅游发展实现高度一致；各县（市、区）按照全域旅游理念编制县域整体规划，做好旅游规划与主体功能区规划、城乡规划、土地利用规划、交通规划等专项规划衔接，保障全域旅游需求。

不断完善全域旅游综合协调管理机制，设立综合性旅游管理机构，构建"1＋3N"旅游综合执法模式和旅游业发展市、县、乡综合管理体制，提高旅游综合管理效率和治理效果。2015年，丽水市本级及县（市、区）旅游委员会全面完成组建，成为全省唯一实现旅委体制全覆盖的地级市。2016年，市委、市政府成立了以市委书记、市长为"双组长"，党委、人大、政府、政协分管领导为副组长的国家全域旅游示范区创建工作领导小组和17个专项组，形成"全域统筹、党政主导、部门主抓、市场主体、各方参与"的全域旅游管理新格局。

四、创新运用"三把金钥匙"，践行高质量绿色发展

高质量绿色发展，根本落脚点是发展，决定了GDP需要在一定程度上实现持续较快增长；前提是绿色，决定了GEP需要在原有价值总量基础上不断获得新的提高；总体要求是高质量，决定了GDP与GEP两者均需要在发展中照顾彼此，从而实现协同较快增长。

丽水生态优势比较突出，但经济相对后发。为此，在发展中强调"两个较快增长"，牢固树立"抓好GEP同样是为了GDP，抓出GDP才有更好GEP"的价值评判标准，创新运用三把"金钥匙"，在更大范围、更广领域、更高层次上拓展发展空间，坚持"引进来"与"走出去"相结合，以国

内国外"两个市场、两种资源"为借力空间,全力构建现代化生态经济体系,推动"生态经济化、经济生态化",努力变生态要素为生产要素、生态价值为经济价值、生态优势为发展优势,同时让发展成果更好地服务生态建设,更优地惠及群众利益,让高颜值的生态环境与高水平的经济发展服务并统一于高品质的美好生活,走出具有丽水鲜明特色的高质量绿色发展之路。

一是跨山统筹。一直以来,丽水市干部群众有一个基本共识,就是丽水的发展穷在山上、困在路上、弱在散上。这些年,虽然"山上"经济风生水起,"路上"交通不断改善,但由于生产力布局"散"的问题没有根本解决,各县(市、区)之间统筹不足,各自为政、各行其道、各成一摊。现代产业集群的规模效应和对外区域竞争的整体优势没有真正形成,产业"低小散弱"的状况没有根本改变。为此,丽水市委提出必须破除长久以来依山而居、靠山而作、划山而治的"分散式"路径依赖,建立一体化、协同化、差异化发展的思维,在更大时空范围内统筹生产力布局、资源开发、设施配套、交通建设,优化要素力量配置和主体功能区划。通过强强联合、特色结合、优势组合,构建"一带三区"发展新格局,即东部莲都、青田、缙云 3 个县(区),突出产业主导、创新驱动,组团打造生态经济示范区,加快形成百万人口、千亿 GDP 的市域发展核心带;西部 6 个县(市),突出文化引领、差异发展,组团打造"龙庆经典文创""遂松乡村振兴""云景特色风情"三个聚落区块,建设凸显山水神韵、人文底蕴的特色发展示范区。构建"一带三区",重在统筹区域资源要素的集约配置和产业的集聚发展,推动生产力由散到聚、以聚促变,聚力打造具有区域竞争力的新增长极,进而培育形成区域发展整体规模优势和特色差异品牌。

二是创新引领。创新是引领发展的第一动力,是推动高质量绿色发展的核心关键。丽水当前发展面临的突出短板就是创新不足,而彻底打通"绿水青山就是金山银山"转化通道的根本动力就来自创新,实现 GDP 与 GEP 协同较快增长、GEP 向 GDP 高效转化,关键仍在于创新。为此，丽水提出坚定不移、毫不动摇地把创新摆在事关发展全局的核心战略位置，深入实施创新驱动发展战略，组织实施"创新能力提升行动计划"，创造一切有利条件引进优质创新资源，着力提升自主创新能力，协同推进管理创新、模式创新、制度创新等各领域的全面创新，让创新成为丽水高质量绿色发展的鲜明特征和强大引擎。围绕构筑浙西南中心城市，打造长三角地区特色鲜明的创新型活力城市，落子布局"绿色优先、重点突出、开放创新"的浙西南科创中心，加快打造"十子连珠"人才科创平台。同时，丽水把"双招双引"确立为推动区域经济社会发展的战略先导性工程，锚定主攻方向，开展"双招双引"大会战，汇聚招才引智"磁力场"，让秀山丽水成为人才创业创新、科技产业落地生根的发展沃土，处处呈现生机勃发、活力无限的大干快上态势。

三是问海借力。内生动力不强是丽水的基本市情，决定了丽水必须把借势借力作为重要的发展手段和方式。为此，丽水按照"跳出丽水看丽水"的思路，放眼全局开新局，紧紧抓住并用好"一带一路"建设、长江经济带发展特别是长三角区域一体化发展等带来的历史性机遇，重点聚焦长三角沿海发达城市，架设起山海协作、向海发展的大桥梁、大通道，加快吸引集聚更多外来优质要素和高端资源，促进经济增长内生动力的大幅提升。

丽水拥有海外华侨的资源优势。丽水充分发挥海外华侨的资源优势和"山海协作"的机制优势，发挥侨务工作"联谊、服务、引导"三大功能，积极引导侨胞成立回乡投资者协会，整合华侨资源，健全招商网络，优化投资环境，打造了多类型、多层次、多领域的高等级合作发展平台。

第三节　经济发展的丽水实践经验

多年来,丽水忠实践行"八八战略",一张蓝图绘到底,秉持绿色发展理念,以发展观念的革命性变革引领发展战略的重构,以思路、技术、体制的全方位创新,着力探索将绿水青山转化为金山银山的有效通道,逐步形成了富有丽水特色的高质量绿色发展模式。纵观丽水的崛起轨迹,绿色是主基调,发展是主旋律。面对高标准环境保护、高质量绿色发展的双重约束,丽水打通"绿水青山就是金山银山"转化通道,加快"绿水青山就是金山银山"转化步伐,把生态资源转化为发展资源和生态资本、生态优势转化为经济优势和竞争优势,把生态经济培育成为发展的新引擎,不断探索、创新和完善生态产品价值实现机制,始终坚持以人民为中心的发展思想,坚持生态惠民、绿色富民、发展为民,走出了一条具有丽水特色的生态优先、绿色赶超的高质量发展之路。

尽管丽水至今经济发展水平同发达地区相比还存在明显差距,探索形成的一整套促进高质量绿色发展的体制机制尚未完全成熟,但丽水全域性、体系化的绿色发展实践,在破解普遍制约后发地区高质量绿色发展一系列世界性难题上都作出了自己独特的探索,并取得了显著的发展成效。丽水绿色发展的实践经验,对国内其他地区走高质量绿色发展之路具有重要借鉴意义。

一、坚持高质量绿色发展的战略定力

毫无疑问,丽水的绿色崛起,遇到了绿色发展逐步成为国家推动发展方式转型的核心理念、人民群众对良好生态环境的需求显著增强,以及交通条件逐步改善等机遇,但能否有效地抓住这些后发地区

共同分享的机遇,党委、政府的战略定力无疑是一个非常重要的影响因素。

从丽水的实践经验来看,坚持战略定力,推动高质量绿色发展,前提是党委、政府用以指导地方经济社会发展的理念、思路,必须具有顺应发展潮流的前瞻性。在这一方面,丽水作为"绿水青山就是金山银山"理念的重要萌发地,确实遇到了难得的历史性机遇。习近平同志在浙江工作期间的一系列提醒、嘱托、告诫,在丽水发展观念革命性变革进程中发挥了关键性的催化作用。殊为难得的是,丽水各级党政干部迅速将发展观念的觉醒转变成了坚持绿色发展不动摇的恒心和毅力,一张蓝图绘到底,一任接着一任干,呈现出来的是绿色发展观念领悟的不断深化,是绿色发展战略定力的不断增强,是绿色发展体制机制创新的日益丰富。

丽水高质量绿色发展实践的经验,还在于市委、市政府顺应国家经济社会发展的大趋势,结合地方实际,制定实施了能够有效调动和发挥地方资源禀赋优势,并影响地方长期发展的核心战略,进而在持之以恒地坚持这一核心战略的过程中,不断强化执行力。一方面,历届党委、政府始终坚持绿色发展一张蓝图绘到底,不折腾,不"翻烧饼",始终围绕这一核心战略,不断健全和完善落实这一核心战略的体制机制,从而推动了绿色发展实践探索的不断深化;另一方面,在历届党委、政府的努力下,绿色发展战略逐步发展成为影响丽水发展全局、引领各个领域创新的总体战略,并成功贯穿于生态修复、产业结构调整、乡村振兴、脱贫攻坚、全面小康建设等各项建设事业之中,形成了绿色发展的联动效应。

区域核心战略的贯彻落实,从根本上取决于各级干部的执行力。就此而言,丽水的高质量绿色发展,完全是丽水干部群众干出来的。在发展方式的全面转型过程中,丽水始终高度重视对各级干部担当、干事的责任和激情的激发,着力培育特别肯吃苦、特别能战斗、特别有韧劲、特别善创新的奋斗精神。丽水市委明确提出要以"丽水之干"担纲"丽水之赞",要求各级干部"冲破束缚,轻装上阵地干;脚踏实地,求真务实地干;立说立行,雷厉风行地干;追求卓越,精益求精地干;久久为功,锲而不舍地干"。市委密集出台了《关于进一步激励干部新时代新担当新作为以"丽水之干"担纲"丽水之赞"的实施意见》《关于适应实现"两大历史使命"需要大力发现培养选拔优秀年轻干部的实施意见》《关于深化完善容错纠错机制的实施细则》等文件,不断强化"组织为干部担当、干部为事业担当"的鲜明导向,释放了"干"字当头、以干为重、以干得助、以干图强的强烈信号。为了给"丽水之干"注魂、赋能、立根,丽水市委着力挖掘和弘扬"浙西南革命精神",要求各级干部紧紧抓住丽水发展的历史性和战略性机遇,自觉肩负起"绿水青山就是金山银山"理念践行的先行者使命,围绕生态产品价值实现机制探索试点,努力成为优质生态产品的供给者、生态价值标准的制定者、生态价值体系的评估者,为成为生态产品价值实现机制示范,推进"绿水青山就是金山银山"实践提供更多的丽水探索、丽水素材、丽水经验。可以说,正是这样一种走在前列的发展理念觉醒,这样一种先行先试的责任担当,这样一种脚踏实地、锲而不舍的"丽水之干",使丽水克服了后发地区面临的种种不利条件,成功抓住了稍纵即逝的机遇,推动丽水成功实现了高质量绿色发展。

二、推动高质量绿色发展的制度创新

丽水拥有独特的生态资源优势,但也面临着后发地区转型发展一系列的制约因素。要把生态资源优势转化为发展优势,同时最大限度地克服发展的不利条件,制度创新无疑是关键。按照后发劣势理论,后发地区最容易陷入的困境,是摆脱落后局面的急切心理和急功近利的短期化倾向,导致一味热衷于能够在短期内取得显著增长绩效的技术模仿路径,满足于不加选择地承接发达地区转移出来的产业,最终陷入技术模仿的路径依赖,长期无法改变自身落伍者的角色境遇。丽水创造的值得后发地区借鉴的一条重要经验，是绿色发展战略定力以及相关政策导向的连续性，这使得丽水始终高度重视以制度创新来营造区域发展的内生动力。

首先，正是围绕打通"绿水青山就是金山银山"转化通道的持续探索使丽水率先就建立 GEP 和生态资产核算体系进行了大胆探索，进而通过建立一整套相关制度，摸索出政府主导、企业主体、社会参与、市场化运作、可持续发展的生态产品价值实现路径，在促进绿水青山转化为金山银山上率先形成了一整套相对成熟的体制机制，得到了国家层面的高度肯定。当国家将丽水确立为全国首个生态产品价值实现机制探索的试点城市时，客观上就赋予了丽水在生态文明体系建设方面走在前列的历史性机遇。

其次，从"河权到户"、"三权"抵押贷款、农村金融改革，到"生态互联网""生态＋旅游"的业态创新，再到"大搬快聚""小县大城"的空间布局调整，这一系列走在全国前列的体制机制创新，使丽水得以在全面强化生态修复、大规模淘汰落后产能的过程中，成功地培育出众多既能充分发挥生态资源优势，又特别适应城乡居民在家门口就地创业的绿色产业，从而在生态环境不断优化的同时，实现城乡居民收入的持续增长。而当城乡居民得以充分分享绿色发展的成果时，他们就转变成了生态环境保护的积极参与者，形成了生态环境优化、绿色产业兴旺、居民收入增长的良性循环。

最后，作为制度创新的主体，丽水各级政府结合全省"四张清单一张网"和"最多跑一次"改革，全面加强政府管理模式的改革，为激发广大城乡居民参与绿色创业、调动区域内部和外部市场主体的积极性，营造出了良好的营商环境。在"最多跑一次"改革实践中，丽水政府部门间"最多跑一次"改革入选全省改革领跑者案例，51.4％的民生事项实现了"全域一证通办"。中介服务"网上竞价"改革入选国家发展改革委清费减负典型案例、全省经济体制改革 26 条典型经验。

三、全域统筹的高质量绿色发展

丽水绿色发展实践的一个显著特点,是没有局限于一乡一镇式的点对点探索,而是在全域范围内全面推进;不是简单地培育一两个具体产业,而着力推进农业、工业以及生态服务业全产业的绿色发展,着力推进美丽环境、美丽经济、美好生活深度融合,是一种自成体系的探索实践,因而统筹绿色发展的整体创新就成为其先行先试的鲜明特色。

外延式统筹创新的突出表现,是实现跨山统筹,打破长久以来依山而居、靠山而作、划山而治的"分散式"治理格局,打破市县之间的行政壁垒和城乡分割局面,树立一体化、协同化、差异化发展的思维,在更大时空范围内统筹生产力布局、资源开发、设施配套、交通建设,通过强强联合、特色结合、优势组合,推动生产力由散到聚、以聚促变,聚力打造具有区域竞争力的新增长极,进而培育形成区域发展整体规模优势和特色差异品牌。一方面,是全市牢固树立绿色发展的理念,建立健全促进 GEP 更多、更好、更快、更直接地转化为 GDP 的体制机制,形成全市一盘棋的绿色发展格局;另一方面,各县(市、区)因地制宜,探索适合各地实际的绿色发展路子,形成各地创新案例、经验精彩纷呈的格局。以生态产品的公用品牌开发为例,市级层面统一创建"丽水山耕""丽水山景""丽水山居"三大品牌,设立统一的标准,各县(市、区)根据自身的生态资源优势和产业发展特点,着力做好生态农产品、乡村旅游、田园民宿三篇大文章,并纳入全市统一的公用品牌。

内涵式统筹创新的主要方式,是推进一、二、三产业全产业统筹,推进生态、生产、生活统筹,最终实现美丽环境、美丽经济、美好生活"三美融合"。以农民易地搬迁的丽水模式为例,丽水将生态保护与脱贫攻坚、绿色产业发展有机地结合起来,以生态核心区、高山远山、地质灾害点为重点,大力推动农民搬迁至基础设施较好、产业相对发达的中心村、中心镇和县城,促进了农村人口集聚和城镇化发展,并实现了易地搬迁群众"搬得下、搬得出,稳得住、住得久,富得起、富得快"。

四、坚持以生态为中心的融合式绿色发展

作为后发地区,丽水发展方式绿色转型的基础相当薄弱,但就是这样一个除了生态资源优势,几乎谈不上有什么特殊发展优势的地区,在短短 20 年时间里,成功地实现了高质量绿色发展,这得益于"八八战略"和"绿水青山就是金山银山"理念的引领,得益于浙江省委、省政府对生态功能区的政策扶持,得益于地方干部群众坚持绿色发展一张蓝图绘到底,也得益于坚持以生态为中心的融合式绿色发展。20年来,丽水围绕生态环境这一最大优势,将各种要素、资源、技术有机地嫁接和融合在一起,全面激活生态产品的价值,以促进生态产品价值的实现。

一是坚持生态与互联网的融合,作为丽水"大众创业、万众创新"的新引擎,催生出了农村电子商务的"北山模式""遂昌赶街模式",使丽水发展成为农村电商创新发展示范区。生态优势与互联网技术嫁接,使丽水原先难以进入市场的丰富农产品变成了行销全国各地的商品,将生态优势转化为品质优势,以产品溢价的形式提升了产品的生态附加值。

二是坚持生态与旅游业的融合,促进了丽水将全市当作一个大景区来统筹谋划,形成了以休闲养生为特色,以"丽水山居"为品牌的全域旅游大格局,不仅带动了国家公园和大花园建设,带动了瓯江文创产业带、瓯江山水诗路黄金旅游建设以及缙云仙都、古堰画乡、云和梯田等地创 5A 级旅游景区的工作,而且激发和引导了全市各县(市、区)城乡居民加入大众绿色化创业。

三是坚持生态与文化的融合,促进了全市文化资源的保护、开发、利用,使众多乡村古屋废墟、残墙旧坊旧貌换新颜,凸显出作为乡愁记

忆的物质表达的独特魅力；众多的非物质文化遗产和乡村民俗成为旅游开发的重要资源。更重要的是，生态优势与文化品位相互融合，极大地增强了丽水的文化自信，实现了生态与文化相互赋值、相互赋能的良性循环。

四是坚持生态与市场的融合，有力地促进了生态产品市场的发展。丽水市茶叶产量、茶园种植面积、茶叶产值均占全省五分之一以上。近些年来，随着丽水生态品牌价值的凸显，以纯生态方式种植的景宁惠明茶、松阳银猴茶稳居浙江十大名茶行列。松阳县的浙南茶叶市场成为全国最大的绿茶交易市场、中国绿茶价格指数发布地。

第二章　统筹兼顾、协调发展，
整体推进政治文明建设

在浙江工作期间，习近平同志高度重视民主法治建设，2003 年 7 月提出"八八战略"时，就将法治建设纳入其中，并始终坚持以法治思维方法指导实践，有力推动了浙江民主法治建设和经济社会发展。在推进浙江科学发展和"法治浙江"建设的背景下，丽水市以习近平同志的嘱托为指引，坚持物质文明、精神文明和政治文明协调发展，提高政治站位，强化绿色发展的机遇意识，获得习近平总书记"浙江丽水市多年来坚持走绿色发展道路，坚定不移保护绿水青山这个'金饭碗'，努力把绿水青山蕴含的生态产品价值转化为金山银山，生态环境质量、发展进程指数、农民收入增幅多年位居全省第一，实现了生态文明建设、脱贫攻坚、乡村振兴协同推进"的"丽水之赞"①，高质量谱写了"八八战略"的丽水新篇章。

第一节　促进物质文明、精神文明和政治文明协调发展

习近平同志在浙江工作期间多次赴丽水调研，指出欠发达地区与发达地区的差距不仅体现在经济发展水平上，而且反映在社会文化、公共事业、民主法治等多个方面，作出了丽水要"促进'三个文明'协调

---

① 习近平：《在深入推动长江经济带发展座谈会上的讲话》，《求是》2019 年第 17 期。

发展"①,加快经济、政治、文化和社会领域的法治化进程;要求"加快转变基层政府职能,为新农村建设提供有效服务"②,解决政府职能"缺位"与"越位"问题;"要很好地研究政策导向,利用政策的导向作用推进生产要素的聚集优化,努力使丽水成为创业环境最好的地方"③等重要指示,极大地推动了丽水的政治文明和民主法治建设。

一、突出重点,统筹兼顾,推动政治文明建设

习近平同志在赴丽水调研期间就辩证地指出,"要完整准确地理解和把握全面建设小康社会、提前基本实现现代化的内涵,促进'三个文明'协调发展"④。由此,丽水更加注重"三个文明"的协调:抓物质文明,全面推进小康社会建设,改善人民群众的生活,一方面推进经济高速发展,另一方面抓好扶贫;搞好政治文明,即坚持和完善党的领导,抓好民主法治建设,基层要抓好试点,推动这项工作;搞好精神文明建设,抓好文化、道德、信用各项建设,加强思想政治工作,把以德治省和依法治省相结合,要在基层作出规划,逐步推动。全面加强和改进党的建设,为全面推进现代化建设提供强有力的组织保证。这种统筹协调的思维方式,与习近平同志在浙江工作期间,结合浙江实际,就加强党的先进性建设和执政能力建设提出的"巩固八个方面的基础、增强八个方面的本领"的党建工作部署是一以贯之的。在这个党建领域的"八八战略"中,就包括"巩固党执政的思想基础,加强理论武装和党对意识形态工作的领导,不断增强用发展着的马克思主义指导新实践的

---

① 习近平:《干在实处　走在前列——推进浙江新发展的思考与实践》,中共中央党校出版社2006年版,第518页。这里的"三个文明",指的是物质文明、精神文明和政治文明。
② 《习近平在庆元调研时强调　加快转变基层政府职能　为新农村建设提供有效服务》,《浙江日报》2007年1月25日。
③ 习近平:《干在实处　走在前列——推进浙江新发展的思考与实践》,中共中央党校出版社2006年版,第517页。
④ 习近平:《干在实处　走在前列——推进浙江新发展的思考与实践》,中共中央党校出版社2006年版,第518页。

本领""巩固党执政的经济基础,全面推进经济强省建设,不断增强驾驭社会主义市场经济的本领""巩固党执政的政治基础,全面推进法治社会建设,不断增强发展社会主义民主政治的本领""巩固党执政的文化基础,全面推进文化大省建设,不断增强建设社会主义先进文化的本领"①等具体要求,与政治文明建设中的统筹协调要求高度契合。

从 2005 年 1 月开始,党中央统一部署了在全党开展以实践"三个代表"重要思想为主要内容的保持共产党员先进性教育活动。浙江省委常委会把研究制定推进欠发达地区加快发展的政策举措,作为保持共产党员先进性教育的一项重要整改举措。浙江省委、省政府出台了《关于推进欠发达地区加快发展的若干意见》(浙委〔2005〕22 号),成为当时和"十一五"时期指导浙江欠发达地区发展的一个含金量极高的文件。

二、相信群众、教育群众、依靠群众

2002 年 11 月,习近平同志赴丽水调研期间,到了丽水人民期盼已久且对改变青田、景宁两县库区群众贫困落后面貌有着重要作用的滩坑水电站坝址进行考察。这个水电站,新中国成立初期就有规划,但由于项目涉及投资、移民等问题,一直没有投入建设。21 世纪初,浙江省委、省政府把建设滩坑水电站作为扶持山区发展的重点工程,习近平同志对这个工程的前期进展和移民工作高度关注,一再叮嘱要认真细致地加快项目前期各项工作,认真处理好工程建设和生态环境保护的关系,做好库区移民工作,并要求举全省之力安置好库区移民。这次考察,进一步增强了丽水干部群众建设滩坑水电站的信心。②

2003 年 5 月,经国务院批准,国家发展改革委批复了滩坑水电站

---

① 习近平:《干在实处　走在前列——推进浙江新发展的思考与实践》,中共中央党校出版社 2006 年版,第 391—392 页。

② 中央党校采访实录编辑室:《习近平在浙江》(下),中共中央党校出版社 2021 年版,第 42 页。

项目建议书,工程正式上马。但这年夏天,滩坑水电站建设项目开工以后发生了群体性事件。7 月 20 日,库区的少部分移民由于诉求得不到满足,挑动一些群众冲击施工现场,打了维持秩序的民警,掀翻了警车。这个群体性事件的主要原因,就是移民安置方案没有达到一部分人的预期,当然也反映出当地的移民工作对不同群体的诉求了解沟通不够。事件发生后,丽水市第一时间就向省委作了汇报。7 月 23 日晚上,习近平同志紧急召开省委专题会议,听取相关情况的汇报,研究了滩坑水电站群体性事件的有关问题。当时,也有领导认为,既然群众有意见且项目投资量大,为了稳定,可以搁置项目。但习近平同志引导大家认真分析事件发生的原因和主要矛盾,在统一认识的基础上,他指出,既然该项目是一个扶贫工程,是一个事关改变山区面貌的工程,又是丽水干部群众期盼多年的民心工程,省委、省政府已经作了决策,就不宜因为有少部分群众有意见就轻易改变。因此,项目要继续推进,但移民的工作要做好。习近平同志对做好后续工作提出几条指导意见:一是对症下药,弄清楚群众的诉求是什么,不能给个无关痛痒的意见糊弄群众。二是要相信群众、依靠群众,做好群众的思想政治工作,发挥党组织的作用,派威信高的干部进村入户,把群众关心的问题解释清楚,处理好。这次会议明确了滩坑项目要继续迎难而上,提振了丽水干部群众的信心,使大家更深切体会到习近平同志和省委、省政府领导对山区建设的关心和重视。同时,习近平同志要求丽水干部务必做好移民的思想工作,确保稳定,体现了对丽水干部的信任,也让干部们感受到了压力。这次会议明确了工作的重点和方向,丽水市和青田县两级干部按照会议要求,抓住重点,精准施策,深入库区认真听取群众意见,初步稳定了群众的情绪,为工程继续推进创造了条件。①

---

　　①　中央党校采访实录编辑室:《习近平在浙江》(下),中共中央党校出版社 2021 年版,第 48—49 页。

　　2003 年 8 月 5 日,正是在丽水全力解决群体性事件后遗症、努力维护库区稳定的关键时刻,习近平同志又一次到丽水调研。习近平同志在基层最需要的时候来调研指导工作,给了地方和基层干部以鞭策和鼓励。实地调研后,他在召开的座谈会上专门谈到滩坑水电站项目:"这个项目是一个造福工程、致富工程,对推动丽水经济社会发展意义重大。应该说,省、市、县各级党委、政府为滩坑水电站的开工建设,从确定投资主体到移民安置,已经做了大量的前期工作,总体是好的。现在滩坑水电站建设已经到了关键时刻,核心是要处理好移民问题。对此,我们决不能掉以轻心,要迎难而上,下定决心把项目搞上去。要充分发挥党组织的政治优势、组织优势和群众工作优势,相信群众、教育群众、依靠群众,加大宣传教育力度,把思想工作做细、做实、做透,使广大人民群众充分认识建设滩坑水电站的重大意义,正确处理长远利益与眼前利益、局部利益与全局利益、个人利益与整体利益的关系,充分理解和支持滩坑水电站的建设。省、市、县三级要及时通气、协商、协调。省里要组织专门力量抓这件事,有关部门和市、县要搞责任制,丽水市和青田县党委、政府,要在省确定的政策范围内,进一步细化移民总体方案和具体安置办法,按照分类指导的原则,抓紧做好移民工作,力求尽早开工。"习近平同志的这次调研,在处理群体性事件的后遗症中再次起到了定海神针的作用。①

三、加快政府职能转变,重点解决政府职能"缺位"与"越位"问题

　　随着农村工作形势的深刻变化,乡镇原有的管理体制、运行体制、工作方式等越来越难以适应农村发展的需要,面临着"人往哪里去、钱从哪里来、货往哪里卖、事该怎么干"的困惑,加快乡镇体制改革已经

---

　　① 中央党校采访实录编辑室:《习近平在浙江》(下),中共中央党校出版社 2021 年版,第 49—52 页。

成为当务之急。针对丽水的实际,习近平同志强调,要加快转变基层政府职能,为新农村建设提供有效服务。2007 年 1 月,习近平同志在庆元县调研时对该县"培养技能型干部、建设技能型政府"的做法予以肯定,强调"庆元县积极探索以'培养技能型干部、建设技能型政府'为主要内容的乡镇体制改革,为转变基层政府职能积累了经验,具有积极的意义。各地要在提高干部素质和优化政府服务中,加快推动我省乡镇体制改革和新农村建设向纵深发展"。①

乡镇政府作为管理农村的基本行政单位,是党和政府联系广大农民群众的桥梁和纽带,是建设社会主义新农村的重要组织力量。推进乡镇体制改革的重点是转变政府职能、提高社会管理和公共服务水平,更好地为"三农"服务。庆元的一个重要做法,就是从加强"技能"入手,破转变"职能"之题。这个实践证明,在新形势下,乡镇政府的职能一要加强,二要转变。习近平同志指出:"要根据群众的需要,通过抓技能、抓素质,抓职能、抓服务,努力在提高群众认可度和满意度上下功夫。要沿着完善社会主义市场经济体制的改革方向,加快乡镇体制改革,不断提高发展经济的本领,切实加强乡镇政府在服务经济发展方面的职能;提高社会管理的本领,切实加强乡镇政府在促进社会和谐方面的职能;提高抓好基层党建工作的本领,切实加强乡镇党委、政府在推进基层民主建设方面的职能。"②

习近平同志的这些指示对各级党委、政府要着眼于全面落实科学发展观和构建社会主义和谐社会,进一步深化培养技能型干部、建设技能型政府,推进新农村建设和乡镇体制改革等方面起到了重要的指引作用。

---

① 《习近平在庆元调研时强调　加快转变基层政府职能　为新农村建设提供有效服务》,《浙江日报》2007 年 1 月 25 日。
② 《习近平在庆元调研时强调　加快转变基层政府职能　为新农村建设提供有效服务》,《浙江日报》2007 年 1 月 25 日。

四、使丽水成为创业环境最好的地方

世纪之交，丽水市委、市政府坚持可持续发展的战略方针，坚持讲生态效益的发展战略，走靠城市化发展的道路，大力抓产业结构调整，没有急功近利、竭泽而渔这样一些违背规律的做法。"丽水今后的工作，需要丽水全市上下齐心合力、实干巧干，也需要省委、省政府一如既往的支持。"习近平同志强调："要很好地研究政策导向，利用政策的导向作用推进生产要素的聚集优化，努力使丽水成为创业环境最好的地方。"①

"要从丽水实际出发，进一步优化投资环境，加强基础设施建设，改善政府服务，努力建设服务型政府，使我们的政策导向既有助于扩大经济总量，又有助于提高经济质量，走一条良性健康的可持续发展道路。"习近平同志强调："欠发达地区最怕没有人来，最怕生产要素流失。你们要从政策导向上，仔细研究一些问题，比如，如何整合开发区，创造新优势；如何进一步调整优化经济结构；如何大力发展工业经济，推动工业化进程；如何发展特色农业等等。"②这些指向明确的重要论述，为丽水这样的后发地区的一些具体发展路径的抉择指引了方向，为此后丽水的跨越式高质量发展奠定了理论基础。

在 2003 年 1 月浙江省人代会期间参加丽水代表团讨论时，习近平同志强调："丽水的后发优势非常明显，发展前景十分美好，省委也会把欠发达地区作为全省发展的一个新的增长点。"③这一肯定使丽水干部深受鼓舞，干劲更足。

在统筹城乡发展方面，丽水把推进城市化与鼓励农民下山脱贫、

---

① 习近平：《干在实处　走在前列——推进浙江新发展的思考与实践》，中共中央党校出版社 2006 年版，第 517 页。

② 习近平：《干在实处　走在前列——推进浙江新发展的思考与实践》，中共中央党校出版社 2006 年版，第 517 页。

③ 中央党校采访实录编辑室：《习近平在浙江》（下），中共中央党校出版社 2021 年版，第 48 页。

促进产业和人口集聚结合起来，实行"内聚外迁"，走以城带乡、以工促农、城乡一体的发展路子。进一步增强丽水中心城市的功能，实行"小县大城关""小乡大集镇"，搞好重点镇、中心村建设，加快园区的整合，把各类园区建设成为城市的新组团。结合全省开展的"千村示范、万村整治"工程，抓好"百村示范、千村整治"，改善农村的生产生活条件，加快建设新农村。大力发展劳务经济，积极引导和组织劳务输出，促进农业劳动力向二、三产业转移，不断拓宽农民就业渠道。继续做好扶贫工作，加快下山脱贫步伐。

在促进经济社会协调发展方面，丽水把科技教育放在十分突出的位置。加快先进适用技术的引进、应用和推广，建立健全科技服务体系，主动与上海、杭州等城市的高校和科研院所建立合作关系，为经济发展提供科技支撑。加强义务教育和基础教育，大力发展职业技术教育和成人教育，抓紧筹建"丽水学院"，建立健全多层次、多门类的职业技术培训体系，努力培养符合市场需求的各类实用型技术人才。实施"农民素质培训工程"，加强职业技术培训，提高农民就业能力。积极营造有利于人才创新创业的良好环境，千方百计引进人才和促进人才回流。加快完善养老、医疗和失业等社会保险制度和城乡居民最低生活保障制度，探索建立城乡孤寡老人集中供养、以大病统筹为主体的农村新型合作医疗和医疗救助等制度，不断扩大社会保险覆盖面。加快公共卫生体系和疾病预防控制体系制度，继续抓好初级卫生保健，加强农村、社区卫生服务，提高医疗卫生水平。加强精神文明建设，加快文化体制改革，大力发展文化产业，积极倡导文明健康的生活方式，不断丰富人民群众的精神文化生活。

第二节　"法治浙江"背景下的丽水社会主义
民主法治建设

以习近平同志对丽水的嘱托为指引,丽水市坚持物质文明、精神文明和政治文明协调发展,提高政治站位,强化绿色发展的机遇意识,"坚定不移保护绿水青山这个'金饭碗',努力把绿水青山蕴含的生态产品价值转化为金山银山,生态环境质量、发展进程指数、农民收入增幅多年位居全省第一,实现了生态文明建设、脱贫攻坚、乡村振兴协同推进"①,努力打造山清水秀的政治生态、以党内民主带动人民民主,持续深化政府职能改革,为高质量谱写"八八战略"的丽水新篇章提供了良好的政治环境和民主法治环境。

一、打造山清水秀的政治生态

20年来,在"八八战略"的指引下,丽水坚持把政治建设摆在首位,加强党的先进性、纯洁性和执政能力建设,坚定不移全面从严治党,创新实践"绿水青山就是金山银山"理念。丽水加强市委自身建设,健全总揽全局、协调各方的体制机制,支持和保障人大、政协依法依章程行使职权、充分发挥职能作用,巩固和发展最广泛的爱国统一战线,不断提高领导发展能力,担负起生态文明建设的政治责任,在不断夯实丽水绿色生态底色的同时,全力营造风清气正的政治生态,为丽水改革发展提供了坚强的政治保证。

协调推进物质文明、精神文明和政治文明建设。历届丽水市委自觉落实坚持和改善党的领导的重大政治要求,从政治建设、思想建设、

---

① 习近平:《在深入推动长江经济带发展座谈会上的讲话》,《求是》2019年第17期。

组织建设、作风建设、纪律建设等方面着手,改革和完善党委领导的体制机制,坚持民主集中制,严明党的政治纪律和政治规矩,坚决反对个人主义、分散主义、自由主义、本位主义,提高党委把方向、谋大局、定政策、促改革的定力和能力,确保始终总揽全局、协调各方。

特别是始终坚持以"八八战略"为总纲,深入学习贯彻习近平同志在浙江工作期间到丽水调研时的重要指示精神,自觉把"绿水青山就是金山银山,对丽水来说尤为如此"的重要嘱托和"走出一条科技先导型、资源节约型、环境友好型的发展之路"的历史责任,转化为使命担当、发展思路、工作实践,勇当绿色发展的探路者和模范生,一任接着一任干,坚定走向跨越式高质量发展道路。20 年来,丽水市委坚定不移举生态旗、走生态路、吃生态饭,以坚如磐石的定力推进绿色发展,把"生态立市""绿色兴市"确立为市域发展战略,在全国率先制定实施生态文明建设纲要,确定了"绿色崛起、科学跨越"战略总要求,为丽水生态文明建设和绿色发展打下坚实基础。党的十八大以来,市委进一步明确"绿色发展、科学赶超、生态惠民"发展主线,作出打造"两山"样板、争当"双区"示范,建设"生态旅游名城",创建浙江(丽水)绿色发展综合改革创新区等一系列重大决策部署,推动了生态环境明显改善、生态经济蓬勃发展、生态文明深入人心,实现了绿色发展从"跟跑"到"并跑"再到"领跑"的重大跃变。丽水坚持在发展中保护、在保护中发展,实行顶格的生态标准、严格的生态治理、科学的生态制度,把95.8%的市域面积纳入生态管治区,以重整山河、壮士断腕的决心打好"五水共治"①"五治齐抓"②等生态治理组合拳,守住了绿水青山,筑牢了生态屏障。丽水先后成为首批国家生态文明先行示范区、首批国家生态保护和建设示范区、全国水生态文明城市。2020 年 8 月召开的丽水市委四届八次全会进一步明确提出,丽水要坚定不移走创新实践

---

① "五水共治"是指治污水、防洪水、排涝水、保供水、抓节水这五项治水工作。

② "五治齐抓"是指治汽车尾气、治工业废气、治城市浊气、治燃煤烟气、治农村废气这五项治气工作。

"绿水青山就是金山银山"理念的发展道路，打造全面展示浙江高水平生态文明建设和高质量绿色发展两方面成果和经验的重要窗口。2002年至今，丽水生态环境状况指数、生态环境质量公众满意度长期位居全省第一；地区生产总值、人均生产总值和城镇居民人均可支配收入增幅同样持续位居全省第一。

丽水市人大及其常委会用好地方立法权，围绕城市建设与管理、环境保护、历史文化保护等方面，制定地方性法规。丽水加强法治政府建设，健全行政决策机制和程序，深化行政执法体制改革，进一步规范行政执法行为。稳妥推进司法体制改革，进一步优化司法职权配置，健全科学的司法权力运行机制，切实推进公正司法。全面推进公共法律服务体系建设，大力发展法律服务业，深入开展普法活动，加强社会信用体系建设。不断推进基层民主政治建设，健全完善村（社区）依法自治、村（社区）事务准入等制度。全市上下坚持依宪执政、依法执政，加强社会主义民主政治建设，推动领导干部做尊法学法守法用法的模范，增强党员干部法治思维和依法办事能力。

丽水市政协作为大团结大联合的组织机构、社会主义协商民主重要渠道和专门协商机构的作用得到有效发挥，在丽水坚定不移走"绿水青山就是金山银山"绿色生态发展之路上，书写了政协篇章，为推进丽水经济发展、民生改善、社会和谐，发挥了应有的作用。尤其是组织政协委员围绕"如何进一步凸显生态底色、发展特色、民生本色和担当气色"等问题进行深入调研、广泛研讨，增进绿色生态发展的思想共识，为全市筑牢绿水青山就是金山银山的思想根基做出了积极的贡献。

丽水是著名侨乡。长期以来，市委利用侨乡优势，在推进多党合作事业、融合政党关系的同时，正确处理民族关系、宗教关系、阶层关系、海内外同胞关系，为丽水改革开放和建设事业凝聚了强大力量，使得丽水打开山门、走向世界的开放度得到了历史性的推动和突破。在思想政治建设上，丽水在深化内容、丰富形式、完善机制、拓展渠道上下功夫，不断强化党员干部特别是领导干部的理想信念教育和理论武装工作，使党员干部的思想政治素质得到全面提升。党的十八大以来，更是深入实施习近平新时代中国特色社会主义思想教育培训计划，教育引导党员干部增强"四个意识"、坚定"四个自信"、做到"两个维护"。尤其是先后持续深入开展党的群众路线教育实践活动、"三严三实"专题教育、"两学一做"学习教育，在"不忘初心、牢记使命"主题教育和党史学习教育活动中，充分利用丽水作为浙西南革命老区所在地的得天独厚、无可比拟的基础、条件和优势，不断提高学习教育活动的"转化率""推动力"，为丽水的绿色跨越发展提供强大动力。

先行示范的法治浙江建设，使得浙江成为习近平法治思想的重要萌发地。近些年来，丽水更是坚持以最严密法治全面保障高质量绿色发展。发布了全国首部省级《生态系统生产总值（GEP）核算技术规范：陆域生态系统》。实施最严格制度、最顶格标准、最严密法治创建百山祖国家公园试点工作，其中"探索集体林地地役权制度"入选国家林业和草原局《集体林业综合改革试验典型案例》。在全国首创生态信用制度，建立生态信用行为正负面清单、企业生态信用评价管理、生态信用村评定管理办法等机制，城市信用监测排名全国前列。

二、以党内民主带动人民民主

丽水坚持把发展党内民主与加强民主基础上的集中统一起来，站在党内民主建设的战略意义和重要性高度，从提高认识、提升素质、完善制度、健全机制、加强监督入手，积极探索发展党内民主、以党内民主带动人民民主的有效途径和形式，努力在权利保障、外延扩张、改进方式上下功夫，狠抓落实，有力推进党内生活制度化、规范化。

以权利保障为基础推进党内民主。全市各级党员领导干部自觉成为建设"法治丽水"的实践者、推动者、宣传者，自觉把党的主张通过法定程序转化为国家意志。以外延扩张为途径推进党内民主。按照党内民主制度的要求，出台了《关于集体领导和分工负责的规定》，科学界定和正确划分党的委员会的全体会议、党的委员会的常务委员会的权限，实行了党委全会推荐和票决重要干部制度，进一步发挥了每一层面党的权力机构的作用，努力实现常委会权力向全会扩大，全会权力向代表大会扩大。针对以往干部工作中少数人选人的问题，在市直单位届中考察工作中，邀请工作服务对象、下属单位主要领导等参加述职评议会，扩大评议的参与面，同时，组织各单位进行相互评议，为考察工作提供横向评价的依据。在县级换届考察中，提前在新闻媒体公告考察工作安排和建言途径，到两年内上一任职单位进行延伸考察，并通过家访座谈、民意调查等方式向考察对象的家属、朋友、邻居等了解掌握"两圈"的情况。部分县（市、区）换届人事方案，在党代会召开前向民主党派和党员干部进行了通报。在乡镇党委换届中，进行公推党委委员候选人的探索试点，对象上由少数人向多数人扩展。以建立开放式组织为目标，充分利用网络、新闻媒体、会议以及工作过程等形式，实现党务信息的公开化。把市委秘书长、市政府秘书长，市委、市政府工作部门，市人大、市政协工作机构和人民团体正职领导干部的拟任人选和推荐人选，纳入党委全会票决，进一步扩大了初始提名权的行使范围。

以党务公开为抓手推进党内民主。实行了"党委统一领导、纪委协调监督、部门通力协作、群众积极参与"的领导体制和工作机制，明确党务公开各个环节的责任，把党务公开纳入党风廉政建设责任制的考核体系，量化考核标准，完善环节责任，严格责任追究。各级党委（党组）都建立公开透明的党务运行机制，包括定期通报制度、重大事项征询意见制度、民主评议制度、定期检查考核制度、聘请党务公开监督员制度、意见收集处理反馈制度、党务公开评价、考核激励制度等。在对县、乡、村三级的政务、村务公开检查中，均将党务公开工作作为重要内容，要求村一级公开到所有党员和群众，县、乡两级公开对象以党代会代表为主。全面落实了党代表联系党员群众制度，负责宣传、教育和引导工作。凡是党员、群众关注的重大事项和热点问题，只要不涉及党内秘密，都按要求予以公开。涉及全局和中心工作方面的内容，公开已经形成基本的程序。

对市、县、乡三级的发展规划、年度计划、办实事的内容和落实情况等，实行定期公开。对涉及群众利益的重要政策措施、重大项目的安排和大额度资金的使用等，实行即时公开和专项公开。实行创业承诺和廉洁自律承诺，接受党员群众的全程监督，市委常委会向社会公布廉政承诺，产生了较好的反响。丰富了公示的内容，由原来单一的干部提任公示向评优、发展党员、党代表选举、补助、享受优惠政策对象等公示发展，较好地落实了党员群众的知情权和监督权。

三、深化基层政府职能转变

2004年以来，为适应农村经济社会发展新形势，解决税费改革后乡镇"干什么、怎么干"和怎样建设社会主义新农村的问题，庆元县在乡镇（街道）治理中推行了一场深刻的自我变革，提出了"培养技能型乡镇干部，建设技能型乡镇政府"的工作思路。该做法得到习近平同志高度肯定。由此，丽水市在实践中不断完善，逐步建立起一套适应新时期农村基层治理的新模式。其主要做法包括以下三个方面。

第一，找准定位围绕需求，开展干部技能培训。定位乡镇党委、政府"服务经济发展、管理社会事务、提供公共服务、维护社会稳定、加强基层党建"的新时期主要职能，让乡镇干部清晰认识新时期要"干什么"。按照"'三农'需要什么，干部学习什么"的思路，把有技能、会服务作为培养乡镇干部的出发点和落脚点。通过"必学＋选学"模式，将经济发展、综治维稳、新时期群众和基层组织工作等50多项技能，作为干部学习内容，基本涵盖了"三农"工作的方方面面。建立按需所学、每学必考、学以致用三项"倒逼"机制，出台乡镇干部技能证书认证制度，让干部有所学、有所钻，有所用、用可考，形成"干部经常受教育，群众长期得实惠"的良好局面,极大提升了基层政权的治理能力。

第二,整合机构提升效能,县乡联动资源下沉。适应现代治理环境,丽水归并整合乡镇原"七站八所"职能 30 多项,分类设置党政综合办公室、农村工作指导中心、工业发展服务中心、维稳调处服务中心、社会保障服务中心、村镇建设管理中心等"一办几中心",基层政府的整合能力得到了强化。工作模式从过去的"分散服务"向"集中服务"转变,实行"集体式办公、超市式服务",并把服务中心向村级延伸,在各村建立为民服务中心(站),推行全程为民代办制,让农民群众足不出村就能享受便民服务。每年从县机关部门选派干部担任农村指导员、企业助理、平安助理、科技助理、金融助理等"一员四助理";从乡镇机关选派干部任农村指导员和企业助理,使每个行政村都有一名驻村干部,每个重点企业至少有一名助企干部;推行"吃住在一线、工作在一线、方法产生在一线、解决问题在一线"的"一线工作法",为群众解难事,做好事,办实事。

第三,与时俱进不断拓展,深化技能型乡镇政府建设。2008—2010 年,庆元县以深化行政管理体制改革为契机,完善了技能型干部培养体系,全县实行"专门生产人员、专业技术人员、懂行指导人员"分类培养模式。其中,"专业技术人员"按照干部总人数 10％—30％的比例,把部分专业基础较强、有实践经验的乡镇干部输送到农业、林业等部门定向培养。随后,庆元县不断提升技能服务的精细化水平,补齐短板,进一步强化干部作风,针对"80 后""90 后"年轻干部不断充实到乡镇干部队伍但农村工作经验欠缺的现状,积极开展"传帮带",通过学服务技能、记民情手记、绘民情地图、建村情档案,打造"百事通"乡镇干部队伍。2017 年,庆元县再次出台《关于进一步深化技能型乡镇政府建设加快建设服务型乡镇政府的实施意见》,明确规定"结合新形势新任务,乡镇干部应必备新媒体运用等 10 项基本技能,学习掌握群众工作法等 10 种工作方法,不断提升敢于担责能力等 10 种工作能力",成为后发地区跨越发展的有力支撑。

丽水始终坚持把技能型乡镇政府建设作为抓基层强基础的重要载体，以"一锤一锤钉钉子"的精神常抓不懈、一抓到底，总结庆元经验并推广到全市乡镇工作中，推动基层政府从"管理型"向"服务型"转变，并结合时代发展不断赋予新的内涵，确保技能型乡镇政府建设持续焕发出新的生命力。比如近年来，党的十九大作出乡村振兴战略部署，提出增强八个方面的执政本领。庆元县梳理出生态旅游发展落后、传统产业增速放缓等七个方面的短板，专门聘请近百名专家，分农业农村发展等五个专业组，每年对县、乡、村三级万余名干部开展技能培训，助力乡村振兴。全县建立干部技能学习考核和服务档案，每年对全县乡镇干部进行一次岗位技能考试，成绩不合格的干部取消年度评优评先资格。如莲都区结合当地农村基层发展实际，举办了技能型乡镇干部培训班，安排了茶叶种植、水果种植、林业实用、农家乐经营等七个大类的专业技能培训，按照"必修＋选修"的模式，以自学、集中辅导、统一考试的方式规定岗位需求技能及本地主导产业发展技能作为乡镇干部的"必修"技能，同时结合各自专业特长确定选修技能，使每位干部通过培训掌握1—2门实用技能。

四、深化行政审批制度改革

简政放权、放管结合、优化服务三管齐下，是打造高效、廉洁、法治、责任和服务型政府，构建亲清政商关系的关键环节，也是解决群众和企业办事难现实问题的重要途径。21世纪以来，从改革历程上看，浙江政府改革经历了三个阶段：第一阶段是21世纪初开始的深化行政审批制度改革；第二阶段是"十二五"期间的"四张清单一张网"改革。以上两个阶段的改革，主要是政府"自我规范"的基础性工程，目的是提升政府效能、厘清政府与市场的边界等。而第三个阶段，则是2016年浙江创新的"最多跑一次"改革，站在群众角度破解办事难，涉及"放管服"的方方面面。丽水深入贯彻落实全省行政审批制度改革的部署,按照处理好政府与市场的关系,使市场在资源配置中起决定性作用和更好发挥政府作用的要求,围绕"审批事项最少、审批速度最快、审批收费最低、审批服务最优"改革目标,坚持"放管服"三管齐下,积极推进行政审批制度改革,进一步加快政府职能转变,以构建科学高效的政府组织和职能体系,创造良好的发展环境,提供优质的公共服务,维护公平正义,营造亲清政商关系,打造高效型、廉洁型、法治型、责任型和服务型政府,提升政府治理体系和治理能力现代化,着力营造良性政商关系。

早在 2004 年,以《中华人民共和国行政许可法》的施行为契机,在继续缩小行政审批权的同时,丽水开始将改革重点转移到推进"两集中、两到位"的相对集中行政审批权改革。与早期集中办公侧重于物理空间集中不同,审批权的相对集中着眼于行政审批权力的科学合理配置。其基本做法是将分散在部门内部多个处室的行政审批职能向一个内设机构集中,成立行政审批处,以"三定"方案或市编办批复的方式,确定行政审批处的职能;审批处向政务服务中心集中;部门对政务服务中心窗口"首席代表"授权到位;行政审批事项在政务服务中心办理到位。行政审批体制的创新主要是指审批主体和组织机构的创新,其目的是对分散重叠的行政审批权进行科学合理的配置,以提高行政审批服务质量和强化对行政审批权的监督。2015 年 5 月,丽水审批中心更名为行政审批服务管理办公室,群众办事"跑多门"变为"走一门",通过集中行政审批职能,消除行政审批中长期存在的碎片化顽疾。相对集中的目的不在于减少行使行政审批权的机构数量,而在于通过科学合理地配置权力,最大限度地消除分散审批、交叉审批和重复审批的数量,提高行政审批的效率,转变政府职能。而这一改革路径和目标,与三年后党的十九届三中全会通过的《中共中央关于深化党和国家机构改革的决定》的精神高度契合:"转变政府职能,优化政府机构设置和职能配置"的目的,正是"全面提高政府效能,建设人民满意的服务型政府"。

　　此外,丽水通过精简审批事项,最大限度清减下放行政审批权。除按照国务院统一部署和要求的行政审批事项清理外,按照"凡是能精简的事项一律精简、凡是能压缩的时限一律压缩"的要求,推进清理提速工作。2014 年以来,丽水积极谋划、部署、推进建设"四张清单一张网"①。以此作为深化政府自身改革的总抓手,消除权力寻租空间,激发市场活力,打造最优发展环境。发挥资源集合、信息共享、便民惠民的作用,进而推动其他领域改革。以互联网技术倒逼政府接受社会监督、提高效能、改进服务,为打造服务型政府提供有力支撑。作为全省试点市,丽水从提高政府部门审批效率和方便群众办事出发,坚持需求和问题导向,积极推进"一张网"——政务服务网——"跨部门网上并联审批"试点。实现了资源共享、信息互通、统一平台、高效审批、优质服务的工作目标。与此同时,以"把麻烦留给政府,把方便让给群众"为审批服务核心理念,全省首创大代办服务、大中介服务,推行"大保姆"服务,不断创新审批服务机制,优化服务体系,提升服务水平,纵深推进政府职能转变。

　　浙江省于 2016 年 12 月提出的"最多跑一次"改革,是"四张清单一张网"改革,是"放管服"改革的浙江深化探索、创新实践,是以增强人民群众改革获得感为宗旨的更高水平和更高要求的政府自身改革。以实现从服务、政策、制度、环境多方面优化政府供给,真正实现"让数据多跑路、群众少跑腿甚至不跑腿",从管理型政府到服务型政府的根本转变。

　　经过近几年的刀刃向内、持续改革,丽水以"走在全省前列"为目标,努力树立起政务环境最好、权限下放最到位、办理流程最优、提交材料最少、服务速度最快、办事成本最低、群众和企业获得感最强的"七个最"标杆,深入推进"最多跑一次"改革,坚持目标导向、问题导

---

　　① "四张清单"具体是指政府权力清单、政府责任清单、企业投资负面清单、财政专项资金管理清单。"一张网"是指浙江政务服务网,一个集行政审批、便民服务、政务公开、效能监察、互动交流于一体的网上公共服务工作平台。

向、需求导向，以追求极致的精神，跑出加速度、好成绩，创出政府职能转变的特色品牌。一是夯实基础，加快推进办事标准化。"一件事"标准化能否实现是关系"一窗受理""一网通办"能否实现的基础环节。丽水在率先进行探索的基础上，根据省、市、县三级行政权力基本目录，完成权力清单的比对规范，实施了权责清单动态调整，形成标准化、规范化、动态化的市、县、乡三级权责清单。二是优化界面，事项服务集成化。通过采取受理与审批相分离的机制，推行"前台综合受理、后台分类审批、统一窗口出件"的服务模式，真正使企业和群众进服务中心"一个门"、到综合窗口"一个窗"就能把"一件事"办成，实现"一条龙"服务。三是提升效能，重点加快信息化。丽水市政府制定印发了《丽水市公共数据和电子政务整合方案》，推进"一网集成、信息共享"公共数据和电子政务整合工作，消除信息孤岛，实现资源共享，全域提前实现平台应用、系统打通、网上审批、网上申报四个"100％"。四是强化落实，工作推动机制化。先后健全完善了协同推进机制、督查推进机制、考核推进机制、舆论推进机制、代办推进机制。由浙江省委改革办、省编办、省社科院、省统计局等单位组织的全省"最多跑一次"改革群众满意率抽样调查评估显示，丽水多次位居全省前列。全面开展"无证明城市"创建，统筹推进"无证明化""证照分离"改革。推进合法性审查全面覆盖。出台《关于加强重大行政决策目录化管理的实施意见》《丽水市乡镇（街道）合法性审查工作规范化建设标准》，完成省定综合行政执法事项划转，行政执法"三项制度"100％有效覆盖。在此期间，丽水的全域通办、中介服务网上竞价、读秒办结、电子图审、掌上社保、公积金提取全市通办、民办事业单位证照联办、刷脸通办试点等多项改革工作为全省、全国提供了丽水经验和丽水样本。

　　数字化改革是近年来浙江省委作出的一项推进省域治理体系和治理能力现代化的战略总抓手。丽水遵循"规定动作接得住、自选动作有创新"的原则，坚持平台效能和应用效果相结合、坚持技术迭代和制度创新相结合、坚持借用外脑和练好内功相结合，上下联动共同破解重大集成改革应用题，加快构建远期和近期相衔接、宏观和微观相贯通、定性和定量相结合的数字化改革工作体系，努力为打造"高水平建设和高质量发展重要窗口"、加快跨越式发展提供强大动力和硬核支撑。

与此同时，2019年，丽水针对部门间办事环节多、耗时长、程序繁等问题，围绕打造最优政务服务环境，将群众和企业到政府部门办事"最多跑一次"的做法推广应用到机关内部"最多跑一次"事项办理中。这一改革得以在全省复制推广，荣膺"2019中国改革十大年度优秀案例"。2019年，丽水在全省率先搭建数据共享交换平台，上线试运行机关内部协同办事平台，打通省政务服务网、OA系统、电子签章等7个系统及5个市级自建平台，包含机关事业退休"一件事"在内的168个事项上线平台流转"一次不用跑"。通过"浙政钉"，机关事业单位人员退休"一件事"、往来款拨付等104个办事事项实现掌上办、掌上批。这一改革对深化"放管服"改革具有很强的针对性，截至2019年，通过定标准、减材料、优流程、压时限，事项办理提速率平均达到55.5%，部门间办事更加高效，行政效能显著提升①。

第三节　丽水民主法治建设的实践经验

伴随着经济社会发展的深刻变革和跨越式跃升，丽水的政治发展也经历了一个不断进步和完善的过程。通过协调推进物质文明、精神文明和政治文明建设，丽水始终坚持在把握大局中坚定落实生态文明建设的政治责任和历史责任；始终坚持党的领导、人民当家作主和依法治国的有机统一，坚持和完善人民代表大会制度，推进民主法治建

---

① 《"2019中国改革年度案例"名单发布》，中国改革网，2019年12月21日，http://www.chinareform.net/index.php? m=content&c=index&a=show&catid=99&id=35322。

设；始终坚持"放管服"三管齐下，努力构建科学高效的政府组织和职能体系，创造良好发展环境、提供优质公共服务，维护公平正义，营造亲清政商关系，打造高效型、廉洁型、法治型、责任型和服务型政府，不断提升市域治理体系和治理能力现代化，在不断夯实丽水绿色生态底色的同时，全力营造风清气正的政治生态。

一、始终坚持在把握大局中坚定落实政治责任和历史责任

不谋全局者，不足谋一域。任何工作只有放到大局中去分析，才能找准位置、明确方向。

回顾发展历程，丽水比其他地区更充分地认识到"绿水青山"与"金山银山"的辩证关系，曾经历纠结于是否要走"用绿水青山换取金山银山"的道路，困惑于"既要金山银山，也要绿水青山"的两难，再到实践"绿水青山就是金山银山"的发展观念不断变革的各个历史阶段。而国内和浙江省内也有一些发达地区曾实施高投入、高消耗、高污染的发展模式，虽然实现了经济较快增长，但也付出了高昂代价。这条传统的工业化道路，欠发达地区决不能再走，必须创新发展思路，下决心转变增长方式，采取实实在在的措施，以最小代价谋求最大发展。

"进一步发挥浙江的生态优势，创建生态省，打造'绿色浙江'"的战略举措，是"八八战略"的重要组成部分。走绿色生态发展之路，是丽水发展的最大历史责任，是丽水坚决贯彻"八八战略"、一张蓝图绘到底的最大政治责任。

"绿水青山就是金山银山"，但是"绿水青山"只有通过绿色产品价值转换才能真正地变成"金山银山"，这需要付出极大的努力，实现跨越式发展。2008年，丽水市委、市政府在全国率先发布《丽水市生态文明建设纲要（2008—2020）》，全力实施"生态产业、生态集聚、生态设施、生态涵养、生态文化"五大工程，为全面发展生态休闲养生（养老）

经济奠定了良好基础。2009 年,丽水又委托中国社会科学院联合有关中央部委研究机构,围绕生态休闲农业、生态养生产品制造业、生态休闲旅游业等方面,开展丽水生态休闲养生(养老)经济发展课题研究。2011 年 6 月,由丽水市政府与中国社科院城市发展与环境研究所编制的《丽水市生态休闲养生(养老)经济发展规划》在北京人民大会堂正式发布。同时,国际休闲产业协会授予丽水市"国际休闲养生城市"称号。2012 年 8 月,市委三届三次全会审议通过《中共丽水市委关于推进"秀山丽水、养生福地"建设的决定》,为全面发展生态休闲养生(养老)经济进一步明确了方向,并正式将"秀山丽水、养生福地"确立为发展定位,成为全市致力打造的区域品牌。2013 年 12 月,市委三届六次全会审议通过《中共丽水市委关于坚定不移走"绿水青山就是金山银山"绿色生态发展之路,全面深化改革,建设美丽幸福新丽水的决定》。在省委提出"不考核丽水 GDP 和工业增加值"后,丽水坚定不移走"绿水青山就是金山银山"绿色生态发展之路,全面深化改革,确立建设美丽幸福新丽水的奋斗目标,打造全国生态保护和生态经济发展"双示范区"。2016 年 6 月,市委新出台《中共丽水市委关于补短板、增后劲,推动"绿色发展、科学赶超、生态惠民"的决定》,基于丽水自身的重大抉择和人民的热切期盼,再一次吹响了"绿色发展、科学赶超、生态惠民",加快建设美丽幸福新丽水的号角。2017 年 2 月,丽水市第四次党代会提出,始终遵循习近平总书记"绿水青山就是金山银山,对丽水来说尤为如此"重要嘱托,深入分析丽水的历史方位和历史使命,不忘初心、继续前进,在"绿色发展、科学赶超、生态惠民"中奋力夺取与全省同步高水平全面建成小康社会决战胜利,勇当绿色发展的探路者和模范生,为"浙江的今天"和"中国的明天"奉献更多丽水实践、丽水元素、丽水印记。2017 年以来,丽水以浙江省政府办公厅印发的《浙江(丽水)绿色发展综合改革创新区总体方案》为载体,把绿色发展作为第一要务,大力实施绿色发展行动,打造绿色发展"中国方案"丽水样板,奋力加快高质量实现确保与全省同步高水平全面建成小康社会、勇当绿色发展的探路者和模范生"两大历史使命"。

2018年7月，丽水市人大常委会正式审议通过《丽水国家级生态文明建设示范市规划》，系统推进生态文明建设示范省、生态文明建设示范市、生态文明建设示范县、生态文明建设示范乡镇、生态文明建设示范村、生态工业示范园区建设。正是因为始终坚定担负起生态文明建设的政治责任，一任接着一任干，一锤一锤钉钉子，丽水的绿色发展道路才越走越宽。

二、始终突出坚持和完善人民代表大会制度，推进民主法治建设

人民当家作主是社会主义民主政治的本质和核心。人民代表大会制度是我国的根本政治制度，是党领导、支持、保障人民当家作主，实现党对国家和社会事务领导的政权组织形式，必须坚持和完善人民代表大会制度。2004年2月，习近平同志在浙江省人大常委会党组民主生活会上指出："人民代表大会制度是党领导人民当家作主的最好组织形式，体现了人民是国家的主人，享有行使管理国家事务的权利。"[①]在2004年9月召开的纪念浙江省人民代表大会成立五十周年座谈会上，习近平同志进一步指出，"人民代表大会制度是适合我国国情的好制度"，"坚持和完善人民代表大会制度必须不断加强地方人大工作"，强调做好新时期的人大工作，"要注意处理和把握好以下五个关系"，即坚持党的领导与发挥人大作用的关系、加快发展与法制保障的关系、依法办事与开拓创新的关系、监督与支持的关系、人大与人民群众的关系。[②]

2000年7月，丽水撤地设市。2001年1月，丽水市第一届人民代

①　习近平：《干在实处　走在前列——推进浙江新发展的思考与实践》，中共中央党校出版社2006年版，第373页。

②　习近平：《干在实处　走在前列——推进浙江新发展的思考与实践》，中共中央党校出版社2006年版，第371—376页。

表大会第一次会议召开,丽水市人民代表大会制度建设进入了一个新的发展时期。撤地设市以来,丽水各级人大及其常委会在党委的统一领导下,把坚持和完善人民代表大会制度列为"法治浙江"建设的八大任务之一,自觉按照宪法和法律赋予的职责,努力使市委的重大决策经过法定程序成为丽水人民的意志。

抓住事关丽水改革发展稳定大局和人民群众利益的重大问题,依法行使监督权、重大事项决定权和选举任免权。特别是坚持把推进绿色发展作为第一要务,认真履职尽责,积极主动作为,有力推动了绿色生态发展。着眼全国生态文明先行示范区建设,作出设立丽水生态文明日的决定,依法命名"市树""市花",认真审议市区环境功能区划和土地利用总体规划,积极开展林相改造专题调研,督促政府严守生态红线、加大保护力度。贯彻省委建设"法治浙江"、市委建设"法治丽水"的决策部署,丽水市人大常委会作出了关于建设"法治丽水"的决议,积极行使地方立法职权,维护公平正义、促进社会和谐。特别是根据《中华人民共和国民族区域自治法》的规定,支持景宁畲族自治县人民代表大会根据自治县的实际情况,依法制定、修改自治条例和单行条例。丽水市人大常委会始终坚持代表主体地位,搭建履职平台,创新工作机制,切实提升代表履职实效。出台《丽水市人大代表履职登记管理办法》,在全省率先开展代表履职登记工作,激发了代表的履职积极性。这些创新实践有效推进了人民当家作主的法治化进程,推动丽水经济社会跨越式高质量发展。

三、始终坚持推进基层政府从"管理型"向"服务型"转型

由庆元县首创,后在丽水全市推广的"培养技能型干部、建设技能型政府"创新举措,形成了具有地方特色的服务型地方政府建设模式。丽水以培养技能型干部为载体,从干部观念和角色转换入手,逐步实现乡镇政府功能定位的转变,进而发展到对乡镇机构进行结构性调

整,以及服务导向的运作机制的建构,并根据实践的需要渐进推进,螺旋式上升,与时俱进不断深化,实现基层政府从"管理型"向"服务型"成功转型;提升了干部能力素质,优化了乡镇内设机构,提高了乡镇政府的工作效能。在技能型乡镇政府深入推进过程中,政务代办、科技指导、维稳调处等各种服务受到了民众的广泛认同,促进了农村和谐发展。技能型乡镇政府建设始终立足于地方经济的发展,想方设法调动干部为群众脱贫致富和企业发展想办法、找出路的积极性和主动性,抓住了新农村建设的根本;着力创建想农民之所想、急农民之所急的服务型政府,增进了群众对党和政府的感情,巩固了党在农村的执政基础。

坚持数字和制度的融合创新,是丽水转变政府职能的重要特色。在丽水跨越式高质量发展的重要历史节点上,政府自身的职能、效能提升,极大地推进了绿色生态经济、和谐社会建设的健康发展,受到企业和社会公众的普遍认可,取得了积极的成效。一是促进了政府职能转变。在市场能自行调节的领域,让"无形之手"在资源配置中起决定性作用,同时社会也有广阔的自治空间,改革促进了政府管理理念的更新,简政放权加快了政府职能转变和服务型政府建设。关键是打造以民为本的政务生态,促使各级政府在服务经济和社会发展中发挥更加积极的作用。二是提升了政府行政效率。减少了行政审批的层级和环节,增强了行政审批制度改革的整体性、系统性和协同性,提高了审批效能。这一改革不仅带来了一场新的效能革命,也为深化政府机构改革、优化政府系统内部的人力资源配置奠定了基础。三是降低了行政成本。审批层级的减少带来市级审批部门及人员的精简,相应工作人员充实到批后监管和服务的工作中去,实现人力资源的集约化,由集约到节约,降低了行政成本。四是同步撬动了其他各项改革。如行政权力清单制度、责任清单制度、负面清单管理制度、财政专项资金管理制度、市场监管机制改革、综合行政执法体制改革、要素市场化配置改革等改革举措实现了系统推进。五是优化了经济和社会环境。

行政审批改革降低了企业制度性交易成本,使投资环境得到显著改善,激发了市场和社会的活力,释放市场主体的创业创新动能,促进市场资源配置作用的发挥,市场主体更加活跃,就业带动作用明显。

第三章　把握好加快经济发展
与社会全面进步的关系

　　实现社会和谐稳定,是千百年来人类孜孜以求的社会理想。党的十六大提出要建设"社会更加和谐"的小康社会,首次把和谐社会的概念写入党的纲领性文件,十六届四中全会进一步完整地提出了"构建社会主义和谐社会"这一重大历史任务。习近平同志到浙江工作后,一直高度重视和谐社会的建设,在全面落实中央关于社会主义和谐社会建设的战略部署的过程中,结合浙江实际,作出了建设"平安浙江"的战略部署。在丽水调研期间也围绕把握好加快经济发展与社会全面进步的关系,保持社会局势和谐稳定作出一系列重要指示。20年来,丽水市全面贯彻落实省委"平安浙江"的部署,遵循习近平同志的重要嘱托,全面推进社会各项事业发展,全力维护社会稳定,在社会建设和社会治理创新上取得了一系列重要成就,为欠发达山区走出一条社会全面进步的路子积累了丰富的实践经验。

第一节　促进经济社会协调发展

　　在制定实施"八八战略"、推进"平安浙江""法治浙江"建设的过程中,习近平同志多次赴丽水调研考察,就丽水加快社会建设步伐、缩小同发达地区在社会建设上的差距、维护好人民群众的切身利益作出了一系列重要指示,为丽水从地方实际出发,积极探索欠发达山区社会建设和社会治理的有效路径提供了重要遵循。

一、以系统思维推进社会建设

社会是经济、政治、文化、生态文明建设的共同舞台,社会建设是一项复杂的系统工程,社会平安更不等同于社会治安。

"平安浙江"建设的最大特色,是摆脱了传统狭隘的维稳观念和平安观念的束缚,从大社会的视野来审视大平安的治理模式。2004年4月22日,习近平同志主持召开建设"平安浙江"工作座谈会。会议明确提出,必须按照经济社会全面协调可持续发展的要求,针对政治、经济、文化、社会各领域的不安定因素和安全隐患,开展宽领域、大范围、多层面的"平安浙江"建设。[①] 随后,习近平同志还多次专门强调,"平安浙江"中的"平安",不是狭义的"平安",而是涵盖了经济、政治、文化和社会各方面宽领域、大范围、多层面的广义"平安"。[②]

"平安浙江"中的"平安"概念,涵盖了经济、政治、文化和社会各个方面、各个领域的平安问题,涉及生产安全、公共安全、政治安全、经济安全等方方面面。《中共浙江省委关于建设"平安浙江"促进社会和谐稳定的决定》对"平安浙江"建设的总体目标做出了明确界定,这就是有力促进社会和谐稳定,切实推动浙江物质文明、政治文明、精神文明协调发展,努力实现经济更加发展、政治更加稳定、文化更加繁荣、社会更加和谐、人民生活更加安康,确保社会政治稳定,确保治安状况良好,确保经济运行稳健,确保安全生产状况稳定好转,确保社会公共安全,确保人民安居乐业。这"五个更加"和"六个确保"的总体目标,凸显了"平安浙江"建设的整体性部署和系统性推进路径,深刻地体现了"平安浙江"实践贯穿的系统思维。

---

① 《平安中国的浙江实践》,《浙江日报》2017年3月31日。
② 习近平:《建设"平安浙江" 促进社会和谐稳定——在省委十一届六次全体(扩大)会议上的报告(节选)》,《今日浙江》2004年第9期。

习近平同志认为,欠发达地区与发达地区的差距不仅体现在经济发展水平上,而且反映在社会文化、公共事业、民主法治等多个方面。这种状况如不及时改变,差距将进一步拉大,发展不平衡现象还会更加突出。为此,习近平同志一再要求丽水在谋划区域发展的总体战略上"把握好加快经济发展与社会全面进步的关系"①,促进经济社会协调发展。

二、切实维护好人民群众的根本利益

消除贫困,满足人民群众的基本民生需求,是欠发达地区维护和实现社会稳定的根本前提,也是欠发达地区推进社会建设的首要任务。习近平同志在浙江工作期间,就欠发达地区摆脱贫困的有效路径进行了系统的思考,形成了"破穷障、改穷业、挪穷窝、挖穷根、兜穷底"的系统思路。② 破穷障,就是改善欠发达地区发展环境,拉近与中心城市和发达地区的距离,从根本上改变群众生产生活条件;改穷业,就是充分发挥欠发达地区的生态环境和山地等资源优势,积极推进产业结构调整,做大做精绿色富民产业;挪穷窝,就是采取市场化机制与政府引导相结合的办法,引导库区和山区农民向平原发达地区和城镇迁移集聚,因地制宜推进生态移民和城镇化;挖穷根,就是把大力加强教育培训作为脱贫致富的根本举措,率先在欠发达地区实施免费中专职业教育,为他们创造平等发展的条件。③ 兜穷底,就是政府要给予那些缺乏劳动能力、因病致贫,无法进行产业扶贫、教育扶贫,也无法一时提高收入的困难群众城乡最低生活保障的扶持。④

根据"八八战略"提出的补齐短板的思路,习近平同志一再强调,不能把贫困村、贫困人口带入全面小康社会,现代化建设不能留盲区

① 中央党校采访实录编辑室:《习近平在浙江》(下),中共中央党校出版社2021年版,第50页。
② 中央党校采访实录编辑室:《习近平在浙江》(下),中共中央党校出版社2021年版,第125页。
③ 《从"千万工程"到乡村振兴战略》,《浙江日报》2018年7月21日。
④ 中央党校采访实录编辑室:《习近平在浙江》(下),中共中央党校出版社2021年版,第126页。

死角,实现全面小康,一个乡镇、一个人都不能掉队。^① 习近平同志在丽水调研期间,专门就在加快经济发展过程中维护好人民群众的切身利益作出重要指示。他指出:"目前全省各地加快发展的积极性很高,城市建设、园区建设、基础设施建设、重大工业项目等推进很快。在此过程中,我们一定要高度重视涉及群众切身利益的问题。我们搞建设,光有各级党委、政府的积极性是不够的,必须相信群众、依靠群众,充分调动群众的积极性,这样我们的建设才能搞得既快又好。近几年来,省委、省政府及发达地区支持欠发达地区发展的力度不断加大。从丽水看,三大工程涉及的项目很多,其中相当一批事关丽水发展全局。许多工程投资大、涉及面广、动迁人员多,涉及群众的切身利益,我们一定要高度重视,妥善处置,把好事办好。"^②

2004 年 1 月,习近平同志赴丽水调研,深入遂昌、松阳和缙云三个县的田间地头,到老百姓家里,到敬老院,到工业园区,和大家促膝谈心,走访慰问了下岗困难职工、农村低保户、优抚对象、残疾人家庭,看望了长期工作在山区、老区和欠发达地区的广大干部,调研为民办实事、推进农村"新五保"体系建设等问题,了解最基层群众的基本生活。实地调研之后,习近平同志召开了一次座谈会,就整个山区建设发展如何牢固树立"群众利益无小事"的思想,坚持把为民办实事摆在重要位置作出了重要指示。他充分肯定了丽水市和三个县的工作成绩,并对如何努力实现好、维护好最广大人民群众的根本利益提出三点要求:一是千方百计增加农民收入,二是加快建立健全农村"新五保"体系,三是努力办好为民谋利的好事、实事。"这三点要求,每一点他都非常详细地展开讲,讲得非常清晰、具体,为我们做好下一步的工作提供了切实可行的依据。"^③其间,习近平同志一再强调:"要牢固树立群

① 本书编写组编著:《干在实处　勇立潮头——习近平浙江足迹》,人民出版社、浙江人民出版社 2022 年版,第 121 页。

② 中央党校采访实录编辑室:《习近平在浙江》(下),中共中央党校出版社 2021 年版,第 51 页。

③ 中央党校采访实录编辑室:《习近平在浙江》(下),中共中央党校出版社 2021 年版,第 54 页。

众利益无小事的思想，围绕人民群众最现实、最关心、最直接的利益，切实办好顺民意、解民忧、谋民利、得民心的好事实事，努力实现好、维护好、发展好最广大人民群众的根本利益，引导好、保护好、发挥好他们的积极性，实实在在地解决好群众生产生活中的困难和问题。"①

2000 年，浙江在消除贫困县的基础上，全面实施"百乡扶贫攻坚计划"，2002 年所有贫困乡镇如期实现了脱贫目标，浙江也成为全国第一个没有贫困乡镇的省（区）。习近平同志到浙江工作后不久，就到丽水、衢州等地进行专题调研，并于 2003 年部署在全省实施"欠发达乡镇奔小康工程"，将其作为全面建设农村小康、加快推进农业和农村现代化，以及推进欠发达地区跨越式发展的重要举措。"欠发达乡镇奔小康工程"以减缓欠发达乡镇相对贫困、提高农民增收能力和收入水平为目标，以 2001 年农民人均纯收入低于全国平均水平 2366 元的 361 个欠发达乡镇为对象，全面加强深化产业开发、下山搬迁及社会救助的支持力度。到 2007 年，欠发达乡镇农民人均纯收入达到 4500 元，完成下山搬迁 10.2 万户、36.3 万人，80% 以上的欠发达乡镇农民人均纯收入超过了全国平均水平，各项目标任务全面完成。作为欠发达乡镇比较集中的地区，丽水也因此成为受益最大的地区之一。

三、统筹城乡经济社会发展

欠发达地区发展的不协调，既体现在社会建设滞后于经济发展上，也体现在城乡之间的发展差距上。基于"八八战略"提出的推动城乡区域经济社会协调发展的总体思路，习近平同志就丽水转变发展观念，努力实现城乡经济社会协调作出一系列有针对性的重要指导。

习近平同志在丽水调研欠发达地区发展问题时，发现云和县的很多农民子女由于家庭贫困，初中毕业就出去打工，文化素质不高，收入

---

① 中央党校采访实录编辑室：《习近平在浙江》（上），中共中央党校出版社 2021 年版，第 121 页。

也不高。他认为,对这些小孩子,还是要让他们多读点书,以后才能有更好的发展。调研回来以后,他就同省里有关部门商量解决问题的办法,最终决定给这些贫困地区的小孩子提供免费的中专教育,凡是农民子女读农林院校的政府就给予补助,还免费给农村发放农业科普方面的书籍。① 这充分体现了习近平同志对欠发达山区教育问题的高度重视。

2004 年 1 月,全省农村工作会议明确提出,浙江要力争在统筹城乡经济社会发展上走在全国前列,积极探索有浙江特色的全面建设农村小康社会的新路子。② 结合发展实际,丽水既要抓好城市化,充分发挥城市的功能和聚集辐射的效应,为实现跨越式发展提供支撑,也要注重将中心城市的培育,与城乡一体化、农村脱贫工作等有机地结合起来,促进城乡社会的协调发展。

四、推进全社会管理体制创新

促进经济社会的协调发展,切实维护社会和谐稳定,必须正确处理好改革发展稳定关系。在推进"平安浙江"建设的过程中,习近平同志曾就此进行了深刻的阐述,指出,只有保持经济社会又快又好地发展,不断增强综合实力和区域竞争力,才能更好地满足人民日益增长的物质文化需要,更好地解决前进中的矛盾和问题,为推进改革和保持和谐稳定创造条件。改革是促进经济社会发展的强大动力,也是实现社会和谐稳定的强大动力。只有不断深化改革,加快破除体制性机制性障碍,消除体制性弊端,才能实现经济社会又快又好发展,才能促进社会和谐稳定。稳定是发展和改革的重要前提。只有保持社会和谐稳定,才能妥善应对和处理各种新情况新问题,牢牢把握加快发展

---

① 中央党校采访实录编辑室:《习近平在浙江》(上),中共中央党校出版社 2021 年版,第 61 页。
② 《改革巨擘绘宏图——习近平总书记在浙江的探索与实践·改革篇》,《浙江日报》2017 年10 月 12 日。

的主动权。也只有在一个和谐稳定的社会环境下，才能顺利推进各项改革措施，不断完善社会主义市场经济体制。[①] 2004年5月11日，中共浙江省委十一届六次全会作出了建设"平安浙江"的重大决定。

维护社会稳定是"硬任务"，是"平安浙江"建设最现实的目标，但对于社会稳定，习近平同志同样强调，必须扩大视野，不能为维稳而维稳，要树立"新的稳定观"。他指出："当前，由人民内部矛盾引发的群体性事件，已成为影响社会稳定的一个突出问题。针对这一新特点，我们要用联系的观点抓稳定，正确认识影响社会稳定的新情况、新特点，善于全面分析相互交织在一起的各种政治、经济、文化的因素，妥善把握工作展开的重点、步骤、时机与力度；用发展的观点抓稳定，努力做到在经济社会的动态发展中，不断破解发展对稳定提出的新课题，不断探索做好维护稳定工作的有效方法和手段，不断建立完善维护稳定的各项工作机制；用辩证的观点抓稳定，具体分析和区别对待各种不同性质的矛盾，敏于洞察矛盾，敢于正视矛盾，勤于分析矛盾，善于化解矛盾，最大限度地减少各类矛盾对社会稳定的影响。"[②]要用新的稳定观指导社会管理，就必须强化各级政府的社会管理职责，积极探索新形势下社会管理的有效路径。

浙江省自2003年开始实行领导下访制度，这既是新时期开展群众工作的一种有效形式，是信访工作的一种新探索和新思路，也是创新社会管理体制机制的重要探索。通过面对面接待群众，实打实解决问题，领导下访制度起到了听民声、消民怨、解民忧、促和谐的积极作用。丽水各级领导干部特别是党政一把手亲自抓信访，主动到群众中去，到问题多的地方去，到问题复杂的第一线去，悉心研究群众利益，关心群众疾苦，倾听群众呼声，体察群众情绪，认真排查各类矛盾，特别是热点、难点问题，把问题解决在基层。

---

① 习近平：《正确处理事关"十一五"经济社会发展全局的几个重大关系》，《政策瞭望》2005年第12期。

② 习近平：《之江新语》，浙江人民出版社2007年版，第46页。

习近平同志对滩坑水电站建设及其移民问题的持续关切,为丽水各级干部正确处理好加快经济发展与维护社会稳定的关系树立了典范。2002年,省委、省政府确定在丽水市的景宁畲族自治县和青田县之间建设滩坑水电站。滩坑水电站是扶持山区发展的重点工程,对于改变青田、景宁两县贫困落后面貌有着重要作用。2002年11月到丽水调研时,习近平同志就来到滩坑水电站坝址进行考察,一再叮嘱要认真细致地加快项目前期各项工作,认真处理好工程建设和生态环境保护的关系,做好库区移民工作,并要求举全省之力安置好库区移民。① 滩坑水电站建设自2003年5月开工以后,工程建设进度要求与移民工作迟缓的矛盾引发一些群众的不满,并于7月20日酿成一起群体性事件。23日晚上,习近平同志紧急召开省委专题会议,听取相关情况的汇报,研究了滩坑水电站群体性事件的有关问题。当时,也有领导认为,既然群众有意见且项目投资量大,为了稳定,可以搁置项目。但习近平同志在引导大家认真分析事件发生的原因和主要矛盾的基础上,保持定力,明确指出,既然该项目是一个扶贫工程,是一个事关改变山区面貌的工程,又是丽水干部群众期盼多年的民心工程,省委、省政府已经作了决策,就不宜因为有少部分群众有意见就轻易改变。因此,项目要继续推进,但移民的工作要做好。这次会议明确了滩坑项目要继续迎难而上,提振了丽水干部群众的信心,使大家更深切体会到习近平同志和省委、省政府领导对山区建设的关心和重视。同时,习近平同志要求丽水干部务必做好移民的思想工作,确保稳定,体现了对丽水干部的信任,也让丽水干部明确了工作的重点和方向,有力地推动了市、县两级干部按照会议要求,抓住重点、精准施策,深入库区认真听取群众意见,初步稳定了群众的情绪,为工程继续推进创造了条件。②

① 中央党校采访实录编辑室:《习近平在浙江》(下),中共中央党校出版社2021年版,第42页。
② 中央党校采访实录编辑室:《习近平在浙江》(下),中共中央党校出版社2021年版,第48—49页。

2003年8月，习近平同志又一次到丽水调研，再次就做好滩坑水电站的建设工作作出重要部署。他强调："滩坑水电站是丽水有史以来最大的建设项目，丽水人民期盼已久，反复争取，来之不易，得到中央和省里的大力支持。从20世纪90年代初开始，原丽水地委、行署和有关部门多次向省政府建议，要求建设滩坑水电站，省委、省政府也多次召开专题会议进行研究，并委托水电水利规划设计总院组织专家进行咨询论证。今年（2003年）5月，经国务院批准，国家发展改革委批复了滩坑水电站项目建议书，工程正式上马。这个项目是一个造福工程、致富工程，对推动丽水经济社会发展意义重大。应该说，省、市、县各级党委、政府为滩坑水电站的开工建设，从确定投资主体到移民安置，已经做了大量的前期工作，总体是好的。现在滩坑水电站建设已经到了关键时刻，核心是要处理好移民问题。对此，我们决不能掉以轻心，要迎难而上，下定决心把项目搞上去。要充分发挥党组织的政治优势、组织优势和群众工作优势，相信群众、教育群众、依靠群众，加大宣传教育力度，把思想工作做细、做实、做透，使广大人民群众充分认识建设滩坑水电站的重大意义，正确处理长远利益与眼前利益、局部利益与全局利益、个人利益与整体利益的关系，充分理解和支持滩坑水电站的建设。省、市、县三级要及时通气、协商、协调。省里要组织专门力量抓这件事，有关部门和市、县要搞责任制，丽水市和青田县党委、政府，要在省确定的政策范围内，进一步细化移民总体方案和具体安置办法，按照分类指导的原则，抓紧做好移民工作，力求尽早开工。"①按照习近平同志的指示精神，丽水市、县两级党委、政府层层发动群众，坦诚地跟他们做工作，一户一户地谈，一个人一个人地做工作。后来，移民安置工作做得很好，群众都很满意，安置出去的5万多移民，生活条件都得到了较大改善。②

① 中央党校采访实录编辑室：《习近平在浙江》（下），中共中央党校出版社2021年版，第51—52页。

② 中央党校采访实录编辑室：《习近平在浙江》（下），中共中央党校出版社2021年版，第53页。

第二节　"八八战略"引领下的丽水社会建设实践

"八八战略"在丽水的实践,开启了丽水社会建设的全新历程。按照"八八战略"和"平安浙江"建设的总体部署,丽水遵循习近平同志的重要嘱托,从战略高度重新审视经济发展与社会建设的关系,统筹城乡经济社会发展,及时地作出建设"平安丽水"的决定,大力推进社会保障体系和社会各项事业发展,强化政府的社会管理职责,全力维护社会稳定,在社会建设和社会治理创新上取得了历史性的成就。

一、统筹推进民生保障

建立与经济社会发展相适应的社会保障体系,不断提高人民群众的生活水平,是坚持以人民为中心的发展思想的内在要求,也是推进社会建设、维护社会稳定的基础性工程。在"八八战略"的实践过程中,丽水牢记习近平同志切实维护好人民群众的根本利益的重托,持续加大民生保障的投入,完善为民办实事制度,不断夯实社会和谐稳定的坚实基础。目前,全市全面建成"五保合一"大社保体系,创成义务教育发展基本均衡市,高考一段上线率、总录取率超过全省平均水平,医疗卫生服务水平达到全省中等,生态富民的社会建设成效正在丽水不断彰显出来。

社会保障体系逐步健全。在大力推进"平安丽水"建设的过程中,丽水在健全社会保障体系上出台了一系列政策,基本养老、基本医疗保险制度进一步完善,工伤保险市级统筹全面实施,被征地农民基本生活保障、城乡居民基本养老保险与职工基本养老保险衔接制度逐步完善。经过多年接续奋斗,统筹城乡、惠及全民的社会保障制度体系基本建成。截至2022年末,全市参加基本养老保险人数超过196万人,参加基本医疗保险人数为 237.64 万人,参加工伤保险人数为 88.61万人,参加生育保险人数为 43.08 万人,参加失业保险人数为 36.02 万人,被征地农民基本生活保障期末参保人数为 1.61 万人。

就业保障体系逐步完善。丽水深入实施积极的就业政策,先后出台了《关于支持大众创业促进就业的实施意见》《关于进一步做好普通高等学校毕业生就业工作的实施意见》《丽水市公益性就业岗位管理指导意见》《丽水市创业团队建设方案(试行)》,促进就业创业的政策体系日益健全。到"十二五"期末,充分就业村(社区)创建率达到 100%,城镇登记失业率控制在 4% 以内,零就业家庭实现动态归零,大学生就业率基本达到 90% 以上,就业局势总体稳定。丽水市还积极推进统筹城乡就业,破除城乡和地域分割,确保农民工同城待遇得到落实。

住房保障体系加速形成。丽水市各级政府围绕"保民生,促发展"目标理念,全面贯彻落实党中央、国务院关于住房保障制度的各项要求,狠抓落实城镇住房保障工作,加快实施保障性安居工程,加大保障性住房建设力度,不断地完善住房保障政策,通过科学建设、有序发展、阳光管理,建立健全了住房保障体系,有效改善了民生,实现了住房保障事业跨越式的发展。到 2022 年底,全市城镇常住居民人均住房建筑面积达到 49.6 平方米,农村常住居民人均住房建筑面积达到 68.0 平方米,城乡居民居住条件实现了历史性的飞跃。

养老服务体系全面构建。面对人口老龄化的挑战,丽水市制定出台了《关于加快发展养老服务业的实施意见》《关于发展民办养老服务产业的实施意见》《关于加强养老服务人才队伍建设的意见》《丽水市养老机构公建民营实施暂行办法》等系列政策,加快构筑全方位的社会养老服务体系,全市共有养老服务指导中心、养老服务中心、养老服务照料中心三级组织平台基本建成。截至 2017 年底,全市共有养老服务机构 85 家,养老床位 17013 张,平均每千名老人养老床位数达到 33.1 张;累计建成居家养老服务照料中心 1837 家,实现全市城乡社区全覆盖；全市发放养老服务补贴资金 1442.23 万元，惠及全市养老服务补贴对象 12460 人。各地还因地制宜创新居家养老服务模式，如松阳县的"宅基地换养老＋照料中心"模式、云和县的"网格化管理＋结对式照料""暖巢"模式、龙泉市的"兼职保姆＋好邻居帮帮团＋照料中心"模式、青田县的"幸福食堂"模式等。

新型社会救助体系逐步完善。经过多年的努力，丽水市全面构建了以城乡最低生活保障为基础，以医疗、教育、就业、住房、司法等救助为辅助，以临时救助、社会帮扶、结对互助为补充，覆盖城乡的新型社会综合救助体系。按照"应保尽保、应退尽退"的要求，出台了《关于全市实行城乡一体化最低生活保障标准的通知》，统筹城乡低保救助标准，并建立全市统一的低保操作流程。出台了全省首个《社会救助家庭经济状况认定办法补充意见》，将因病、因学等支出型贫困家庭纳入低保。截至 2022 年底，全市低保对象共 6.47 万人，占户籍人口的2.40％，低保资金支出 5.83 亿元，比上年增长 8.20％。

二、加快发展社会事业

作为欠发达地区，社会事业发展水平一直是丽水发展的一块短板，直接制约着丽水的可持续发展能力。遵照习近平同志关于欠发达地区发展社会事业的重要指示，在省委、省政府的关怀下，丽水积极深化社会事业改革发展，在积极引导社会力量参与举办社会事业的同时，不断强化政府的公共服务供给职责，全市公共服务水平得到显著提高，社会各项事业发展进入了加速期。"十三五"期间全市最低生活保障实现城乡同标，政府民生类支出较"十二五"增长 2.29 倍。与全省同步实现教育基本现代化，高等教育毛入学率由 49.8％ 提高到62.1％。居民健康素养水平由 19.9％ 提高到 32.3％，人均预期寿命由 79.37 岁提高到 81.04 岁。国家卫生城市（县城）、省级卫生乡镇实现全覆盖，基本公共服务均等化全面达标。

一是教育事业实现"优先发展"。丽水各级党委、政府全面实施"科教兴市"战略，毫不动摇地坚持教育优先发展战略，教育事业发展驶入了快车道。丽水全市创建义务教育发展基本均衡市，全市小学入学率、巩固率均达 100％，初中入学率和巩固率分别达到 99.99％ 和100％，初中升高中比例达 97.5％，中职学生巩固率达 95％，进城务工农民子女中适龄儿童入学率达 96.2％。在全面加强义务教育的各项保障制度建设的同时，丽水大力发展现代职教体系，职业教育质量也得到了明显提升。全市共有中等职业学校（以下简称中职校）16 所，其中国家级重点中职校 8 所，省级中职校 8 所，国家级中职教育改革示范校 2 所，省级中职教育改革示范校 6 所。全市中职教育围绕主导产业发展，开设了覆盖现代制造业、现代服务业和现代农业等 12 大类48 个专业，专业布点达 119 个，中职教育在校生超过 3 万人，高职教育在校生接近 1 万人。在高等教育的发展上，2004 年 5 月，经教育部批准正式成立的丽水学院按照"教学应用型"的办学定位，基本实现了办学层次由本科、专科相当向以本科为主转变，专业结构由师范为主型向综合应用型转变，办学功能由单一向多功能转变，办学模式由相对封闭向开放合作转变，发展方式由较为粗放向集约高效转变，基本形成完善的本科教育体系。由原浙江林业学校和浙江丽水商业学校合并组建的丽水职业技术学院，也先后被评定为全国优秀高职院校、浙江省示范性高职院校。此外，丽水依托电大积极创办社区教育，全市建成了社区大学 1 所、社区学院 10 所、社区学校 235 所，全市四级社区教育网络体系初步建成。

二是卫生事业发展水平显著提升。多年来，丽水卫生事业综合实力大幅提升，居民主要健康指标持续改善，"健康丽水"建设取得了显著成就，有力地提升了城乡居民的生活质量。全市居民人均期望寿命从 1982 年的 67.61 岁提高到 2020 年的 81.04 岁，5 岁以下儿童死亡率、孕产妇死亡率逐年下降，医疗卫生服务能力不断增强，全市医疗卫生服务水平达到全省中等水平。截至 2017 年底，全市拥有三级甲等综合性医院 2 家、三级甲等中医院和精神专科医院各 1 家、二级以上医疗卫生机构 18 家、甲等乡镇卫生院 9 家、国家级"群众满意乡镇卫生院"36 家、全国优质服务示范社区卫生服务中心 1 家、省级示范社区卫生服务中心 2 家、省级规范化乡镇卫生院(社区卫生服务中心)90 家。截至 2017 年底,全市有医疗卫生机构 1699 家,病床 13256 张,每千人床位数达到 6.06 张,每千人医生数达到 3.62 人。国家卫生城市(县城)、省级卫生乡镇实现全覆盖。市、县、乡、村公共卫生服务网络基本建成,疾病防控能力大幅提升,省级慢病综合防治示范区和省级卫生应急工作示范县实现九县(市、区)全覆盖,突发公共卫生事件应急处置能力显著提高,人感染 H7N9 禽流感、手足口病等突发公共卫生事件得到有效处置。

三是科技发展水平快速提升。丽水市高度重视科技发展对于推动经济社会转型升级的关键性作用,先后制定实施了《中共丽水市委关于全面实施创新驱动发展战略加快山区经济转型升级的决定》《关于推动大众创业、万众创新促进全市经济平稳发展的若干意见》《丽水市高新技术企业认定管理办法》《丽水市行业科技创新平台管理办法》等一系列政策文件,将招才引智(科技强市)工作列入全市年度工作目标考核,并着力优化科技创新的政策环境,强化科技政策支持和科技经费的引领导向作用,完善科技创新考核激励机制,强化科技协同创新、高新技术产业培育、网上技术市场、专利申请授权量等科技创新指标的落实,充分调动了各级政府、部门和企业等加快创新发展的积极性。丽水市还深入实施人才强市战略,出台了《丽水市加强高层次人才队伍建设的若干意见》以及相关配套政策,全面实施"绿谷精英 550 引才计划"等系列人才工程,2012—2017 年,累计引进 13000 多名高层次人才和急需紧缺人才。截至 2022 年底,全市共有 7 家国家级博士后科研工作站、71 家省级博士后科研工作站。市科协录入"千博助千企数智平台"的博士创新站超过 100 家。科技实力的显著增强,有力地促进了区域创新能力的提升。全市已基本建成以企业为主体、市场为导向，政府扶持、产学研结合的科技创新机制。"十二五"期间，丽水首次获得"全国县（市）科技进步考核先进市"称号，9个县（市、区）全部通过国家县（市）科技进步考核。全市拥有省级高新区1个，建设国家火炬特色产业基地2个、省级高新技术产业化基地1个、省级高新技术特色产业基地5个，备案省级众创空间4家、省级创新服务平台7家、省级重点企业研究院4家、省级重点实验室（工程技术研究中心）4家、省级高新技术企业研发中心130家，科技创新平台逐步健全。2008—2021年，全市高新技术产业增加值从13.8亿元增至168.85亿元，占规上工业增加值的比重从2008年的6.95％提高到2021年的46.36％。"十三五"期间，丽水研发经费支出占生产总值比重从1.19％提高到2％，国家高新技术企业、省级科技型中小企业数均实现翻番，国家火炬特色产业基地、省级高新区实现"零的突破"。

三、全力维护社会稳定

自全面推动"平安丽水"建设以来，丽水市牢记习近平同志的嘱托，坚持把平安建设贯穿于加快丽水全面建设小康社会的全过程，融入经济、政治、文化、社会、生态文明建设各领域，协同推进"平安丽水""法治丽水""信用丽水"建设，及时消除影响社会稳定发展的各种不利因素，全社会保持了总体平稳发展良好状态。2016年，丽水夺得"平安金鼎"，并被中央综治委评为"2013—2016全国综治优秀市"。到2022年，丽水已连续18年被省委、省政府命名为"平安市"，下辖9个县（市、区）均被命名为省级"平安县（市、区）"，群众安全感满意率连续多年位居全省第一，食品安全群众满意度连续14年全省第一，平安综治工作走在了全省前列。2020年，丽水夺取全省首批"一星平安金鼎"，并成功申报全国首批市域社会治理现代化试点城市。

在"平安丽水"建设过程中，丽水市着力完善党委领导、政府负责、社会协同、公众参与、法治保障的社会治理体制，从加强预防和化解社会矛盾机制建设、公共安全体系与社会治安防控体系建设、社会心理服务体系建设、社区治理体系建设等方面入手,着力打造共建共治共享的社会治理格局,社会治理社会化、法治化、智能化、专业化水平不断提高。市委、市政府把人力、物力、财力更多倾斜至基层,把领导重心和工作重心更多放到基层,确保基础工作更加扎实、基层大局更加稳定。

一是着力抓好基层综治平台。从健全管理制度、完善服务团队、强化服务功能、提升服务质量等方面入手,重点推进城区"96345"便民服务中心、乡镇(街道)社会服务管理中心、村(社区)便民服务中心"三大平台"规范化建设,逐步实现各类基础平台的组织覆盖和工作覆盖。全市2725个行政村、99个城市社区全面完成村规民约、社区公约的修订完善工作,充分发挥村规民约、社区公约在涉稳信息搜集、社会治安防控、矛盾纠纷化解、村民行为规范等方面的积极作用,全力筑牢基层维护稳定的"第一道防线"。

二是着力抓好基层平安创建。在深入开展"平安乡镇(街道)""平安社区""平安村"创建活动的基础上,扎实开展"平安家庭""平安企业""平安校园""平安医院"等系统平安创建活动,全市全部乡镇(街道)实现平安创建达标。

三是着力构建大调解工作格局。2010年10月,丽水率先在全省出台《关于构建"大调解"体系、促进社会和谐稳定的意见》,建立健全党委政府统一领导,政法委综合协调,司法行政部门、政府法制部门、人民法院和人民检察院分别牵头,有关部门各司其职,社会各界广泛参与,人民调解、行政调解、司法调解、仲裁调解和其他社会调解既发挥各自作用又相互衔接配合的工作体系。市、县、乡三级建立了以综治委主任任组长的大调解工作领导机构。在此基础上,市级建立大调解工作"四中心",即设在市委政法委的大调解协调中心、设在市司法局的人民调解指导中心、设在市法制办的行政调解指导中心、设在市法院和市检察院的司法调解中心。建立了27项人民调解、行政调解、司法调解、仲裁和其他社会组织调解相互衔接机制，以及"领导包案"、教育培训、情况通报、问题交办、结果反馈、专项分析、工作约谈、考核问责等工作机制。2013 年以来，各类矛盾纠纷调处成功率均超过 95％。

四、全面创新社会治理

在全面强化各级政府的社会管理职责，健全社会管理体制的同时，丽水市还从山区实际出发，积极推进社会治理体制机制的创新，社会治理的现代化水平得到了快速提升。

一是首创"平安报表"管理法，把群众最关心、考核最关注、问题最突出的指标列入每月平安报表，常态开展日跟踪、周分析、月体检、季点评、年考核，从严实施红黄绿"三色预警"机制，落实问题清单、责任清单，提高预警预测预防能力。同时构建更加严密的责任体系，把领导责任、主体责任、监管责任"三大责任"统筹起来，建立"新任必理旧账、离任不留坏账"的平安报表责任交接制度，制作一人一册《党建政绩手册》和《平安报表责任交接对比清单》，严把干部考核关和任前审查关，有效推动疑难复杂问题的全面化解。

二是全面健全基层"四个平台"建设。按大口子综合管理原则，将乡镇内设机构、下属事业单位和部门派驻机构承担的职能相近、职责交叉和协作密切的日常管理服务事务进行归类，整合资源力量，组建综治工作平台、综合执法平台、市场监管平台、便民服务平台，全面提升基层治理的整体效能。

三是健全城乡社区管理组织体系。在农村，把选好配强班子作为村级组织建设的首要任务，高度重视人选素质的把关和班子结构的优化，通过民主合法程序，合理设定村干部的任职条件，围绕"四过硬""五不能""六不宜"选人标准，开展"十问十看"资格审查，实行"亲属关系报告"回避等制度，教育引导党员和群众把农村优秀人才选进村级组织班子。与此同时,认真贯彻执行《中华人民共和国村民委员会组织法》,全面实行村民自治,推行重大村务公决制、村级事务听证制和村民议事制,基层民主建设得到扎实推进。近年来,丽水不断完善基层群众自治制度,建强自治组织,创新自治活动,激发自治活力,总结推广一批基层好经验、好做法,龙泉溪头"三化治理"、遂昌应村"民事村了"等探索实践得到省委主要领导肯定,莲都"村级事务阳光票决制"黄泥墩经验被写入《中共浙江省委关于认真学习贯彻党的十九届四中全会精神高水平推进省域治理现代化的决定》,有效推动民事民议、民事民办、民事民管。在城市,按照体现党委领导、政府指导、社会参与、居民自治的总体要求,通过社区的组织整合、功能整合和资源整合,丽水 108 个社区全面建立了社区党组织、社区居委会、社区居民代表会议和社区议事协商(监督)委员会,形成了以社区党组织为核心、社区自治组织为主体、各类社会组织作用充分发挥、广大居民积极有序参与的新型社区管理体制。在此基础上,广泛推行社区直选,增强居民民主意识。2017 年,全市实现社区居委会 100％直选。

四是深入推进浙江省平安建设信息系统与"网格化管理、组团式服务"两网融合,相继出台《丽水市党建统领四个平台建设"十条意见"》《丽水市党建网格融合发展落地操作标准》等制度,全市共建立 180 个平台党支部、3502 个网格党支部(小组),推进组织体系和治理体系 100％融合发展。近年来,丽水市还积极推进"最多跑一次"和"最多跑一地"改革,充分发挥社会治理综合指挥平台、基层治理四平台、"雪亮工程"等社会治理数字化平台作用,推动各类平台统筹融合、共建共享,线上线下齐发力,织密扎牢立体化信息化社会安全防控网,积极构建"党建统领＋矛调中心(社会矛盾调处中心)＋四个平台＋全科网格＋集成服务"的社会治理新模式。庆元县应急联动指挥中心、110 指挥中心、"96345"社会公共服务中心、"数字城管"指挥中心、情报信息中心等"五台合一"模式被列为 2016 年全国社会治理创新优秀案例。

五是探索实施社会组织参与纠纷化解、律师调解制度、矛盾纠纷多元化解平台建设等矛盾纠纷调解项目。在抓好源头施治、多元调处的同时，丽水市还在征地拆迁、环境保护、交通事故、医患纠纷等领域，推进行业性、专业性调解，取得良好的成效。

第三节　社会建设的丽水实践经验

在推进"平安丽水"建设的过程中，丽水坚持以大平安理念统筹城乡经济社会发展，逐步探索形成了以切实维护人民群众根本利益为出发点，以全力维护社会稳定为着眼点，以统筹城乡社会建设为着力点，以提升基层治理现代化水平为创新点的社会建设和社会治理创新路子，出色地践行了习近平同志对丽水社会建设和社会管理的重要指示，为欠发达山区的社会建设提供了丰富的经验借鉴。

一、围绕生态富民，不断提高人民群众的生活水平

习近平同志在浙江工作期间一直强调，"坚持以人为本，重民生、办实事，解决人民群众最关心、最直接、最现实的利益问题，满足人民群众最基本、最紧迫的需求，是构建和谐社会的一项重要基础性工作"[1]。21 世纪以来，丽水社会建设实践的首要成功经验，就是始终遵循习近平同志的重要指示精神，牢固树立以人民为中心的发展思想，坚决扛起富民、惠民、安民的政治责任，坚持把财政支出三分之二以上用于改善民生，着力提升人民群众的生活水平，夯实社会和谐稳定的坚实基础。

在消除贫困问题上，针对贫困乡镇消除绝对贫困后欠发达乡镇存

---

① 习近平：《之江新语》，浙江人民出版社 2007 年版，第 245 页。

在的"区域性相对贫困"现象,丽水面向 118 个省级欠发达乡镇,通过加强产业开发、加大下山搬迁力度、健全社会救助体系等方式,有效地减缓了区域性相对贫困。随后又针对低收入农户"阶层性相对贫困"问题,实施了"低收入农户奔小康工程",将 2007 年家庭人均收入低于 2500 元的农户列为扶贫对象,将符合最低生活保障条件的低收入农户全面纳入最低生活保障,探索形成专项扶贫、行业扶贫、社会扶贫"三位一体"的扶贫格局。2013 年 1 月,丽水市被国务院扶贫开发领导小组确立为首批国家级扶贫改革试验区之一,市委、市政府出台了《关于全面推进扶贫改革试验的实施意见》,逐步探索形成了以"搬迁扶贫、产业扶贫、社会扶贫"为特色的扶贫开发"丽水样本"。此外,丽水通过探索形成信贷支农、信用惠农、支付便农、创新利农的农村金融服务"丽水模式",在全省率先支持发展农村电商,创造全国知名的遂昌"赶街"模式等,助力低收入群体创业致富。近年来,丽水市委又专题研究部署以"两不愁三保障"为基本要求的高水平全面小康攻坚工作,联动开展低收入农户精准脱贫和消除集体经济薄弱村专项攻坚,扎实推进农村困难家庭危房改造,实施农村饮用水达标提标行动,完善防止返贫监测和帮扶机制,实现年总收入 10 万元且经营性收入 5 万元以下集体经济薄弱村、年人均收入 8000 元以下家庭"两个清零",取得脱贫攻坚决定性胜利。同时统筹推进"大搬快聚"和"两进两回"工作,"十三五"期间共帮助 29089 名高山、深山、远山群众搬出大山、融入城镇。

通过持续推进的"欠发达乡镇奔小康工程"、"低收入农户奔小康工程"和精准脱贫攻坚战,丽水全面消除了家庭人均年收入 4600 元以下的贫困现象,城乡居民收入稳步增长。据统计,"十三五"期间,丽水城镇常住居民和农村常住居民人均可支配收入分别从 32875 元、15000 元提高到 48532 元、23637 元,年均增长 8.1%、9.5%,高于全省 0.6 个、0.9 个百分点。农民收入增幅自 2009 年以来连续 14 年居全省第一位。

二、坚持跨山统筹，促进城乡社会协调发展

统筹城乡社会建设，加快城乡一体化，是习近平同志为丽水探索山区社会建设有效路径指明的方向。2003年8月，在赴丽水调研期间，习近平同志明确要求丽水各级党委、政府要实行城乡互动，加快推进城乡一体化。① 多年来，丽水着力加快城市化进程，并将推进城市化与鼓励农民下山脱贫、促进产业和人口集聚结合起来，显著地改变了人口及资源配置过于分散的局面。与此同时，积极推进新农村建设，大力实施乡村振兴，促进了城乡社会建设的协调推进、城乡居民收入的快速增长。

近年来，在深化"绿水青山就是金山银山"理念实践的过程中，丽水市更是全面强化了跨山统筹观念，2020年市委专门作出了《关于大力推进跨山统筹全面加快区域协调发展的决定》，全面强化市域一盘棋思想，破除划山而治的"分散式"路径依赖，统筹市域空间布局、资源开发、设施配套和交通建设，推进资源要素优化配置和产业集聚发展，着力破除影响区域协调发展的政策制度障碍，消除阻碍生产要素自由有序流动的壁垒，同时立足区域资源禀赋和比较优势，进一步区分明确区域功能定位和发展特色，推进分工合作、错位发展，实现各区域发展各尽其能、合作与竞争有机统一。

"十三五"期间，丽水常住人口城镇化率从56.4%提高到65%，城乡居民收入倍差从2.19倍缩小至2.05倍。中心城市建成区面积由34.9平方公里扩展到43.5平方公里。全市完成"大搬快治"并启动"大搬快聚"，5年间共有10.8万名群众下山进城。全市小城镇建设水平显著提升，超三分之一小城镇成为省级小城镇环境综合整治样板镇。全市基本实现城乡同质饮水，实现建制村客车"村村通"、天然气

---

① 中央党校采访实录编辑室：《习近平在浙江》（下），中共中央党校出版社2021年版，第50页。

"县县通"、县城以上及重点乡镇 5G 信号全覆盖,社会发展的城乡统筹和跨山统筹取得显著成就。

三、坚持因地制宜,创新基层治理模式

丽水作为一个欠发达山区,之所以能够在平安综治工作上走在全省前列,群众安全感满意率连续多年位居全省第一,成为最具有安全感的城市,除全面加强社会建设,不断提升城市人民生活水平,健全民生保障体系以外,坚持从山区实际出发,鼓励各地因地制宜地创新社会治理模式,不断提高基层治理的有效性,无疑是一条重要的成功经验。

2004 年以来,为适应农村经济社会发展新形势,解决税费改革后乡镇"干什么、怎么干"和怎样建设社会主义新农村的问题,庆元县围绕"培养技能型乡镇干部,建设技能型乡镇政府",建立了一套适应新时期农村基层治理的新模式。2006 年,庆元技能型乡镇政府建设入选"中国十大政府创新典型"。遵照习近平同志的指示精神,庆元县以深化行政管理体制改革为契机,不断完善技能型干部培养体系,全县乡镇干部按照"专门生产人员、专业技术人员、懂行指导人员"三类进行分类培养。随后,庆元县不断提升技能服务的精细化水平,补齐短板,进一步强化干部作风,针对"80 后""90 后"年轻干部不断充实到乡镇干部队伍但农村工作经验欠缺的现状,积极开展"传帮带",通过学服务技能、记民情手记、绘民情地图、建村情档案,打造"百事通"乡镇干部队伍。2017 年,庆元县再次出台《关于进一步深化技能型乡镇政府建设加快建设服务型乡镇政府的实施意见》,明确提出结合新形势新任务,乡镇干部应必备新媒体运用等 10 项基本技能,学习掌握群众工作法等 10 种工作方法,不断提升敢于担责能力等 10 种工作能力。在全市推广庆元经验的过程中,丽水市把"技能型乡镇政府"建设作为加强基层治理的重要载体,将综治维稳、群众工作等 50 多项内容作为

"必备技能"，全面打造一批全能型、复合型乡镇干部，着力破解"身在基层却下不了基层、同讲一种语言却没有共同语言、面对群众却服务不了群众"的难题，通过全面提升乡镇干部服务群众的水平，密切了干群关系，有力地促进了基层的和谐稳定。

同样基于转变乡镇干部工作作风，推动基层干部工作重心下移，2005年，莲都区探索形成了以乡镇干部"工作在农村、住宿在农户、服务在农民、联系在民心"为主要内容的"住村联心"工作机制。随后，这一做法在全市乡镇得到推广。丽水"住村联心"工作形成了"一册在手、两夜三天、三权落实、四卡联心、五个配备、六员职责"等一整套规范化程序。一册在手，即住村干部人手一本《住村联心工作手册》，明确住村工作的基本要求；两夜三天，即住村干部原则上每周住村工作两夜三天，按月累计不少于8个工作日。住村期间主要通过"三诊"（出诊、问诊、会诊）方式开展工作，并积极开展"三夜"（夜学、夜访、夜谈）工作。三权落实，即落实群众的选择权、监督权、评议权，让群众选择自己满意的住村干部，让群众监督住村工作情况，让群众参与评议干部工作的好坏。四卡联心，即设立便民联系卡、意见征求卡、服务代办卡、扶贫帮困卡，让干部成为群众的贴心人，达到"联心"的目的。五个配备，即在各村设立"住村干部工作室"，并落实"五个一"（一间房、一张床、一块牌、一张桌、一个意见箱）要求，为住村干部提供必要的工作、生活条件。六员职责，即住村干部要履行好政策法规宣传员、村情民意调研员、富民强村服务员、矛盾纠纷化解员、民主制度规范员、组织建设督导员等六员职责，并常抓不懈地开展思想工作。"住村联心"工作制度自创建以来，普遍增强了乡镇基层政府在政策法规宣传、村情民意调研、富民强村服务、矛盾纠纷化解、组织建设督导等职能履行上的实际效能，成为促进新农村建设、加强基层党组织建设、转变干部作风的有效载体，先后得到了中央、省委有关部门的充分肯定。

为解决干部联系服务群众"身入、心入、融入"不到位，以及基层信息掌握不全、偏远山区群众及特殊群体办事不便等问题，2010年，松阳县探索绘制包含农户姓名、住房位置、电话号码的"村情图"。随后，"村情图"逐步发展成为包含六大类信息的"民情地图"，即主要反映村庄地形地貌、村容村貌、乡情民情等情况的"村情民情图"；主要标注村产业现状、分布和农户从业情况的"产业发展图"；主要标注村级组织框架、骨干队伍和基层社会服务体系建设情况的"组织体系图"；主要标注本村外出创业人员、乡土知名人士和刑满释放人员、精神病人等情况的"重点人员图"；主要标注生活困难党员群众、残疾人、留守儿童以及孤寡老人等情况的"结对帮扶图"；主要标注自然灾害隐患区域及抢险避灾逃生线路等情况的"防灾避险图"。2011 年，松阳县借助信息化手段，开发了"民情地图"地理信息系统，"民情地图"由"纸质地图"升级为"电子地图"。2012 年，全县 401 个村绘制"民情地图"2406 张，同年，"民情地图"在全市乡镇得到推广。信息丰富、实用的"民情地图"，使基层干部得以"按图索骥"，变"被动服务"为"主动服务"，实现精准对接服务需求、精准开展上门服务、精准化解基层矛盾，以"干部最少跑一次"实现基层群众办事、纠纷调解"一次不用跑"。在推进"民情地图"模式的过程中，松阳县还建立了关于群众诉求的村、乡、部门、县"四级响应机制"，落实群众诉求全程代理、即交即办、限时办结、结果公示制度，实现基层矛盾纠纷"就地化解"。松阳"民情地图"的探索得到了中央、省、市等各级领导的批示肯定，先后荣获"浙江省公共管理创新案例评选优秀奖""浙江省服务型基层党组织建设十大特色品牌"等荣誉，并入选"国家级社会管理与公共服务标准化试点项目"。

　　浙江省第十五次党代会围绕忠实践行"八八战略"，坚决做到"两个维护"，在高质量发展中奋力推进中国特色社会主义共同富裕先行和省域现代化先行明确提出了高水平推进社会建设，打造社会全面进步高地的奋斗目标。丽水市第五次党代会也把跨越式高质量发展同满足人民美好生活需要紧密结合起来，明确提出了打造共同富裕美好社会山区样板的奋斗目标。如何在补齐短板的基础上，顺应人民群众对美好生活的向往，深化收入分配制度改革，扩大中等收入群体比重，提高低收入群体增收能力，推进基本公共服务优质共享，整体推动市域治理能力提升，以高质量发展、高效能治理、高品质生活的社会建设成效，打造共同富裕美好社会山区样板，已经成为新时期丽水社会建设的重大现实课题。

第四章　加快文化建设,努力提升软实力

习近平总书记在党的二十大报告中指出:"全面建设社会主义现代化国家,必须坚持中国特色社会主义文化发展道路,增强文化自信,围绕举旗帜、聚民心、育新人、兴文化、展形象建设社会主义文化强国,发展面向现代化、面向世界、面向未来的,民族的科学的大众的社会主义文化,激发全民族文化创新创造活力,增强实现中华民族伟大复兴的精神力量。"①在浙江工作期间,习近平同志就高度重视文化建设,他深刻地指出:"文化的力量,或者我们称之为构成综合竞争力的文化软实力,总是'润物细无声'地融入经济力量、政治力量、社会力量之中,成为经济发展的'助推器'、政治文明的'导航灯'、社会和谐的'黏合剂'。"②着眼于浙江发展方式转型面临的现实挑战以及人民群众生活需求的历史性变迁,习近平同志将文化建设视为推动浙江发展模式转型升级的重要突破口,高瞻远瞩地指出:"今后一个时期浙江能否在全面建设小康社会、加快现代化建设进程中继续走在前列,很大程度上取决于我们对文化力量的深刻认识、对发展先进文化的高度自觉和对推进文化大省建设的工作力度。"③2003年,习近平同志从全面建设小

---

　①　习近平:《高举中国特色社会主义伟大旗帜　为全面建设社会主义现代化国家而团结奋斗——在中国共产党第二十次全国代表大会上的报告》,人民出版社2022年版,第42—43页。

　②　习近平:《干在实处　走在前列——推进浙江新发展的思考与实践》,中共中央党校出版社2006年版,第289页。

　③　习近平:《干在实处　走在前列——推进浙江新发展的思考与实践》,中共中央党校出版社2006年版,第289页。

康社会、加快建设社会主义现代化的战略高度，把"进一步发挥浙江的人文优势，积极推进科教兴省、人才强省，加快建设文化大省"，纳入"八八战略"，极大地增强了浙江改革发展的文化自觉，确立了文化建设的全局性、战略性地位。20 年来，丽水全面贯彻落实"八八战略"和习近平同志关于丽水文化建设的指示，文化事业和文化产业实现了超常规的发展，文化软实力得到了显著增强，为欠发达地区增强文化自信、探索符合地方实际的促进经济与文化协调发展的路子提供了成功的范例。

第一节　提升欠发达地区发展的文化软实力

在部署和推进文化大省建设的过程中，习近平同志在丽水调研考察期间，就文化建设发表了一系列重要讲话。这些讲话体现的理念、思路，既是习近平同志深入实践，谋划和探索浙江加快文化大省建设的重要思想成果，为"八八战略"和"文化大省"决策提供了重要的思想素材，更针对丽水实际，就贯彻落实好加快文化大省建设步伐，缩小同发达地区的文化发展差距，全面提升丽水发展的软实力，从发展的核心理念和战略决策上提供了具体的指导。

一、全面提高文化软实力

2003 年 7 月 18 日，习近平同志在全省文化体制改革和文化大省建设座谈会上明确提出："文化是实现人的全面发展的决定性因素。丰富健康的文化生活是衡量人们生活质量的重要标志。随着物质生活水平的不断提高，人们对精神文化生活提出了新的更高要求。这不仅给文化建设注入新的动力，也使得精神文化产品的生产与人民群众日益增长的精神文化需求之间的矛盾更加突出。因此，加快文化大省建设,不断满足人民群众日益增长的多层次精神文化需求,推动人的全面发展,已经成为我省现代化建设的一项重大而紧迫的任务。"①

从坚持以人民为中心的立场出发,加快文化大省建设,就是要顺应人民群众日益增长和提升的文化精神生活需求,不断增强文化产品的供给能力。而人民群众享受文化产品的过程,正是"以文化人"的过程,正是社会主义精神文明建设的过程。习近平同志指出:"文化即'人化',文化事业即养人心志、育人情操的事业。人,本质上就是文化的人,而不是'物化'的人;是能动的、全面的人,而不是僵化的、'单向度'的人。人类不仅追求物质条件、经济指标,还要追求'幸福指数';不仅追求自然生态的和谐,还要追求'精神生态'的和谐;不仅追求效率和公平,还要追求人际关系的和谐与精神生活的充实,追求生命的意义。"②他强调,加快建设文化大省,就是要大力弘扬正确的世界观、人生观、价值观;就是要教育和引导全省人民诚实守信、平等友爱、与人为善、尊重差异;就是要积极借助精神产品的教化功能,让大众在各类文化活动中接受教育、感受快乐、享受文明。③

为此,在推进文化大省建设的过程中,习近平同志高度重视全面加强思想道德和精神文明建设。2002 年,浙江贯彻落实中央印发的《公民道德建设实施纲要》,制定实施了《浙江省公民道德规范》,习近平同志要求"深入贯彻落实《浙江省公民道德规范》,加强社会公德、职业道德和家庭美德教育,全面提高公民的思想道德素质",并提出要创新道德建设方式,广泛动员群众参与各种形式的道德实践活动,形成公民道德建设合力。④ 习近平同志还提出,精神文明建设要

①　习近平:《干在实处　走在前列——推进浙江新发展的思考与实践》,中共中央党校出版社 2006 年版,第 296 页。

②　习近平:《之江新语》,浙江人民出版社 2007 年版,第 150 页。

③　习近平:《干在实处　走在前列——推进浙江新发展的思考与实践》,中共中央党校出版社 2006 年版,第 291 页。

④　习近平:《干在实处　走在前列——推进浙江新发展的思考与实践》,中共中央党校出版社 2006 年版,第 303 页。

"从娃娃抓起"，"加强和改进未成年人思想道德建设，不是权宜之计，而是一项长期的艰巨的战略任务。我们要从培养未成年人的爱国情感、远大志向、文明习惯、良好素质等这些基本工作做起，真正把它作为精神文明建设的重中之重"。[①] 2006 年 10 月，党的十六届六中全会审议并通过了《中共中央关于构建社会主义和谐社会若干重大问题的决定》，第一次明确提出了"建设社会主义核心价值体系"的重大命题和战略任务。同年 11 月，中国共产党浙江省第十一届委员会第十一次全体会议通过了《关于认真贯彻党的十六届六中全会精神构建社会主义和谐社会的意见》，明确提出要坚持把社会主义核心价值体系融入国民教育和精神文明建设的全过程，贯穿现代化建设各方面，努力形成全省人民奋发向上的精神力量和团结和睦的精神纽带。

加强文化建设，不仅是推进社会全面进步和人的全面发展的内在要求，也是中国在不断扩大对外开放的过程中，增强国家发展软实力，坚持社会主义发展道路的必然要求。随着中国日益广泛和深刻地融入全球经济一体化进程，西方发达国家基于意识形态偏见和国家利益，想方设法利用其资本、技术、品牌以及话语优势，将文化软实力作为其重要的竞争手段，通过其发达的文化产业，传播充满西方中心主义的思想观念，推销西方的生活方式。2005 年 7 月 28 日，在省委第十一届八次全会上，习近平同志从国际竞争的视角深刻地分析了中国文化建设面临的挑战，指出"世界多极化、经济全球化的深入发展，引起历史的和现实的、外来的和本土的、进步的和落后的、积极的和颓废的各种思想文化的相互激荡，其中，有吸纳又有排斥，有融合又有斗争，有渗透又有抵御，使得意识形态领域的斗争更加复杂，文化市场、文化资源、文化阵地的争夺更加激烈。我们不仅在经济发展上面临严峻挑战，在文化发展上同样面临严峻挑战"。因此，加快建设文化大省，就是要顺应时代大潮，提高文化自觉，始终坚持用先进文化牢牢占领思

---

① 习近平：《之江新语》，浙江人民出版社 2007 年版，第 66 页。

想文化阵地、统领意识形态领域,坚决抵御西方敌对势力"西化""分化"的政治图谋和各种腐朽、落后的思想文化的渗透,确保文化安全。[①]

随着产业水平和社会生活水平的提升,不仅国际竞争会越来越倚重文化软实力,在国内产业转型升级的竞争中,文化软实力的竞争也会扮演起越来越重要的角色。欠发达地区如果只是亦步亦趋地延续发达地区走过的历程,不仅很难缩小同发达地区的发展差距,而且只会将差距变得越来越大。要改变这种局面,就必须充分挖掘地方文化资源,加快文化建设的步伐,努力以软实力的特色和优势弥补硬实力竞争的差距。软实力是一个地区综合实力和可持续发展能力的重要组成部分,也是一个区域经济社会发展品位的具体体现。为此,对"文化大省"建设,不能仅仅局限于"小文化",而是要坚持"八项工程"和"四个强省"统筹抓。这样,才能全面提高软实力。也就是说,文化建设是一项复杂的系统工程,不能指望通过实施一两项文化建设项目,以短促突击的方式实现软实力的快速提升,而必须将文化建设摆到战略高度,全面推进各项文化事业的发展,来提升区域文化发展的整体实力和综合影响力。

丽水人文底蕴深厚,摄影和巴比松油画文化、剑瓷文化、石雕文化、华侨文化、黄帝文化、畲族文化、汤显祖文化、廊桥文化等特色十分鲜明。因此,要充分挖掘丽水独特的文化资源,增强丽水经济社会发展的文化底蕴,提升欠发达地区发展的文化软实力。

二、不断丰富人民群众精神文化生活

改革开放以来,经济的快速发展使浙江的全面小康社会建设水平处于全国领先水平。在绝大部分城乡居民的物质生活水平已经率先实现基本小康,并开始向富裕生活迈进的发展阶段,浙江广大人民群

---

① 习近平:《干在实处 走在前列——推进浙江新发展的思考与实践》,中共中央党校出版社2006年版,第289—290页。

众已经日益广泛和强烈地表达出了对精神文化生活的需求，这正是浙江率先将文化建设摆到战略地位的重要背景。而不断丰富人民群众精神文化生活，满足人民群众对高品质的文化产品的需求，正是浙江加快文化大省建设的根本宗旨。在推进文化大省建设的过程中，习近平同志多次深刻地阐述了文化在人民群众美好生活新期待中的重要地位，强调要"实现好维护好发展好人民群众的文化利益"，"让大众在各类文化活动中接受教育、感受快乐、享受文明，进一步引导精神消费，满足精神需求，丰富精神世界，促进社会成员人格、意志、品格的不断完善，不断营造良好的社会氛围"。①

为贯彻这样的发展宗旨，浙江在推进文化大省建设的过程中，高度重视公共文化服务体系的建设，着力健全公益性文化事业服务体系，全面提高公共文化服务能力，并始终坚持将文化建设的重点放在面向基层上。2005年6月1日，习近平同志在省宣传文化系统调研座谈会上明确提出："我们的文化是社会主义文化，文化建设的根本目的是满足群众文化需求，实现好人民群众文化权利。在打造文化精品的同时，要更加重视面向基层、面向群众的精神文化产品的创作生产和传播服务，努力建立健全公益性文化事业服务体系，提高公共文化服务能力，把为人民服务、为社会主义服务真正落到实处。"②人民群众既是文化的创造者，也是文化成果的分享者，加快推进中国特色社会主义文化建设，就必须致力于为广大人民群众提供丰富的精神文化产品，不断满足人民群众日益增长的精神文化需求，让人民群众享受充分的文化权益，满足人民群众日益增长的文化生活需求。

---

① 习近平：《干在实处　走在前列——推进浙江新发展的思考与实践》，中共中央党校出版社2006年版，第291页。

② 习近平：《干在实处　走在前列——推进浙江新发展的思考与实践》，中共中央党校出版社2006年版，第330页。

三、大力发展文化产业

大力发展文化产业，是浙江推进文化大省建设的另一重点。一方面，文化产业已经成为提升文化软实力的重要手段，成为扩大地方和国家影响力的重要载体；另一方面，大力发展文化产业，满足人民群众日益增长的文化产品需求，既是培育浙江经济新的增长点的重要突破口，也是推动浙江经济发展方式转型、提升经济发展质量和效益的重要途径。2006 年 2 月，根据《浙江省文化体制改革综合试点总体方案》和《中共浙江省委关于加快建设文化大省的决定》的要求，浙江省人民政府制定出台了《浙江省文化建设"四个一批"规划（2005—2010）》，围绕建设一批重点文化设施、发展一批重点文化产业、培育一批重点文化产业区块、壮大一批重点文化企业，对加快浙江文化产业的发展作出了全面部署。其间，习近平同志深刻阐述了推进文化产业发展的重要意义，指出"当代文化竞争在很大程度上取决于文化产业的竞争，软实力、文化力必然要通过文化产业的竞争力来加以体现"，明确要求"通过几年努力，使我省文化产业发展水平有明显提升，成为全国文化产品的重要制造基地"。[①]

基于这样一种文化发展理念，习近平同志在丽水调研期间，一再就丽水的文化产业发展作出重要指示。在谈到生态旅游业的发展时，习近平同志专门强调，丽水要充分利用良好的生态环境和丰富的历史文化遗产。[②] 习近平同志还要求必须把文化产业发展作为文化大省建设的重要突破口，努力使文化产业成为文化大省建设的重要支撑，成

---

① 习近平：《干在实处　走在前列——推进浙江新发展的思考与实践》，中共中央党校出版社 2006 年版，第 331 页。

② 习近平：《干在实处　走在前列——推进浙江新发展的思考与实践》，中共中央党校出版社 2006 年版，第 516 页。

为浙江经济发展的重要增长点。[①] 这一系列极具针对性的重要指示,极大地增强了丽水各市(县、区)大力发展文化产业的自信心,为丽水充分挖掘丰富的历史文化遗产和地方特色文化资源,走出一条"文化＋生态""文化＋旅游"的特色文化产业发展之路提供了重要的思想指导。

四、始终保持良好的精神状态

激发全社会特别是党员干部昂扬向上的精神状态,是习近平同志思考和探索中国特色社会主义文化的一个重大关切。他强调,"良好的精神状态,是做好一切工作的重要前提。领导干部在工作顺利的时候,保持良好的精神状态并不难,难的是在面对众多矛盾和问题时、遇到困难和挫折时,能够始终保持昂扬向上、奋发有为的精神状态"[②]。贯穿在浙江文化大省建设中的一个鲜明特色,就是以与时俱进的浙江精神和"红船精神",全面提振浙江干部群众勇立潮头、奋勇争先的精气神,为推动浙江在全面建设小康社会和社会主义现代化中走在前列凝聚强大的内在动力。

到浙江工作后不久,习近平同志在调研、总结浙江改革开放的历史经验时,就曾深刻地指出,"改革开放以来浙江经济社会持续快速健康发展的深层原因,就在于浙江深厚的文化底蕴和文化传统与当今时代精神的有机结合,就在于我们在推进经济发展的同时大力加强文化建设,就在于全省人民大力发扬'浙江精神',始终保持昂扬向上的精神状态"[③]。习近平同志还曾提出:"浙江老百姓聪明,干部精明,出的招数很高明。其背后是浙江的人文优势,是深厚的文化底蕴和'浙江

---

① 习近平:《干在实处　走在前列——推进浙江新发展的思考与实践》,中共中央党校出版社2006年版,第331页。

② 习近平:《之江新语》,浙江人民出版社2007年版,第60页。

③ 习近平:《干在实处　走在前列——推进浙江新发展的思考与实践》,中共中央党校出版社2006年版,第289页。

精神'在起作用。""浙江人的这种'文化基因',一旦遇到改革开放的阳光雨露,必然'一有雨露就发芽,一有阳光就灿烂',迸发出巨大的创造力,极大地推动浙江社会生产力的解放和发展,其最鲜明的当代表现,就是孕育和造就了'自强不息、坚韧不拔、勇于创新、讲求实效'的浙江精神。"①

2005 年,为全面贯彻落实"八八战略",推动浙江发展模式的全面转型升级,努力在全面建设小康社会和社会主义现代化建设上发挥好先行示范作用,在习近平同志的倡导下,浙江在全省范围开展了"与时俱进的浙江精神"的大讨论,在坚持和弘扬"自强不息、坚韧不拔、勇于创新、讲求实效"的浙江精神的基础上,着力培育和弘扬"求真务实、诚信和谐、开放图强"的精神。习近平同志全面深入地阐释了与时俱进的"浙江精神"十二个字的深刻内涵,强调要大力培育和弘扬遵循规律、崇尚科学的"求真"精神,真抓实干、讲求实效的"务实"精神,诚实立身、信誉兴业的"诚信"精神,和美与共、和睦有序的"和谐"精神,海纳百川、兼容并蓄的"开放"精神,以及励志奋进、奔竞不息的"图强"精神。② 与时俱进的浙江精神的提炼、讨论和广泛宣传,赋予了在改革开放大潮中孕育出来的浙江精神新的时代内涵,进一步明确了浙江改革发展的精神坐标,构成了"八八战略"和浙江文化大省建设的重要组成部分。

与此同时,着眼于凝聚浙江全面走在时代前列的强大精神动力,2005 年 6 月 21 日,习近平同志在《光明日报》发表重要文章《弘扬"红船精神" 走在时代前列》,首次提出了"红船精神"的概念,并将其内涵概括为"开天辟地、敢为人先的首创精神,坚定理想、百折不挠的奋斗精神,立党为公、忠诚为民的奉献精神"。习近平同志将"红船精神"上

---

① 习近平:《干在实处　走在前列——推进浙江新发展的思考与实践》,中共中央党校出版社 2006 年版,第 315—316 页。

② 习近平:《干在实处　走在前列——推进浙江新发展的思考与实践》,中共中央党校出版社 2006 年版,第 320—322 页。

升到了中国革命精神之源、党的先进性之源的高度，充分阐述了弘扬和践行"红船精神"，对于全面加强党的先进性建设，推动浙江各项事业走在全国前列的重大现实意义。"红船精神"的提炼和弘扬，极大地提升了浙江省域中国特色社会主义实践的政治站位，提升了浙江改革发展各项事业先行示范的精神追求。

"红船精神"和与时俱进的浙江精神，在思想内涵和精神品格上呈现出了高度的内在契合，贯穿在其中的精神主基调，就是习近平同志在浙江工作期间一再倡导的"干在实处、走在前列、勇立潮头"的精神状态。弘扬和践行"红船精神"、与时俱进的浙江精神，就是要着眼于为全国改革开放探路，发挥好先行示范作用，进一步调动浙江干部群众的积极性、创造性，推动浙江在中国特色社会主义经济、政治、文化、社会、生态文明建设和党的先进性建设方面走在前列。

五、弘扬优秀文化传统

源远流长、博大精深的中华民族的文化传统，作为中华民族几千年来生产生活实践的文化积淀，是滋养中华民族思想智慧的沃土，是凝聚民族国家向心力的根与魂。习近平同志历来重视弘扬优秀传统文化，在浙江谋划和实施文化大省建设时，就明确将保护、发掘、传承、弘扬优秀传统文化作为推进文化大省建设的重要任务。习近平同志强调，中华优秀传统文化是维系社会、民族的生生不息的巨大力量，指出："一定社会的文化环境，对生活其中的人们产生着同化作用，进而化作维系社会、民族的生生不息的巨大力量，中华民族共同的文化传统才使我们有了强烈的对中华文明的认同感和归属感；要化解人与自然、人与人、人与社会的各种矛盾，必须依靠文化的熏陶、教化、激励作用，发挥先进文化的凝聚、润滑、整合作用。""中华民族历史悠久、饱经沧桑，几分几合，几遭侵略，都不能被分裂和消亡，始终保持着强大的生命力,根本的原因就在于我们具有源远流长、博大精深的文化内涵。"①

浙江是中华文明的重要发祥地,两宋以来,浙江更是成为引领中国文化创新发展的重要中心之一,为中华民族文化的繁荣发展贡献了许多不可替代的思想智慧。知行合一、义利并重、工商皆本、四民平等具有浓厚的地域文化特色的思想文化传统的生生不息,正是与时俱进的浙江精神萌发、演进的重要根基。2006 年 5 月 30 日,习近平同志在给"浙江文化研究工程成果文库"所作的总序中指出,千百年来,浙江人民积淀和传承了一个底蕴深厚的文化传统。这种文化传统的独特性,正在于它令人惊叹的富于创造力的智慧和力量。浙江文化富于创造力的基因,早早地出现在其历史的源头。在浙江新石器时代最为著名的跨湖桥、河姆渡、马家浜和良渚文化中,浙江先民们都以不同凡响的作为,在中华民族的文明之源留下了创造和进步的印记。悠久深厚、意韵丰富的浙江文化传统,是历史赐予我们的宝贵财富,也是我们开拓未来的丰富资源和不竭动力。②

在推进文化大省建设的实践中,浙江厚重的历史文化积淀,极大地增进了浙江干部群众的文化自信。全省各地各具特色的文化资源,更是成为打造区域文化品牌、提升地方文化软实力、提升浙江制造的文化内涵和文化附加值的宝贵资源。福建是全国畲族分布最多的地方,习近平同志曾长期在福建工作,对畲族文化有系统的了解。在景宁,习近平同志详细地询问了景宁畲族文化的特点,强调"畲族自治县全国只有一个,是景宁最大的特色,也是丽水很重要的特色"。他指出,畲族的民族文化源远流长,有语言没有文字,语言研究还有待进一步加强。畲族服饰很有特点,从弘扬民族文化的角度讲,该穿的要穿

————————

①　习近平:《干在实处　走在前列——推进浙江新发展的思考与实践》,中共中央党校出版社 2006 年版,第 293 页。

②　习近平:《干在实处　走在前列——推进浙江新发展的思考与实践》,中共中央党校出版社 2006 年版,第 317 页。

起来，特别是搞风情旅游、开会时，具有代表性，一定要穿起来。此外，畲族文化中的三月三歌会、乌饭节等，都是挺好的，"畲乡风情旅游可以大做文章"。① 2004 年 1 月，习近平同志到遂昌县调研。遂昌是一个欠发达的山区县，汤显祖在这里当过五年知县，并在这里写出传唱千古的《牡丹亭》。习近平同志高度重视遂昌的这一独特文化资源，要求遂昌县"注意挖掘和弘扬汤显祖文化"。根据习近平同志的指示，遂昌县很快出台了为期 10 年的《汤显祖文化发展规划》，并同英国戏剧家莎士比亚的故乡斯特拉福德镇建立了友好关系。2015 年 10 月，习近平主席出访英国时，还在演讲中提出："明年是他们（汤显祖和莎士比亚）逝世 400 周年。中英两国可以共同纪念这两位文学巨匠，以此推动两国人民交流、加深相互理解。"为此在 2016 年，中英两国举办了隆重纪念两位世界文学巨匠的文化交流系列活动。② 2005 年，习近平同志到龙泉市调研。龙泉是著名的青瓷之乡，为弘扬和宣传青瓷文化，一直想建设一个像样的青瓷博物馆。习近平同志在听取汇报后，当即指出，龙泉青瓷是民族文化的瑰宝，有必要建一个青瓷博物馆。在习近平同志的关心下，省财政部门为龙泉市解决了 1000 万元的补助资金，帮助龙泉市启动了青瓷博物馆建设。现在，龙泉青瓷博物馆建筑面积 1 万多平方米，是省内最好的县级博物馆之一。③ 此外，习近平同志还专门就丽水古堰画乡文化产业发展，以及重视农村文化传统的保护和传承等问题作出了重要指示。这些极具针对性的文化理念和发展思路，对于增强丽水各级党委、政府的文化自信、文化自觉，推动丽水将生态优势与文化资源优势有机地结合起来，走出一条具有丽水特色的文化产业发展之路，起到了关键性的思想引领作用。现在，景宁畲乡风情、遂昌汤显祖文化、龙泉青瓷文化、丽水古堰画乡

---

① 中央党校采访实录编辑室：《习近平在浙江》（下），中共中央党校出版社 2021 年版，第 44 页。

② 中央党校采访实录编辑室：《习近平在浙江》（上），中共中央党校出版社 2021 年版，第 371 页。

③ 中央党校采访实录编辑室：《习近平在浙江》（上），中共中央党校出版社 2021 年版，第 357—359 页。

都已成为当地最耀眼的金名片,培育形成了一大批文化产业,并带动当地形成了一批相关产业。

第二节 "八八战略"引领下的丽水文化振兴实践

改革开放 40 余年来,特别是"八八战略"实施以来,丽水按照全省推进文化大省建设的部署,遵循习近平同志关于丽水文化建设的重要指示,坚持从丽水实际出发,充分发掘利用地方独特的文化资源,着力增强公共服务供给能力,大力发展文化产业,努力打造具有地方特色和魅力的区域文化品牌,在满足人民群众日益增长的文化生活需要,提升丽水改革发展的文化软实力上取得了超常规的发展成效,走出了一条欠发达地区以文化的繁荣发展助推经济高质量发展的路子,为浙江文化大省建设实践提供了一个成功的范例。

一、打造特色文化品牌,提升文化软实力

文化品牌是一个地区文化传承、文化积淀的集中体现,打造富有个性和辨识度的文化品牌,是扩大地方社会影响力和美誉度,提升文化软实力的有效途径。丽水不仅拥有得天独厚的生态资源优势,而且积淀着悠久、厚重的区域文化传统。但长期以来,丽水的生态优势和丰富的文化资源"养在深闺人未识",直接制约了丽水的赶超发展步伐。文化大省建设战略实施以来,丽水充分发挥自身特有的文化资源优势,聚焦文化繁荣发展与生态文明建设的深度融合,提升"绿谷文化"和"瓯江文化"的影响力,推出了一批富有特色的文化活动,形成了能够有效体现丽水特色和文化资源优势的区域特色文化品牌,有力地提升了丽水的知名度和美誉度。

考古发掘证明,约 4200—3700 年前,浙西南地区就有"好川人"在

此生存繁衍,是良渚文明(距今约 5300—4200 年)的扩展和延续。中原文化在这里传播和演化,孕育出了独特的黄帝文化和以刘基、汤显祖等为代表的名人文化;大规模的人口迁移及多元文化的交融,培育出了丽水的畲族文化、华侨文化;农耕文化的长期延续,则派生出了悠久的香菇、茶叶文化,以及以剑瓷、石雕、廊桥为代表的地方文化传统。这些独特的区域文化资源无不闪烁着丽水地域文化的个性魅力。

立足丽水独特的生态环境和生态资源优势,在践行"绿水青山就是金山银山"理念的过程中,2003 年,丽水市委提出"绿谷文化"的理念,开始围绕"绿谷文化"的品牌打造,来整合区域文化资源的发掘利用。2005 年,丽水市委正式作出了《关于加快绿谷文化建设的决定》。"绿谷文化"凸显了丽水独特的生态资源禀赋优势,彰显了丽水在"绿色浙江"建设中的重要地位,对于扩大丽水的知名度产生了积极的影响。但"绿谷文化"的重心和立足点还在于"绿谷",要打造引领丽水全部文化建设实践的文化品牌,还需要立足更大的视野来整合丽水的文化资源,做足文化的文章。

瓯江作为丽水境内六大水系的第一大河流和浙江第二大河流,是丽水的母亲河,承载着几千年来丽水人民生产生活实践的丰富文化积淀,孕育出了多元的富有地方特色的地方文化传统。基于瓯江文化资源的多元性为丽水推进文化建设提供的丰富载体和路径,2009 年,丽水市委提出了"瓯江文化"理念,作为推进丽水文化建设的引领性概念。"瓯江文化"拓展了"绿谷文化"的文化内涵,赋予了丽水地方文化品牌生态优势内涵与文化资源优势内蕴的叠加效应,增强了对丽水耕读文化、山水文化、名人文化等多元文化的整合力度,并借助瓯江的知名度,扩大了地方文化品牌的影响力。

提出"瓯江文化"概念以后,着眼于打造统一的"瓯江文化"品牌体系,丽水高度重视对瓯江文化的挖掘和研究,着力推动各种文化元素的整理、综合和提升。通过启动丽水文化研究工程,建立瓯江文化研究中心,举办瓯江文化论坛,开展课题研究,编辑出版有关丽水历史文化专题研究、文献整理的成果，进一步丰富和拓展了"瓯江文化"的内涵，为全市各地挖掘地方文化资源、做强文化产业提供了理论支撑。重要的是，结合瓯江流域生态保护和综合开发，丽水全面加强对瓯江文化的扶持和培育。以瓯江为主脉，整体谋划，分步实施，以点成线带面，加强对瓯江各种文化元素的开发和利用，着力打造以瓯江文化为核心的特色文化产业体系。

通过充分发挥瓯江山水资源优势，丽水探索形成了一系列推进瓯江文化体系建设、扩大瓯江文化知名度的有效载体，最有代表的便是瓯江摄影文化和巴比松油画创作。早在 20 世纪 80 年代，丽水就涌现出了一个以瓯江山水为主要表达对象的摄影群体，产生了一批本土知名摄影家。1999 年，丽水被中国摄影家协会命名为全国第一个"中国摄影之乡"。丽水市因势利导，着力扩大瓯江摄影文化的社会影响力。2004 年，丽水举办了首届摄影节，其后每届摄影节都吸引了国内外数以万计的摄影爱好者来丽水参观、交流。2007 年，丽水建成全国第一座摄影博物馆——中国丽水摄影博物馆，每年定期或不定期举办中外摄影展览、学术沙龙、专题讲座，成为广大摄影爱好者学习观摩交流的重要平台。2011 年，丽水编制出台了《丽水摄影发展规划（2011—2020）》，先后举办了一系列重大国际性和全国性的摄影作品展、大型赛事、高端论坛和摄影文化节活动。丽水已有共 100 多幅摄影作品在国际上获奖，近 1000 幅作品在国家级摄影比赛中获奖，几万幅作品在报纸杂志上发表。通过 20 年的努力，丽水已经成为全国知名的摄影胜地，丽水摄影节更是成为国际上有重要影响力的摄影节之一，摄影也因此成为丽水对外宣传的文化金名片。

巴比松油画创作同样也已经成为展示瓯江文化魅力的重要窗口。19 世纪 30 年代至 40 年代，在法国巴黎枫丹白露的巴比松，诞生了一个"画我家乡、走向自然"的巴比松画派。瓯江之畔的古堰画乡，风景如画，一直吸引着众多画家来此写生。20 世纪 80 年代初，受巴比松画派的影响和启发，一批为瓯江山水所吸引的画家，创作出了一大批展现怀旧情结、体现江南风情、歌颂田园生活的作品,受到海内外藏家的欢迎,在省内外产生了较大的反响,形成了丽水的巴比松画派。经过40年的发展,丽水巴比松画派已经发展为一个拥有300多人的油画群体,作品远销20多个国家和地区。2015年,丽水莲都区与法国巴比松市结为友好城市,巴比松画派成为瓯江文化"走出去"的重要载体,有效地提升了瓯江文化的知名度和影响力。

与此同时,丽水各地充分挖掘地方特色文化资源,通过举办丰富多彩的特色文化节,推进文化节庆与文化产业的全面融合。如莲都处州白莲节和古堰画乡小镇艺术节、缙云仙都祭祀轩辕黄帝大典、景宁畲乡三月三风情节、庆元香菇文化节、青田石雕文化节、龙泉剑瓷文化节、云和木制玩具节、遂昌汤显祖文化节、松阳银猴茶叶节等,这些富有特色的节庆活动成为各地弘扬特色文化,开展全省性、全国性乃至国际性文化展示交流的平台。黄帝、汤显祖、刘伯温、徐霞客、叶法善、杜光庭、张玉娘等名人文化以及道教文化、华侨文化、红色文化也开始得到各市(县、区)的广泛重视。这些文化节庆活动不仅很好地发挥了招商引资、产品展销等经济发展功能,而且丰富了当地群众的文化生活,有力地提升丽水文化的影响力。

从瓯江摄影、丽水"巴比松"画派,到丰富多彩的文化节庆,从艺术化的现代文化产品的生产,到文化节庆活动对多元文化资源的全面发掘,现代文化产品的创作与传统农耕文化保护发掘的交相辉映,共同展现出了丽水瓯江文化的独特魅力,形成了瓯江文化品牌影响力不断扩大与瓯江文化体系的内涵持续拓展的良性互动格局,使得丽水文化建设的路子越走越宽。

二、加强文化遗产保护利用,延续处州历史文脉

文化的生命力来自不断创新的生产生活实践,更植根于推陈出新而生生不息的文化传承。文化建设作为现实的实践,联通着历史与未

来。因此,文化遗产保护、传承、利用,始终是每一代人推动文化发展和文明进步的重要前提。丽水,古称处州。自隋开皇九年(589)置处州府,丽水作为一个行政区域,已延续 1400 多年。在落实文化大省建设部署的过程中,丽水高度重视文化遗产的保护,延续处州历史文脉,丽水作为历史文化名城的文化底蕴及其价值正在日益明显地呈现出来。

丽水是文化遗产大市,拥有全国重点文物保护单位 13 处,省级文物保护单位 81 处,市、县级文物保护单位 413 处。多年来丽水全面完成了第一次全国可移动文物普查数据的登录、上报、审核、初步验收工作和国有收藏单位名录及普查总结报告编制工作,全市申报藏品总数 35909 件(套),在文物保护、开发和利用工作上取得了重大成就,大窑龙泉窑遗址、处州廊桥、莲都通济堰、景宁时思寺、缙云仙都摩崖题记、松阳延庆寺塔、丽水市本级南明山(三岩寺)摩崖题刻、浙江大学龙泉分校旧址、青田石门洞摩崖题刻、缙云河阳村乡土建筑、遂昌好川遗址、云和银矿遗址、庆元西洋殿等 13 处遗址被列入国家重点文物保护单位。2014 年,丽水市城区因其深厚的历史底蕴、清晰的城市建制脉络和基本完整的古城格局,被省政府列为省级历史文化名城。2017 年,千年古城龙泉市被国务院正式列为全国第 133 座国家历史文化名城,成为继杭州、绍兴、宁波、衢州、临海、金华、嘉兴、湖州、温州市之后的浙江第 10 座国家历史文化名城。

近年来,丽水还开展了非物质文化遗产资源的全面普查,抢救了一大批珍贵、濒危的非物质文化遗产,并积极开展非物质文化遗产代表作名录和重点保护项目申报工作。2009 年,龙泉青瓷传统烧制技艺成功入选联合国教科文组织公布的人类非物质文化遗产代表作名录,庆元木拱桥传统营造技艺被列入联合国教科文组织公布的首批急需保护的非物质文化遗产名录。2016 年,"遂昌班春劝农"入选人类非物质文化遗产代表作名录。此外,青田石雕、龙泉青瓷烧制技艺、龙泉宝剑锻制技艺、松阳高腔、景宁畲族民歌和畲族三月三、遂昌昆曲十番、丽水畲族医药、庆元木拱桥传统营造技艺、青田刘伯温传说、青田鱼灯舞、缙云迎罗汉、缙云轩辕祭典（黄帝祭典）和张山寨七七会、遂昌班春劝农、莲都丽水鼓词、青田百鸟灯舞、景宁畲族婚俗等 18 个项目入选国务院公布的第一、二、三、四批国家级非物质文化遗产名录，丽水市非物质文化遗产保护发展走在了全省前列。

为唤醒和增强城乡居民文化遗产的保护意识，丽水还开展"十大城市文化标志性建筑"评选活动，处州府城墙、应星楼、黄帝祠宇、咏归桥、延庆寺塔、留槎阁、孔庙、鞍山书院、巾山和厦河双塔、华严塔等被评选为丽水十大历史文化建筑，另有 10 座历史文化建筑荣获提名奖。此外，丽水还举办了全市十佳古民居、十佳廊桥、十大文化庆典和十佳民间节庆等四大"十佳"系列评选活动，有力地增强了全市人民的文化自信和文化自觉，激发了全市人民传承历史文脉的热情。

三、增强公共文化服务能力，提升人民生活文化品质

近年来，丽水全面贯彻落实"八八战略"和文化大省建设各项战略部署，坚持把文化建设作为改善民生、惠及民生的主要内容。特别是党的十八大以来，丽水坚持以人民为中心的工作导向，不断提高公共服务能力，大力丰富社会文化生活，满足人民群众日益增长的文化生活需求，在共享文化发展成果上取得了显著成效。

完善公共文化设施网络，是提高公共服务能力的基础性工程。近年来，丽水按照"文化民生"和文化设施"城乡一体化、均等化"的建设要求，提出了"城市 15 分钟文化活动圈、农村 30 分钟文化活动圈"的目标，不断建设和完善公共文化设施网络，取得了显著的成效。丽水市共有国家公共文化服务体系示范创建项目 1 个、全国文化先进县 1 个，省级文化先进县 6 个、省级公共文化服务体系示范区 1 个、省级公共文化服务体系示范项目 5 个、省级文化强镇 15 个，市、县、乡镇、村（社区）四级公共文化设施网络基本形成。

在市级层面，按照丽水"一江双城三功能区"的城市总体发展框架和"北居中闲南工"空间功能布局，一大批重大文化设施和标志性文化设施，如处州公园、丽水书城、丽水体育中心、丽水市青少年科技中心、丽水摄影博物馆、浙西南革命历史纪念馆、丽水文化艺术中心、丽水博物馆、丽水美术馆、丽水非遗馆、丽水市图书馆新馆、丽水市工人文化宫等建成并投入使用，极大地提升了城市的文化品位，满足了人民群众的文化生活需求。在城市文化基础设施建设中，丽水市注重将传统文化元素与丽水城市建设紧密结合，将域内众多历史名人和历史古迹融入其中，塑造丽水独具魅力的"山水城市"。在县级层面，各县（市、区）图书馆、文化馆等重点公共文化设施基本建成，并建成缙云博物馆、青田石雕博物馆、景宁畲族博物馆、松阳博物馆、龙泉青瓷博物馆、庆元香菇博物馆、庆元廊桥博物馆等特色专业博物馆 9 座。从 2011 年起，全市所有的"三馆一站一室一屋"均实现免费开放，充分发挥了美术馆、图书馆、博物馆、文化馆（站）保障公民基本文化权益、提高公民鉴赏能力、丰富公民精神文化生活的重要作用。

在乡镇（街道）层面，全市各乡镇（街道）以单独或联合共建的方式均设有乡镇（街道）综合文化站，站舍面积达 500 平方米以上的有 130 个，达到省级标准的乡镇综合文化站占比达到 94%。全市村（社区）级文化活动室和农家书屋建设基本实现全覆盖。截至 2017 年底，全市建成农村文化礼堂 521 个，共举办各类活动 6000 余场次，参与活动人数达 100 万余人次，极大地丰富了农民群众的精神文化生活，促进了农村幸福和谐。与此同时，以美丽乡村建设试点为契机，丽水将古村落的保护纳入新农村整体规划中，制定实施了《丽水古民居保护管理办法》《中共丽水市委办公室丽水市人民政府办公室关于加强历史文化村落保护利用的实施意见》等，以"活态保护、有机发展"理念，复兴传统村落，传承乡村文明。截至 2017 年，丽水累计有 356 个村被列入国家、省级传统村落名录，占全省总数的 34.4%，遍布全市各地的古村落正在成为传统农耕文化的重要传承载体。

　　为改变城乡公共文化服务供给的不均衡现象，丽水坚持文化建设的城乡统筹，不断优化城乡公共文化资源配置，不断推进公共文化服务资源的下沉。近年来，相继组织实施了公共文化信息资源共享、新闻出版和广电惠民工程、流动文化服务下基层、"2131"数字电影院线送服务、农家书屋建设和精品剧目演出等六大类文化惠民工程。全市10个县级以上文化馆、图书馆均配送流动文化车，坚持"送文化和种文化"相结合，每年组织文化大篷车送戏下乡1000场以上，流动图书约10万册。自2010年6月农家书屋建设工作启动以来，全市先后建成约3000个农家书屋，实现农家书屋全覆盖。总体上全市公共文化服务城乡一体、区域均衡、人群均等的目标正在逐步实现。

　　在积极推进文化下乡、满足基层群众文化生活需求的同时，丽水市积极推动乡风文明建设。一方面，汲取传统民风民俗的有益成分，大力宣传和弘扬"耕读传家""慈孝立身"的优良传统；另一方面，移风易俗，重点整治居民红白喜事中存在的大操大办、奢侈浪费等现象。2018年，丽水在浙江省城市文明程度指数测评中再次获评全省第一，德治、法治、自治"三位一体"的乡风文明建设收获了喜人的成果。

四、厚植生态文化，推动绿色高质量发展

　　生态优势是丽水的最大优势，率先构建现代生态文化体系，是丽水文化建设突出自身特色的重要着力点。习近平同志在浙江工作时，就曾大力倡导生态文化的建设。2004年2月27日，在生态省建设工作领导小组全体会议上，习近平同志强调指出："生态文化的核心应该是一种行为准则、一种价值理念。我们衡量生态文化是否在全社会植根，就是要看这种行为准则和价值理念是否自觉体现在社会生产生活的方方面面。"①围绕全面贯彻落实"绿水青山就是金山银山"理念，丽

---

　　① 《绿水青山就是金山银山——习近平总书记在浙江的探索与实践·绿色篇》，《浙江日报》2017年10月8日。

水在全面推进生态立市的过程中，大力普及人与自然和谐共生的观念，着力培育有利于生态环境保护、有利于生态资源价值实现的价值观念、生活方式，"绿水青山就是金山银山"的理念日益深入人心。

一是抓好"关键少数"。以各级党校、行政学院为主阵地，结合利用"丽水论坛"、干部夜学、网络学习和各类报告会、读书会等载体，在各级干部中全面树立现代生态价值观念和绿色发展理念。与此同时，充分发挥战略和政策的导向作用，全面强化各级党委、政府的生态保护意识。在新出台的《丽水市环境功能区规划》中，自然生态红线区、生态功能区面积占比高达95.88%；出台实施《丽水市生态工业发展负面清单制度》《丽水市生态工业绩效评价考核奖励办法》《丽水市人民政府关于工业企业绩效综合评价和要素差别化管理的实施意见》，大力发展"绿色环保、高效低耗、高端低碳"的生态工业；探索绿色GDP考核制度，统筹兼顾生态、经济、民生、平安、党建五张报表，九县（市、区）和开发区根据不同的主体功能定位，实行差异化考核。这些举措都不断强化了全市各级干部的生态保护优先导向，并通过各级党委、政府的政策行为不断传递和扩散"生态优势是丽水最大优势、生态保护是丽水最大的责任"的观念。

二是坚持生态文化教育"从娃娃抓起"，将生态观念普及和环保教育全面纳入学生素质教育，在幼儿园、小学、中学、大学开展多种形式的生态教育，全面提高学生的生态环境意识，使生态保护意识和知识成为新一代公民素养的重要组成部分。

三是利用一切文化阵地和传播载体，传播弘扬生态文化，构建全方位、常态化、贴近群众的生态文明公共宣传网络体系。充分利用电视、报纸等主流媒体，系统介绍丽水生态文明建设情况；借助手机微信公众号、微博平台等新兴媒介，大力普及生态环保知识；利用博物馆、摄影馆的展览，向广大市民、游客传播自然科学知识和生态文明理念；利用广场、汽车站、高铁站候车大厅设立生态文明建设公益广告；社区志愿者不定期开展"倡导环境保护、共建生态文明"进社区活动，通过发放环保宣传单以及环境保护知识手册，向广大社区居民宣传"保护环境、爱护家园"的思想意识，鼓励居民绿色出行、使用清洁能源、落实垃圾分类制度，推广使用节能技术和环保产品。通过全方位的传播，丽水正在形成日益浓厚的全民保护生态环境的社会氛围。

四是全方位开展绿色创建工作，将生态文化融入社会生活的各个领域。全面推进绿色学校、绿色社区、绿色城镇、绿色乡村、绿色宾馆、绿色商厦、绿色医院、绿色工厂等创建工作，推动全社会逐步形成绿色低碳、文明健康的生活方式和消费模式。2016 年 3 月 7 日，丽水市第三届人民代表大会常务委员会第三十六次会议决定，自 2016 年起，将每年的 7 月 29 日设立为"丽水生态文明日"，着力在全社会形成"处处是花园、人人是园丁"的良好氛围。通过"百村示范、千村整治"，推动生态文明建设向农村延伸，开展农村生活污水、垃圾治理提升专项行动，持续深入开展"厕所革命"，全面改善农村人居环境。这些举措，在增强人民群众生态文明建设获得感的过程中，有效地推动了公众的绿色参与。到 2018 年底，丽水市本级城区、农村生活垃圾分类收集行政村覆盖率分别达到 80％和 50％以上，全市城镇生活垃圾回收利用率达 30％以上，资源化利用率达 20％，无害化处理率达 100％。① 丽水也因为生态文明建设取得的显著成效，被水利部列为全国水生态文明城市建设试点，并获得"中国美丽乡村建设示范地区"的殊荣。

五、发展特色文化产业，培育新的经济增长点

文化产业是低能耗、低污染、高附加值的产业，文化产业的竞争力是区域软实力、文化力的重要体现，繁荣发展文化产业既是打造经济新增长点的重要突破口，也是推动经济发展模式转型升级的有效路径。10 多年来，丽水牢记习近平同志"大力发展文化产业"的嘱托，将

---

① 《丽水市城市生活垃圾分类工作年度盘点》，《丽水日报》2019 年 1 月 8 日。

发展文化产业作为推进丽水特色文化体系建设的重要内容。2011年，市委二届十七次全会作出了《大力推进文化强市建设的决定》，2013年，市委三届五次全会将文化产业列入"3＋3"生态产业集群体系，编制《丽水市文化产业发展规划（2013—2020年）》，谋划打造"全国特色工艺名品区""华东文化休闲养生首选地""浙江文化用品制造集聚地""浙西南创意中心"等四大高地。2015年，市委三届十次全会再次将文化产业列入"195"生态产业体系。市委专门出台了《关于加快文化产业发展的实施意见》，提出"以文化产业园区建设和文化龙头企业培育为重点，以特色文化节庆、特色文化品牌为突破口"的发展思路，并从财政资金扶持、税收优惠、土地供应、投融资支持、人才培养等方面健全和完善激励文化产业发展的政策体系。

丽水立足于充分发挥丰富独特的自然生态资源和历史人文资源优势，坚持走政府推动和市场带动相结合的路子，着力培育一批具有较强活力和竞争力的文化产业发展主体，努力把丽水的文化资源优势转化为经济优势。为此，丽水在全省率先将文化产业增加值占地区生产总值的比重作为经济发展重要指标，纳入对县（市、区）的年度综合考核。近年来，丽水还全力实施文化企业名家培养工程、文化名企培育工程和文化名品推广工程。从2012年起，设立规模为每年1000万元的文化产业专项资金，并出台《丽水市文化产业发展专项资金使用管理办法》，以贷款贴息、配套资助、奖励和项目补贴的方式重点扶持市重点文化产业园区、项目、企业和优秀创意团队、人才。

在强化整体规划与鼓励各地因地制宜培育文化产业的基础上，经过多年探索，丽水逐步构建形成了市、县、镇、村四级产业发展聚集平台，走出了一条具有丽水特色的文化产业发展道路。在市级层面，丽水抓住从长三角区域边缘型城市向节点型城市转变的契机，围绕浙西南创意中心的发展定位，加大对文化创意产业的扶持培育，引导和鼓励社会资本投资建设文化创意产业园区，逐步培育形成了丽水摄影文化产业园、丽水装饰设计创意产业园、大修厂文化创意产业园等5家文创园区。在县级层面，从 2006 年开始，借鉴工业园区的成功经验，推进文化产业集聚化发展，9 个县（市、区）都制定了建设文化创意产业园区的规划，目前已建成莲都区古堰画乡、龙泉青瓷宝剑文化创意产业园区、云和木玩文化产业园、青田县石雕文化产业集聚区等 7 个文化产业园区重点园区。云和木玩文化产业园、龙泉青瓷宝剑苑和莲都区古堰画乡被命名为浙江省文化产业示范基地。2012 年，莲都区古堰画乡、龙泉青瓷宝剑园区、青田县石雕文化产业集聚区、云和木玩文化产业园等 4 家文化产业园区入选省"122 工程"中的重点文化产业园区，数量居全省地市第二位。2014 年，龙泉青瓷文化创意基地入选国家级特色文化产业重点项目。

在镇一级层面，按照省、市"打造具有明确产业定位、文化内涵、旅游和一定社区功能的发展平台"的要求，重点推进特色文化小镇建设，发挥其在助推当地经济社会发展、文化遗产保护、公共文化服务配套、特色小镇文化活动等方面的显著作用。莲都古堰画乡小镇、龙泉青瓷小镇、景宁畲乡小镇入选全省首批 20 个特色小镇文化建设示范点名单。与此同时，各乡镇还以促进特色文化与旅游等相关产业融合发展、助推美丽乡村建设、打造美丽经济为目标，积极开展村一级特色文化村的创建工作。

数据显示，2021 年，丽水全市实现文化产业增值 94.86 亿元，增速 17.8%，占 GDP 比重为 5.5%，文化产业已经进入区域经济支柱产业的行列，取得了超常规的发展成就。

第三节　文化建设的丽水实践经验

在"八八战略"的引领下，20 年来，丽水坚持从地方实际出发，将文化建设摆到实现赶超发展的重要战略地位上，通过充分发挥生态资源优势，大力挖掘丽水丰富而独特的地方文化资源，将文化建设融入生产生活的各个领域，走出了一条文化快速繁荣发展并有效驱动经济发展转型升级、牵引社会治理创新的路子，为文化大省建设贡献了丰富的丽水实践经验。文化的繁荣发展极大地提升了丽水发展的文化软实力，促进了文化自信的全面重振，为丽水实现绿色崛起并在现代生态文明体系建设上走在全国前列注入了强大的精神力量。

浙江省第十五次党代会围绕全面推进高质量发展建设共同富裕示范区和社会主义现代化先行省建设，努力成为新时代全面展示中国特色社会主义制度优越性的重要窗口，着眼促进全体人民全面发展，明确提出高水平推进文化强省建设，打造新时代文化高地的奋斗目标。2022 年 8 月 10 日，丽水市委召开文化工作会议，着眼于发挥文化在促进共同富裕中的基础力量和关键变量作用，探索以精神富有为标志的文化发展模式，在现代化先行中实现文化先行，在共同富裕中实现全民精神富有，全面部署文化强市战略，全面实施"文兴丽水、挺进共富"工程。会议明确提出要坚持以文化人、以文塑城、以文赋能，高质量建设新时代文化丽水，打造具有鲜明精神气质、独特人文品格、蓬勃生机活力的文化强市，为全市上下坚毅笃行"丽水之干"、永做跨越式高质量发展道路上奋勇向前的新时代"挺进师"提供不竭精神动力，为全面建设绿水青山与共同富裕相得益彰的社会主义现代化新丽水注入强大文化力量。"文兴丽水、挺进共富"的战略思路，既充分展示了丽水继续沿着"八八战略"指引的方向前进，深化落实习近平同志在浙江工作期间对丽水提出的"加快文化建设，努力提升软实力"的指示精神的坚定意志，也为新时期丽水聚焦促进山区全体人民全面发展，打造革命老区精神富有的样板指明了方向。

一、以文化自信心的重振，全面增强区域发展的文化自觉

20 年来，文化的超常规繁荣发展给丽水带来的最显著的社会效应，莫过于干部群众文化自信心的全面重振，莫过于整个社会精气神

的生动蝶变。长期以来，丽水作为欠发达山区，作为革命老区和边远山区，一直被视为全省经济和文化发展最为落后的地区之一，是全省重点扶持发展的对象。丽水与沿海发达地区的发展差距客观上造成了一种巨大的文化落差，使得丽水作为工业文明的追随者，只能以仰视的姿态接受其他文化的辐射，成为沿海都市文化的模仿者、复制者，丽水本土的文化遗产、文化产品则几乎都被贴上落后、土气的标签。21世纪以来，随着浙江发展逐步进入工业化、城市化的后期，良好的生态环境以其高度的稀缺性日益呈现出不可替代的价值，农耕文化、田园文化等所有乡土文明的遗存，则成为人们心目中乡愁的最后寄寓。在"八八战略"的引领下，遵循习近平同志对丽水文化建设的重要指示，充分发挥生态禀赋的独特优势，大力保护和发掘、利用地方文化资源，推进生态文化建设与优秀传统文化弘扬的深度融合，顺应了新时期文化建设社会发展环境的深刻变迁，顺应了人民群众对美好生活的新期待，在文化建设实践上实现了从追随者到先行者的华丽转身，推动了文化自信心的全面提振。

　　丽水文化自信心的重振，首先源于丽水从工业文明的落伍者到生态文明建设的先行者的蜕变。"八八战略"在丽水的实践过程，就是绿水青山不断转化为金山银山的过程，就是丽水的生态优势不断转化为资源优势和发展优势的过程，就是丽水在全省乃至整个长三角地区战略地位不断凸显的过程。2018年4月26日，习近平总书记在武汉主持召开深入推动长江经济带发展座谈会，在提到正确把握生态环境保护和经济发展的关系，探索协同推进生态优先和绿色发展新路子时，充分肯定了丽水把绿水青山蕴含的生态产品价值转化为金山银山，实现生态文明建设、脱贫攻坚、乡村振兴协同推进的显著成效。[①] 这表明丽水长期致力于打通绿水青山与金山银山的转化通道，已然走到了现代生态文明体系建设和高质量发展探索实践的最前沿。2018年8月，

---

① 习近平：《在深入推动长江经济带发展座谈会上的讲话》，人民出版社2018年版，第11—12页。

丽水市委四届四次全体（扩大）会议明确提出以"丽水之干"担纲"丽水之赞"，推动"八八战略"再深化、改革开放再出发，高质量谱写"八八战略"丽水新篇章。这标志着丽水开始以前所未有的生态自信、文化自信，勇立生态文明建设的潮头，担负起高质量绿色发展的探路者角色。

　　丽水文化自信心的重振，还源自浙西南革命精神的高扬。丽水是全省唯一的所有县（市、区）都是革命老根据地的地级市。自 1927 年浙西南第一个党支部在遂昌建立，在丽水大地播下第一颗革命火种之后，浙西南保持 23 年革命红旗不倒，缔造出了伟大的浙西南革命精神。2019 年，丽水市委四届六次全会专门作出《大力弘扬践行浙西南革命精神的决定》，在全市掀起大力弘扬和践行浙西南革命精神的热潮。浙西南革命精神的弘扬，推动丽水干部群众重新认识了中国工农红军挺进师肩负的战略性使命及其发挥的牵制敌人、掩护中央红军主力战略转移的重要作用，重新认识了浙西南革命在中国革命战略大局中的重要地位，重新认识了新中国成立以来丽水顾全大局，担负的具有全局性战略意义的生态保障功能。在此基础上，丽水市委做足浙西南革命精神这篇大文章，以弘扬和践行浙西南革命精神，为"丽水之干"注魂、赋能、植根，更是充分彰显了丽水肩负的打造国家生态文明先行示范区、诗画浙江大花园最美核心区，以及高水平建设和高质量发展重要窗口的重任，从而进一步提升了丽水改革发展的政治站位，全面增强了丽水干部群众"干在实处、走在前列、勇立潮头"的使命感、责任感。

　　丽水文化自信心的重振，还来自丽水乡土文化价值的重新发现。中国拥有 5000 年以上的农耕文明昌盛史，乡土文化无疑构成了中国文化传统的根与魂。在工业文明的急速发展进程中，中国的乡土文化遭受了毁灭性的破坏。中国要建设社会主义文化强国，实现民族文化的伟大复兴，全面树立文化自信，必然要重新审视乡土文化，保护好乡土文化的宝贵遗产，激活乡土文化中蕴含的中国文化的核心元素。与此同时，也正是在逐步迈向后工业文明的进程中，人们对乡村生活、乡土文化表现出了前所未有的热情。当人们逐步退却对工业文明的执迷，进而开始反思工业文明、城市文明的弊端的时候，乡土文化超越时代的价值得到重新认识。"乡"与"土"不再是落后的代名词，而是稀缺、珍贵的象征，越是"乡气""土气"，越是受到人们的青睐。保留着最为丰富的乡土文化资源的丽水，不仅从中找到了文化产业发展的新路径，而且重拾了乡土文化的自信心。这方面最具代表性的，便是"村晚"文化的兴起。

早在 1981 年，庆元县月山村在"村两委"的主持下，集中村民中的文化能人，自创自编自演，办起了村里的春节文艺晚会。随后，这种村民自演、反映乡村生活的"村晚"，逐步在其他乡村流行起来。丽水市委、市政府高度重视"村晚"这一全新的群众文化形式，出台专门政策帮助解决场所、资金、队伍、节目等困难，"村晚"随即在全市形成燎原之势。2010 年，月山村"村晚"被授予全国群众文化最高奖——"群星奖"。2015 年，丽水"乡村春晚"被文化部确定为国家公共文化服务体系示范项目，在全国范围内大力推广。2017 年丽水"乡村春晚"又被列入文化部公共文化空中大讲堂向全国推广的地方案例，成为全国乡村振兴战略的"浙江样本""文化密码"。据统计，2018 年春节，丽水共有 1115 个行政村自办"村晚"，1000 多名农民导演、30 多万名"村晚民星"在乡村春晚的草根舞台上，展现了自己的文化梦，观众达到 80 多万人，赶来欣赏的外地游客达 20 多万人。近些年来，丽水各地纷纷将"村晚"同乡村振兴、乡村旅游有机地结合起来，形成了各具特色的"村晚"形式，如景宁具有畲乡文化特色的"百村闹春"、云和"百项非遗"村晚、缙云婺剧春晚、松阳古村落春晚等，有效地激活了乡村旅游，2018年带动形成"村晚红利"达 14.13 亿元。丽水"乡村春晚"由村民自编自导自演，以乡村生产生活为场景，展示的是生活日渐富裕的农民对农耕生活传统的珍视，是对乡土文化的自豪、感谢、自信心，其成功实践为增强中国特色社会主义文化自信提供了有益的启示。

二、因地制宜种文化,大力培育现代生态文化

丽水最大的优势是生态环境和生态资源。更为重要的是,丽水是"绿水青山就是金山银山"理念的重要萌发地和先行实践地。习近平同志在浙江工作期间,曾多次赴丽水调研考察,对丽水的生态文明建设作出了一系列重要指示,一再叮嘱丽水广大干部群众"绿水青山就是金山银山,对丽水来说尤为如此"。遵照习近平同志的重要嘱托,丽水在全面贯彻落实"八八战略",创新践行"绿水青山就是金山银山"理念的过程中,将生态文化建设提升到生态文明建设的重要战略高度,将生态文化建设作为丽水文化建设的重中之重,推动生态文化建设与经济发展模式的绿色转型以及生态文明的体制机制创新的有机融合,不仅使生态文化成为文化繁荣发展的一大特色,而且在培育生态价值观念和生活方式、推动绿色文化产业发展上走在了全省前列。

一是将生态文化建设贯穿于生态保护、经济转型和生活方式变迁的全过程,推动生态、生产、生活"三生融合"。在全面贯彻落实习近平同志关于"绿水青山就是金山银山,对丽水来说尤为如此"重要指示的过程中,丽水不断强化生态是最大优势、保护生态是最大责任的意识,不断深化生态立市的发展导向和体制机制保障,在全市上下推动完成了发展理念的革命性变革,实现了丽水发展方式的历史性转型。近年来,丽水更是借助弘扬和践行浙西南革命精神,为高质量绿色发展的丽水实践注魂、赋能、立根,着力破解绿水青山转化为金山银山实践中存在的"不必转化"的守成心态、"不用转化"的盲目认知、"不敢转化"的畏难情绪、"不会转化"的本领欠缺,使全市干部群众在"绿水青山就是金山银山,对丽水来说尤为如此"的思想认识上形成了最大的共识,凝聚形成了绿色发展的强大内生动力。

二是将生态文化建设融入社会生活的各个领域,全面推进绿色学校、绿色社区、绿色城镇、绿色乡村、绿色宾馆、绿色商厦、绿色医院、绿

色工厂等创建工作,在全社会大力倡导绿色低碳、文明健康的生活方式和消费模式,实现美丽生态、美丽经济、美丽生活的深度融合。通过广泛运用一切有效的载体和手段,全方位地宣传、推广促进现代生态文明体系建设的价值观念、生产方式、生活方式,丽水在全社会营造出了浓厚的以注重生态保护为荣、以损害生态环境为耻的社会氛围。

三是将生态文化建设同绿色发展的体制机制创新紧密地结合起来,形成制度创新与文化创新的良性互动。围绕"绿水青山就是金山银山"理念,努力打通绿水青山与金山银山的转化通道,丽水不断加大体制机制创新力度,率先在构建最严格的生态管控体系、完善排污权交易制度、健全生态补偿制度、创新生态文明绩效考核与责任追究制度、探索生态产品价值实现机制等方面进行了大量的创新性探索,在促进经济生态化和生态经济化方面走在了全国的前列。正是这一系列体制机制创新产生的显著的生态富民效应,使丽水的广大群众成为生态文明建设的最大受益者,极大地提升了城乡居民的生态保护意识,将广大人民群众价值观念、生活习惯的绿色化变革建立在了生态富民的幸福感、获得感基础之上,极大地增强了人民群众参与环境保护的思想自觉性与行动自觉性。

三、坚持融合创新,做好"文化+"这篇大文章

作为相对欠发达地区,丽水的文化建设不仅历史欠账较多,可资利用的资源也相对欠缺。丽水之所以能够走出一条超常规的文化繁荣发展之路,一条重要的实践经验,就是坚持融合创新,通过做足做好"文化+"这篇大文章,有效地整合文化建设资源,加快文化建设的步伐。

一是在文化建设主基调的凝聚上,全面推进"红绿融合"。通过大力弘扬和践行"浙西南革命精神",着力破解丽水文化建设在资源开发利用上存在的"绿肥红瘦"的不平衡问题。近年来,丽水以国家公园建

设、国家生态产品价值实现机制试点创建、浙江（丽水）绿色发展综合改革创新区和全省大花园核心区建设为契机，加快推动红色文化和生态旅游的深度融合。通过打造一批红色旅游经典景区、建设一批红色旅游研学示范基地、构建一批红色旅游精品线路、开展一批红色旅游特色节庆纪念活动，丽水正在形成以红色文化为引领、红色旅游经典景区为核心、"红与绿"融合发展为特色的红色产业发展体系，成为推动全市高质量绿色发展的重要引擎。

二是在文化产业的发展上，全面探索和培育"文化＋旅游""文化＋运动""文化＋艺术"等新业态。通过大力推进"旅游休闲＋运动体验"的开发模式，鼓励和引导丽水各旅游景区、旅游度假区、乡村旅游区等根据自身特点，建设特色健身休闲设施，推广山地自行车、越野跑、徒步、登山等运动休闲项目，丽水已初步形成了以青田乐园滑雪场、遂昌北斗崖滑雪场、松阳大木山骑行茶园、云和仙宫湖垂钓基地等为代表的运动休闲服务业体育产业体系。通过借鉴总结摄影艺术和油画艺术主题旅游的实践经验，近年来，丽水在推动生态文化旅游与艺术活动深度结合方面也呈现出了勃勃生机。

三是在弘扬传统优秀文化方面，积极推进文化复兴与乡村振兴的一体化。作为传统江南农耕文化遗产保留最为完整的区域，近年来丽水各地纷纷将保护和开发利用传统农耕文化遗产、乡土文化资源，作为乡村振兴的重头戏，在有效地促进乡村旅游业兴盛的同时，不断增强基层干部群众在产业发展和乡村治理上的文化自觉，引导越来越多的干部群众积极主动地参与到传统优秀文化的弘扬、传承上来。松阳的"拯救老屋"行动为此提供了一个成功的范例。

丽水各县（市、区）分布着大量文物价值不高却传承有序、文化特色鲜明的老屋，是最具古村特质的建筑元素、文化符号，承载着数百年的乡愁记忆。其中，仅松阳县就有近 1600 幢老屋，分布在百余个传统村落中。松阳有 1800 多年的建县历史，如今还保留着 100 多个格局完整的传统村落，其中中国传统村落 75 个，被誉为"最后的江南秘境"。2016年,在国家文物局、中国文物保护基金会的支持下,松阳成为全国唯一的"拯救老屋行动"整县推进试点县。松阳县成立了"拯救老屋行动"工作领导小组,中国文物保护基金会联合浙江省古建筑设计研究院制定了传统村落文物建筑的方案要求、修缮导则、验收办法。通过两年多的实践,初步探索出了一条社会组织与地方政府合作推动、群众自发参与的私人产权文物建筑保护利用的新路子。截至2022年8月,松阳全县涉及19个乡镇(街道)75个村的600余幢共计30万平方米的老屋已全部完成修缮验收工作。在政府项目的带动下,越来越多的知名艺术家走进松阳老屋,以"新村民""新乡贤"的身份参与到"拯救老屋"的行动中来。"拯救老屋"行动不仅带动了松阳高端民宿产业的快速发展,而且广泛植入了文化产业、艺术家工作室等新型业态。"拯救老屋"行动通过有形文物建筑的修复,带动了乡村经济修复、文化修复,也带动了乡村振兴,成为守护乡土文化的根脉与灵魂的成功实践。松阳也因此成为中国传统村落保护发展示范县,"拯救老屋"松阳模式也被纳入浙江新一轮乡村振兴实践,作为加强历史文化(传统)村落保护的成功经验得到推广。

第五章　生态的优势不能丢

"生态环境是关系党的使命宗旨的重大政治问题,也是关系民生的重大社会问题。"[①]我国建设的现代化是人与自然和谐共生的现代化,既要创造更多物质财富和精神财富以满足人民日益增长的美好生活需要,也要提供更多优质生态产品以满足人民日益增长的优美生态环境需要。党的二十大报告指出:"尊重自然、顺应自然、保护自然,是全面建设社会主义现代化国家的内在要求。必须牢固树立和践行绿水青山就是金山银山的理念,站在人与自然和谐共生的高度谋划发展。"[②]长期以来,丽水充分发挥后发优势,高度重视生态文明建设,始终把保护生态环境、建设全省绿色生态屏障作为首要责任。特别是自2006年7月以来,丽水遵循习近平同志"绿水青山就是金山银山,对丽水来说尤为如此"的重要嘱托,把践行习近平生态文明思想作为第一担当,不断强化生态自信。全域以最顶格的生态标准、最严格的生态治理、最科学的生态制度实施最美生态行动,把生态环境质量和生态文明建设推向了一个新的高度。2006年,丽水把"绿水青山就是金山银山"理念确立为全市根本性战略指导思想;2008年,率先发布实施《丽水市生态文明建设纲要》;2014年,成为全国首批生态文明先行示范区;2017年,成为全省唯一的绿色发展综合改革创新区;2018年,成

---

① 《习近平在全国生态环境保护大会上强调　坚决打好污染防治攻坚战　推动生态文明建设迈上新台阶》,《人民日报》2018年5月20日。

② 习近平:《高举中国特色社会主义伟大旗帜　为全面建设社会主义现代化国家而团结奋斗——在中国共产党第二十次全国代表大会上的报告》,人民出版社2022年版,第49—50页。

为全国"绿水青山就是金山银山"创新实践基地；2019 年，成功跻身全国水生态文明城市。

第一节　生态价值的凸显

丽水，古称处州，是浙江省辖陆地面积最大的地级市。全市总面积 1.73 万平方公里，其中山地占 88.42%，耕地占 5.52%，溪流、道路、村庄等占 6.06%，是个"九山半水半分田"的地区。丽水是"浙江绿谷""华东天然氧吧"，有"中国生态第一市"的美誉，森林覆盖率高达 81.7%，是浙江乃至华东地区重要的生态屏障。

一、改革开放以来丽水的生态保护

作为"绿水青山就是金山银山"理念的重要萌发地和先行实践地，丽水的绿色崛起源于生态资源的保护和生态优势的充分发挥。从全国范围内来看，浙江是较早提出生态省建设的省份，而丽水又是全省各市的先行者。从"生态立市"到"生态发展"再到"生态惠民"，丽水历届党委、政府在"八八战略"的指引下，坚持生态优先、绿色发展，一张蓝图绘到底，一任接着一任干，实现了生态保护与经济发展的高质量共赢。

当然，在处理生态保护与工业发展的关系上，丽水也曾有过争论、徘徊，也曾以牺牲环境为代价换取经济一时的发展。正如习近平同志2006 年 3 月 8 日在中国人民大学对"绿水青山"与"金山银山"的辩证关系所指出的缜密论述那样，"人们在实践中对绿水青山和金山银山这'两座山'之间关系的认识经过了三个阶段：第一个阶段是用绿水青山去换金山银山，不考虑或者很少考虑环境的承载能力，一味索取资源。第二个阶段是既要金山银山，但是也要保住绿水青山，这时候经济发展和资源匮乏、环境恶化之间的矛盾开始凸显出来，人们意识到环境是我们生存发展的根本，要留得青山在，才能有柴烧。第三个阶段是认识到绿水青山可以源源不断地带来金山银山，绿水青山本身就是金山银山，我们种的常青树就是摇钱树，生态优势变成经济优势，形成了一种浑然一体、和谐统一的关系，这一阶段是一种更高的境界"[①]。

在改革开放早期，丽水的工业经济较为落后，发展水平低，思想观念保守，经济社会处于粗放式发展阶段，自然资源的过量消耗和环境污染等问题随着时间的推移逐步显现。1989—1994年，浙江省森林总蓄积量增加了11.8％，同期丽水下降5.9％，丽水占全省的资源比重从37.7％下降到31.6％。不过在这一阶段，环境保护的问题已引起了关注。20世纪80年代初，经济学家许涤新提出中国一部分破坏生态的经济增长方式的不可持续性，提出要重视在现代化建设中出现的新情况和新问题。1983年，我国组织专家起草和论证自然保护纲领性文件，四年后，《中国自然保护纲要》发布实施。这是中国第一部保护自然资源、自然环境的宏观指导性文件。同一时期，丽水的林业部门也出现了改变生产方式和保护环境的声音，建议重视丽水的生态资源，主要是森林资源、矿产资源、小水电资源以及旅游资源。

丽水是浙闽的重要水源地，浙江的瓯江、钱塘江、飞云江、灵江以及福建的闽江、福安江，源头都位于丽水，这使得丽水不仅对本地，也对外地有着保护环境的责任。1989年，我国第一次尝试水质的"县界控制"研究课题，地点即丽水瓯江。瓯江是浙江第二大水系，横贯丽水，经温州湾流入东海。研究内容是在松阴溪的两个县界断面设立控制点，通过上游县的自我约束，把流入下游县的水质控制在一定标准，由下游县进行监督。20世纪90年代中期，丽水进行解放思想大讨论，提出经济工作的根本指导思想是：转变经济增长方式，提高经济增长

---

① 习近平：《干在实处　走在前列——推进浙江新发展的思考与实践》，中共中央党校出版社2006年版，第198页。

质量。其中，提出应对生态恶化情况有风险意识，首次提出将优化环境纳入发展战略。

总体而言，在改革开放后的 20 年间，丽水经济发展速度明显低于全省平均水平。相比 1978 年，1997 年的丽水人均 GDP 增加了 21 倍，浙江省则增加了 31 倍。当年丽水人均 GDP 低于全国 20％，不足浙江全省均值的一半。在巨大的经济发展压力之下，如何使生态保护得以持续成为政府工作的重点，对于如何正确处理好经济发展与生态保护之间的关系也还处在摸索之中。

1998 年，丽水地区政府提出创建国家级生态示范区。2000 年，丽水作为浙江最后一个"地区"撤地设市，在体制上为丽水创造了历史机遇。撤地设市首年，在丽水市第一届人民政府的五年奋斗目标里，除了 GDP 增长率、财政收入、固定资产投资率、人均收入等指标，已有关于生态的指标。丽水政府提出，到 2005 年，森林覆盖率达到 80％，城市绿化率达到 30％，大气、地面水等指标达到或高于功能区标准，建设生态公益林 630 万亩，建设森林公园 11 个，实施瓯江流域综合治理，建设沿江沿路千里绿色长廊，加大退耕还林、小流域治理和地质灾害整治的力度，加强森林植被保护。同时，丽水市政府提出走生态效益型经济发展道路，认为这既顺应了全球绿色浪潮的大趋势，又能充分发挥丽水的生态优势，是时代特征和丽水市情的最佳结合点，也是发展绿色经济的必然要求。强调生态效益型经济发展的内涵是经济持续发展、社会全面进步、生态良性循环、人与自然和谐共处。丽水市的战略取向是边发展经济，边保护环境，把环境保护与治理纳入经济发展的轨道，做到发展与保护同步，实现经济效益、社会效益和生态效益的有机统一。当时的丽水政府已认识到，作为后发地区，丽水工业化与城市化的任务远未完成，形势迫切要求加快发展，人民群众也期望着尽快改变山区的面貌，加快发展始终是丽水今后一段时期工作的主题。但丽水在发展中决不能以牺牲环境和浪费资源为代价，要通过抓好生态示范区建设，保护和治理生态环境，发挥后发优势，形成生态优势,促进生产力的跨越式发展。同年,第一届丽水市委确立了"生态立市、绿色兴市"的发展战略,丽水开始从实践上摸索生态经济的门路。2001年,丽水进一步提出全面建设生态农业、生态林业、生态工业、生态旅游、生态城市五大生态工程,将城市定位于"秀山丽水、浙江绿谷"形象。此后又增加了生态环境、生态文化、生态安全等三个工程,并称"八大工程"。

2003年7月,在中共浙江省委第十一届四次全体(扩大)会议上,习近平同志提出了引领浙江发展的总纲领"八八战略",其中一个战略即进一步发挥浙江的生态优势,创建生态省,打造"绿色浙江"。12月,丽水市委一届十次全体(扩大)会议召开,会议确定"生态立市、工业强市、绿色兴市"的"三市并举"发展战略。

2004年,丽水全市林业工作会议确定今后一个时期要继续围绕林业生态体系和林业产业体系两大体系建设,实施生态公益林建设、"千里绿色长廊"建设、退耕还林、天然林保护、竹子产业化建设、特色林业基地建设、种子种苗及花卉建设、林产工业建设、森林旅游产业建设和野生动物驯养繁殖工程等十大工程建设;努力打造笋竹、森林食品生产、乡土珍稀树种、花卉苗木、竹木加工制造业、速生林、森林生态休闲旅游和中药材等八大基地。丽水市委、市政府作出建设生态市的决定,市人大常委会批准实施《丽水生态市建设规划》,全面开展生态市创建工作。2004年,丽水市、龙泉市瓯江源头水土保持生态示范区分别被国家环保局、水利部确定为"国家级生态示范区"和"全国第一批水土保持生态建设示范区"。

习近平同志的关切和告诫,极大地促进了丽水发展观念的深刻变革。此后历届市委、市政府牢记嘱托,坚持"八八战略"一张蓝图绘到底,保持绿色发展的战略定力,始终把生态作为最大的特色、最大的优势、最大的政治加以落实,全面探索绿色发展、生态富民、科学跨越的路子。

二、世纪之交的丽水自然和生态环境

丽水市地处浙江省西南浙闽两省结合部，市境介于东经 118°41′—120°26′和北纬 27°25′—28°57′之间。东南与温州市接壤，西南与福建省宁德市、南平市毗邻，西北与衢州市相接，北部与金华市交界，东北与台州市相连。在地貌地形方面，丽水位于浙闽隆起区。地貌以丘陵、中山广布，峡谷众多，间以狭长的山间盆地为基本特征。地势西南高，东北低。山脉属武夷山系，分两支伸入境内，北支由福建浦城入龙泉、遂昌为仙霞岭；南支由福建载云山—鹫峰山入龙泉、庆元为洞宫山，向东延伸过瓯江称括苍山。境内有海拔 1000 米以上的山峰 3573 座，其中 1500 米以上的山峰 244 座。龙泉市凤阳山黄茅尖海拔 1929 米，庆元县百山祖海拔 1856.7 米，分别为浙江第一、第二高峰。从地质上看，丽水地质构造单元属华南褶皱系，浙东南褶皱带。基底为早元古代沉积的一套浅海、滨海相岩石；盖层为侏罗系、白垩系大面积火山碎屑岩。岩性以酸性为主。

（一）自然资源的开发与利用

在森林资源方面，丽水是浙江省的重点林区，素有"浙南林海"之称。据 2002 年森林资源统计，全市林业用地 142.79 万公顷，其中有林地 130.33 公顷，森林覆盖率达 79.1％。森林活立木总蓄积量 3810.5 万立方米，其中林地蓄积 3566.8 万立方米，立竹量 1.88 亿株。全市已建以松杉为主的用材林基地 19.06 万公顷、以柑橘为主的水果基地 2.68 万公顷、以板栗为主的干果基地 0.97 万公顷、以厚朴为主的中药材基地 0.42 万公顷以及笋竹林基地 4.46 万公顷。

丽水的原生植被大多已经被反复利用和改造，代之以次生植被，并有一定比例的人工植被。自然植被的植物群落组成以壳斗科、樟科、山茶科、冬青科、金缕梅科、杜鹃花科、蔷薇科、山矾科、桦木科、豆科、杜英科、禾本科为主。植被的地域水平性和垂直差异较有规律。

西南部以栲类林、细柄蕈树林为典型。而东北部则以苦槠林最为典型。低中山地松类林、甜槠、木荷林群落最为常见，以针叶林占优势，人工林则以杉木林为多。河谷盆地、山间台地、丘陵缓坡，多已开垦为农田。据部分典型区域调查，1200—1300 米以下为常绿阔叶林带，1200—1700 米为常绿落叶阔叶混交林带，1500—1700 米以上为山地灌丛、草丛带。

在水资源方面，丽水多年平均降水总量约 303.31 亿立方米，水资源总量约为 188.04 亿立方米。境内有瓯江、钱塘江、飞云江、灵江、闽江、交溪水系，为六江干支流源头区。瓯江为浙江第二大水系，发源于庆元县和龙泉市交界的仙霞岭洞宫山锅帽尖，贯穿丽水九县（市、区）。干流经龙泉、云和、莲都、青田四县（市、区）进温州入东海，全长 388 公里，境内长 316 公里。流域面积达 13108 平方公里，约占全流域面积的 72%，占全市总面积的 76%。飞云江也发源于丽水，钱塘江、闽江、灵江、交溪等水系的部分支流均发源于丽水。境内江河径流丰富，坡大流急，水力资源十分丰富，水文"丰、平、枯"也非常明显，山溪性河流特征突出。可开发水电装机为 290.0 万千瓦。到 2002 年底，全市已建成投产水电站 520 座，总装机 100.04 万千瓦，水电资源开发率为 34.5%。瓯江干流水资源梯级开发规划已完成，现已建成三级电站（规划十级），提高了水和水力资源的有效利用率。全市共建有大、中、小型水库 255 座，1 万平方米以上山塘 1206 座。水库众多，部分改变了水文状况，基本解决了丽水的干旱问题。

在气候资源方面，丽水属亚热带湿润季风气候，具有热量丰富、降水充沛、四季分明、冬暖春早、雨热同步及山地气候等特征。另外，由于特定的地理位置和复杂的地貌条件，丽水成为全省气象灾害较多、灾害出现频率较高、受灾程度较重的地区之一。主要气象灾害有：盛夏的高温干旱，春夏之交的冰雹、大风、强雷雨等强对流天气，春夏之交的梅汛期暴雨，夏季的热带风暴，以及冬季的低温冰冻等。

丽水全市年平均气温 16.9—18.5℃，无霜期 246—274 天，年降雨量 1378.9—1740.5 毫米,年日照时数 1775—1988 小时,年总辐射量 102.1—110.0 千卡/平方厘米。受不同地理位置、山脉走向、山体大小、离海远近,尤其是不同地形、高程、植被条件的影响,气候资源具有明显的地域差异和垂直层次差异,形成了丰富的山地气候资源。

在土地资源方面,丽水全市总面积 1.73 万平方公里,约占全省的六分之一,人均占有土地面积 0.69 公顷,为全省人均的 3 倍。按土地利用现状分类,耕地 8.97 万公顷,占 5.18%；园地 4.26 万公顷,占 2.46%；林地 142.79 万公顷,占 82.54%；居民点及工矿用地 2.57 万公顷,占 1.49%；交通用地 0.73 万公顷,占 0.42%；未利用土地 12.84 万公顷,占 7.42%。人均占有土地面积虽大,但林地所占比例较高,耕地面积较少。土壤主要有红壤、黄壤、紫色土、粗骨土和水稻土等。红壤广泛分布于海拔 800 米以下的山地,面积 62.66 万公顷,占 36.93%；黄壤分布于海拔 700—800 米以上的山地,面积 41.35 万公顷,占 24.37%；紫色土、粗骨土表现为非地带性土壤,呈斑状分布,面积分别为 0.238 万公顷、41.30 万公顷,其比例分别为 1.40%、24.34%；水稻土则分布于各山谷、河谷、小盆地,面积 20.22 万公顷,占 11.90%,是全市粮食和经济作物种植的主要基地。

在生物资源方面,适宜的气候、广阔的山林孕育了丽水丰富的生物资源。已知的植物有种子植物、蕨类植物、苔藓植物等 3800 多种。列入国家重点保护珍稀植物 35 种,其中国家一级保护植物有百山祖冷杉、中华水韭、红豆杉、南方红豆杉、长喙毛茛泽泻、伯乐树、莼菜等 7 种,百山祖冷杉被列为世界最濒危的几种植物之一,现仅存 3 株；国家二级保护植物有白豆杉、华东黄杉、福建柏、连香树、长柄双花木、香果树等 28 种。野生动物有 2618 种,列入国家重点保护的珍稀动物 71 种,其中国家一级保护野生动物有云豹、豹、华南虎、黑麂、梅花鹿、白鹳、金雕、黄腹角雉、白颈长尾雉、鼋等 10 种,二级保护野生动物有猕猴、穿山甲、水獭、鸳鸯、大鲵、虎纹蛙、花鳗鲡、穿山甲等 61 种。

在旅游资源方面,丽水山清水秀、风光秀丽,生态旅游资源丰富。

截至 2002 年,有国家级或自然保护区 2 处、县级自然保护区 1 处,国家级森林公园 1 处、省级森林公园 9 处、国家级和省级风景名胜 3 处、文物保护单位 22 处、历史文化保护区 4 处。还有古代、近代的人文景观,以及畲族的民族风情和大量待开发的自然生态旅游资源。据旅游资源普查的初步成果,丽水旅游资源单体超过 2000 个,其中优良级单体 300 多个。全市各级旅游部门均已建立,旅游开发,特别是生态旅游正在起步。

在矿产资源方面,丽水市境内已发现各类矿产 57 种,矿产地 494 处。其中金属矿 25 种,非金属矿 32 种。已探明储量的有 26 种,可供开发利用的有大型矿床 13 个、中型矿床 39 个、小型矿床 125 个、矿点 317 个(不包括河砂、建筑石料、砖瓦用页岩和黏土)。主要矿种探明资源量占全省总储量比例:金占 58.7%,钼占 56.1%,萤石占 20.5%,叶蜡石占 61.9%,沸石占 99.3%,陶瓷土占 58.8%。在开采的矿产 24 种。持证矿山企业 345 家,绝大部分矿产品为原矿和粗加工产品。

(二)生态环境保护

在经济、社会全面发展的同时,丽水全市生态建设和环境保护也取得了显著成效,特别是创建国家级生态示范区以来,生态环境质量有了进一步的提高。生态公益林的建设,遏制了多年来森林资源消大于长的趋势,初步实现了长大于消的良性循环。自然保护区、水源保护区等生态功能区的规划创建,饮用水源保护区、噪声达标区、烟尘控制区建设力度的加强,工业企业的"一控双达标"及后续的长效管理,城乡关键环境基础设施的建设,使得环境污染和生态恶化的趋势得到控制,基本实现了经济和环境协调发展。2002 年,固体废弃物的污染逐步得到控制,工业废水排放达标率 99.16%,工业重复用水率 10%。在经济总量显著增长的情况下,全市主要工业污染物 COD(化学需氧量)、SO_2(二氧化硫)、烟尘、工业粉尘排放总量分别比 1998 年减少 51.2%、55.2%、58.6% 和 62.2%,均控制在污染物排放总量指标以

内,水、气、声环境质量全面提高,基本满足功能要求,生态环境逐步
改善。

但是,全市自然资源的开发利用水平较低,森林资源的利用大部
尚属粗放型的;土地的综合产出率仍不高;水资源的利用局限性很大;
水力资源的开发尚不足可开发量的二分之一;生态旅游资源开发刚刚
起步;矿产资源开发大部分为粗加工产品;生物资源尚未合理开发利
用;气候资源的利用虽已起步,但范围小、水平低。同时,局部地域由
于历史原因和部分不合理开发而遭受不同程度的破坏,治理和恢复进
展缓慢。一是森林蓄积量下降趋势虽已初步遏制,但林分质量仍未好
转;洪涝、地质灾害频繁,全市水土流失面积 2447.25 平方公里,占总
面积的 14.1%;二是部分不合理的经营导致局部土质变差,全市中低
产田占 70%以上;三是筑路、采矿等废弃物处置不当,不仅造成局部水
土流失、泥石流等,而且导致河床、水库淤塞;四是环境污染逐步呈多
元化趋势,工业污染不到污染总量的 40%,生活污染比重迅速上升,农
业面源污染形势不容乐观,城市交通等污染危害仍在继续。城市内
河、部分河段(城镇下游)局部污染仍比较严重;城市大气污染物种类
逐步变化,酸雨仍呈加重趋势;噪声扰民事件时有发生。

第二节 无价之宝的生态资源优势

习近平同志在浙江工作期间,非常重视生态建设。作为引领浙江
发展总纲领的"八八战略"提出,进一步发挥浙江的生态优势,创建生
态省,打造"绿色浙江"。丽水有"天然氧吧"的美誉,丽水的生态文明
建设必须注重生态环境保护、发挥生态资源优势。习近平同志到丽水
调研时不断勉励当地干部:很多东西,眼前看是好的,今后看未必是好
的;有些东西眼前看没有什么价值,但今后看可能就是无价之宝;我们

的资源优势就是无价之宝。^①2003 年 8 月 8 日，习近平同志在丽水调研期间指出，丽水是浙江省天然的生态屏障，是"六江之源"，生态资源优势非常突出。环境就是生产力，良好的生态环境就是 GDP。^②习近平同志的期望和嘱托，为丽水生态文明建设工作指明了前进的方向，擘画了发展之路。

一、全力落实"生态省""绿色浙江"建设要求

凡事预则立，不预则废。规划是建设的龙头，以规划引领经济社会发展，是党治国理政的重要方式。习近平同志曾指出，"我们过去讲既要绿水青山，又要金山银山，实际上绿水青山就是金山银山"^③，"如果能够把这些生态环境优势转化为生态农业、生态工业、生态旅游等生态经济的优势，那么绿水青山也就变成了金山银山"^④。由此，习近平同志在浙江工作期间，在总结浙江经济多年的发展经验基础上，全面系统地提出了概括浙江发展的"八个优势"、面对未来发展的"八项举措"的重大战略，其中之一便是进一步发挥浙江的生态优势，建设生态省、打造"绿色浙江"。《浙江生态省建设规划纲要》明确指出，建设生态省有利于发展社会生产力，加快经济结构的调整、产业布局的优化和资源利用效率的提高；有利于促进生产方式、生活方式、消费观念的转变，促使全社会树立生态文明观和文明发展观；有利于提高人民群众的生活质量，改善人居环境，并为子孙后代提供良好的发展基础和永续利用的资源与环境。丽水位于浙南腹地，山水秀丽，自然资源丰富，是《浙江生态省建设规划纲要》生态功能分区中"浙西南

---

① 本书编写组编著：《干在实处　勇立潮头——习近平浙江足迹》，人民出版社、浙江人民出版社 2022 年版，第 266 页。

② 习近平：《干在实处　走在前列——推进浙江新发展的思考与实践》，中共中央党校出版社 2006 年版，第 516 页。

③ 《驰而不息建设美丽中国（绿水青山就是金山银山）》，《人民日报》2020 年 12 月 2 日。

④ 习近平：《之江新语》，浙江人民出版社 2007 年版，第 153 页。

山地生态区"的重要组成部分,应建设生态公益林,加强水系源头水源涵养和生物多样性保护,调整农、林、牧业生产结构,大力发展生态旅游和生态农业。丽水因地制宜、突出重点、改革创新,为"生态省""绿色浙江"的建设做出丽水贡献,这与丽水人民群众对良好生态的需要相契合,既反映了新时代人们的需求层次由物质层面向精神层面嬗变的过程,又展示了人的片面发展向全面发展演进的轨迹,能将生态环境优势转化为生态经济优势,也能让绿水青山变成金山银山。

二、生态保护与经济发展协同并进

切实推动经济发展与生态保护的协同发展,不仅是对传统发展模式的扬弃,更是发展理念的深刻革命,其核心要义是解决好人与自然和谐共生的问题。针对我国经济已步入高质量发展阶段的实际,在浙江工作期间,习近平同志强调,"绿水青山既是自然财富,又是社会财富、经济财富","既要绿水青山,也要金山银山","绿水青山就是金山银山","保护生态环境就是保护生产力,改善生态环境就是发展生产力"。[1] 丽水必须坚持生态保护和经济发展协同并进,决不能以牺牲生态环境来求得眼前的一时发展。绿水青山就是金山银山,对丽水来说尤为如此。

坚持生态保护与经济发展的协同推进,首先,要彻底改变环境保护影响生产力发展的线性思维,切实改变过度依赖增加物质资源消耗、规模粗放扩张和高能耗高排放产业的经济发展模式,推动发展模式从先污染后治理型向生态亲和型转变,增长方式从高消耗、高污染型向资源节约和生态环保型转变,积极发展生态农业、生态工业、现代服务业,大力倡导绿色消费,科学构建绿色、低碳、循环发展的现代化经济体系,以最小的资源环境代价谋求经济、社会最大限度的发展,以

---

[1]　中共中央文献研究室编:《习近平关于社会主义生态文明建设论述摘编》,中央文献出版社2017年版,第23页。

最小的社会、经济成本保护自然资源和生态环境,走上一条科技先导型、资源节约型、环境友好型的经济发展之路。其次,要积极探索绿色技术创新体系,全面降低能耗,充分释放绿色技术红利,为节约资源、保护环境提供技术支撑,必须正确处理好经济发展与环境保护的关系,坚定不移地走科学发展之路,逐步实现从高消耗、高污染、低效益向低消耗、低污染、高效益的转变。再次,培育先进的生态文化理念,弘扬生态人文精神,树立环境就是资源、环境就是资本、环境就是资产的价值观,用科学的理念和先进的文化引导公众共同行动,提高绿色发展意识、倡导绿色生活方式,增强社区居民的生态意识和参与能力,使每个人都成为绿色高质量发展的推动者和践行者,成为生态环境的保护者,逐步形成崇尚自然、保护环境,循环利用、减量排放,厉行节约、反对浪费和保护历史文化遗产的行为规范和价值理念,营造全社会关心、支持生态保护和高质量绿色发展的良好氛围。最后,要确保绿色发展成为硬性规制,优化生态环境保护体制机制,推动各级政府牢固树立生态优先、绿色发展理念,让绿色发展真正成为经济社会科学发展的新动能、新优势和新范式,不断提升生态惠民、生态富民的实际效应。2004 年,习近平同志到遂昌、松阳和缙云三个县调研,要求当地全面梳理发展生态经济的理论,充分发挥生态资源优势。在当时,学术界有很多争议,怎么处理好经济发展和环境保护的协调关系是一个重要课题。丽水当时做了很多尝试,采取了很多措施。习近平同志对此专门作出指导。他说,发展生态经济,同时要处理好与生态保护的关系;加快城乡一体化建设,同时要注重整个生态环境的有机统一。只有把发展和生态的关系处理好了,两者才会互相促进。他举例说,丽水的很多农村地区,居住很分散,如果村村通公路,既浪费很多钱,又没解决问题,还会做很多破坏环境的事,不妨换个思路,积极推动老百姓下山脱贫,融入县域经济的体系当中去。这样既保护了生态环境,又解决了贫困山区群众脱贫致富的问题,使之产生良性的生态循环。[①]

三、转变经济发展方式，实现资源环境的永续利用

长期以来，丽水的工业化存在着结构层次比较低，经营方式粗放等"先天不足"，随着经济总量的不断扩大，面临着资源要素的制约、生态环境的压力、内外市场的约束。所以，必须转变经济发展方式，实现资源环境的永续利用。

对于浙江的经济社会发展，习近平同志认为，调整和优化产业结构，转变经济增长方式，是浙江省经济形态发展的客观趋势和内在要求，是解决浙江省经济发展与人口、资源、环境之间矛盾的根本出路，是把经济发展转入科学发展轨道的关键所在。他指出，调整和优化产业结构，是根据浙江省经济结构和产业结构正处于转型升级关键时期所作出的必然选择。其实质是要正确处理速度和质量、效益的关系，以质量和效益为中心，积极争取有质量、有效益的快速发展，努力做到速度、质量、效益相统一。[②]

习近平同志认为，要真正实现转变经济增长方式的目标，关键是要认识和处理好转变经济增长方式与实现经济增长速度的辩证关系。从长期和根本上看，保持经济平稳较快增长与推进经济增长方式转变具有高度的内在统一性。保持经济平稳较快增长，可以积累更多的物质财富和技术资源，缓解经济社会发展中的矛盾和问题，提供较为宽松的社会环境，为转变经济增长方式创造较好的条件和回旋余地。转变经济增长方式，走节约发展、清洁发展、安全发展、可持续发展的道路，可以大幅度降低单位产出的资源消耗和污染排放，提高经济增长的质量和效益，推动经济运行进入良性循环，从而长期保持经济平稳

---

① 中央党校采访实录编辑室：《习近平在浙江》（下），中共中央党校出版社 2021 年版，第 54—56 页。

② 习近平：《干在实处　走在前列——推进浙江新发展的思考与实践》，中共中央党校出版社 2006 年版，第 129 页。

较快增长。① 加强科技进步和自主创新,是转变经济增长方式、破解资源环境约束、推动经济社会又快又好发展的根本之计。②

四、统筹城乡发展,推进农村生态建设

城乡一体化是解决"三农"问题的根本出路。改革开放以来,浙江能够取得令人瞩目的成就,很重要的一条经验,就是始终重视"三农"问题,不脱离农业抓工业,不脱离"三农"抓城市化,以农村经济和农民收入的快速增长推动全省经济持续快速发展,走出了一条城乡经济相互促进和一、二、三产业联动发展的新路子。习近平同志指出:"我省有条件、有必要、有责任抓好城乡统筹,逐步破除城乡二元结构,加快推进城乡一体化,率先在全国走出一条以城带乡、以工促农、城乡一体化发展的路子。"③对于丽水的城乡统筹发展,习近平同志强调,统筹城乡经济社会发展就是要把推进城市化与鼓励农民下山脱贫、促进产业和人口集聚结合起来,实行"内聚外迁",走以城带乡、以工促农、城乡一体的发展路子。④

2003 年 6 月,习近平同志带领浙江省委、省政府和全省人民齐心协力开始推进"千村示范、万村整治"工程。这是一项统筹城乡发展和新农村建设的龙头工程、基础工程、生态工程、民心工程。"千村示范、万村整治"工程的实施,首先,对加快农村新社区建设、改善村容村貌、促进农民生活方式的转变和文明素质的提高具有重要意义,在推动农村全面小康建设中发挥"基础工程"作用。其次,有利于增强统筹城乡发展中的规划意识,加快农村基础设施建设和社会事业发展,促进公

① 习近平:《之江新语》,浙江人民出版社 2007 年版,第 158 页。
② 习近平:《干在实处　走在前列——推进浙江新发展的思考与实践》,中共中央党校出版社 2006 年版,第 131 页。
③ 《奏响全面小康协奏曲——"八八战略"实施 15 周年系列综述·城乡协调篇》,《浙江日报》2018 年 6 月 28 日。
④ 习近平:《干在实处　走在前列——推进浙江新发展的思考与实践》,中共中央党校出版社 2006 年版,第 516 页。

共财政和公共服务向农村覆盖,从而在加快推进城乡一体化中发挥"龙头工程"的作用。最后,该项工程还在推动环境整治、推进生态建设、发展特色经济、促进人与自然的和谐中发挥"生态工程"的作用。2003年8月8日,习近平同志在丽水调研时要求结合全省开展的"千村示范、万村整治"工程,抓好"百村示范、千村整治",改善农村的生产生活条件,加快新农村建设。①

第三节　"一张蓝图绘到底"的生态典范

丽水是浙江省最大的林区市和全国南方重点林区市,是浙江省重要的生态屏障和华东地区自然生态系统的重要组成部分,习近平同志在丽水调研时多次强调丽水必须保护好生态与环境。

丽水市委、市政府牢记习近平同志的嘱托,忠实践行"八八战略",一张蓝图绘到底,持续推进生态文明建设。2007年,丽水市提出建设生态文明的整体战略构想,提出要把丽水建设成为"全国生态文明建设先行区和示范区";2008年2月底,丽水市在全国地级市中第一个率先编制、发布、实施《丽水市生态文明建设纲要(2008—2020)》;2010年,丽水市二届人大常委会第四十一次会议一致表决通过了《丽水市人民代表大会常务委员会关于加快推进我市生态文明建设的决定(草案)》;2013年,丽水市出台了《关于坚定不移走"绿水青山就是金山银山"绿色生态发展之路,全面深化改革,建设美丽幸福新丽水的决定》,同年,浙江省委提出不考核丽水GDP和工业总产值后,丽水迅速行动,进一步提出要坚定不移走"绿水青山就是金山银山"绿色生态发展之路,打造全国生态保护和生态经济发展"双示范区";2015年,丽水

---

① 习近平:《干在实处　走在前列——推进浙江新发展的思考与实践》,中共中央党校出版社2006年版,第517页。

市"十三五"规划进一步明确,打造"两山"样板,争当"双区"示范;2016年,丽水作出了《中共丽水市委关于补短板、增后劲,推动"绿色发展、科学赶超、生态惠民"的决定》,推动丽水生态文明建设站上了一个新台阶;2017年8月,浙江省政府办公厅印发《浙江(丽水)绿色发展综合改革创新区总体方案》,提出率先把丽水建设成为生态环境优美、空间布局优化、绿色经济发达、人民生活幸福、体制机制完善的"大花园",打造践行"绿水青山就是金山银山"全国标杆和"诗画浙江"鲜活样本;2019年1月,推动长江经济带发展领导小组办公室正式批复浙江省政府同意丽水成为全国首个生态产品价值实现机制试点市。

一、持续推进生态文明体系化建设

改革开放以来,特别是自2006年7月以来,丽水遵循习近平同志"绿水青山就是金山银山,对丽水来说尤为如此"的重要嘱托,以生态发展战略体系、生态制度供给体系、生态系统维护体系为核心,持续推进生态文明的体系化建设。

(一)创新生态文明制度供给

丽水紧紧围绕国家级生态文明先行示范区提出的制度创新开展先行先试,积极推行"绿色创新",为生态文明建设和科学发展破除了制度性障碍,建立健全了有利于实现生态价值和科学发展的体制机制。

一是探索建立资源环境市场化制度。丽水不断建立健全自然资源用途管制和有偿使用制度,对全域的水流、森林等自然资源进行确权登记。加快自然资源及其产品价格改革,建立健全矿产资源补偿费制度、用水阶梯价格制度、差别电价和惩罚性电价制度及天然气市场化定价机制。积极探索水利产权制度,改革完善水资源管理配套制度建设。积极探索实行"三权"(林权、农民住房财产权、土地流转经营权)抵押贷款机制,在全国率先出台了《关于为推进农村"三权"抵押工作提供司法保障的试行意见》，组建三级农村产权交易中心。积极推进自然资源生态补偿机制，推动建立瓯江源头地区水资源保护专项资金，探索研究公益林分类补偿和分级管理机制，建立政府间的横向财政转移支付制度，实行市场化、差别化的生态补偿模式。推行生活垃圾分类处理和城镇生活污水处理收费制度，确保资源环境高效利用。

二是完善排污权"交易制度"制度。为进一步深化排污权有偿使用和交易工作，丽水排污权交易制度及支撑文件陆续出台，如《丽水市排污权有偿使用和交易管理办法（试行）》《丽水市初始排污权有偿使用费征收标准》《丽水市排污权有偿使用收入征收使用管理办法（试行）》《丽水市排污权有偿使用和交易管理办法实施细则（试行）》《丽水市排污权有偿使用和交易规则（试行）》《丽水市排污权抵押贷款暂行规定》等，搭建了较为完善的排污权交易制度框架。

稳步实施排污权"基本账户"制度，深入落实"三三制"激励制度，落实以环境质量为核心的绩效评价导向。发布《关于开展印染行业主要污染物总量控制 激励优化配置排污指标的实施意见》；深化减排总量控制制度创新，发布实施《关于印发丽水市企业刷卡排污总量自动控制系统建设实施方案的通知》《丽水市重点污染源刷卡排污总量自动控制系统建设技术方案》《丽水市刷卡排污总量自动控制系统运行管理办法（试行）》，组织全市刷卡排污系统培训会，市、县两级落实专人定期对管理平台进行巡检。

三是完善生态文明绩效考核与责任追究机制。丽水积极研究制定了新的领导干部综合考核办法。在不考核 GDP 和工业总产值的基础上根据不同的主体功能定位，把 9 个县（市、区）分为城市核心区、生态经济区、生态保护区，突出考核"生态保护、绿色发展、民生幸福"三大指数，并将减排任务、水气、生态环境满意度等列入考核，实行差异化考核，与干部年度评优挂钩。同时，积极开展编制自然资源资产负债表省级试点工作，开展党政领导干部生态环境（自然资源资产）离任审计试点，探索生态环境损害党政领导干部问责办法，坚持对环境违法行为"零容忍"。

(二)构建生态系统维护体系

丽水始终树立底线思维和红线意识,严守资源消耗上限、环境质量底线、生态保护红线,形成了以生态红线管控体系、生态资源保护与开发体系、生态监督执法体系等为具体内容的生态系统永续发展维护体系。

一是积极构建生态红线管控体系。丽水始终树立底线思维和红线意识,严守资源消耗上限、环境质量底线、生态保护红线,按照生态环保功能不同定位,结合本地实际情况,综合考虑资源与生态环境现状、生态环境敏感性、生态系统服务功能重要性及其空间分布,将全市1.73万平方公里划分为六大类244个环境功能小区。全面落实管控措施和厘清负面清单,管控措施做到"一区一块一套",负面清单做到"一区一块一表"。

严格环境准入和环境影响评价制度。坚持"规划环评＋环境标准",落实项目准入、空间准入、总量准入"三位一体"和生态保护红线、环境质量底线、资源利用上线和环境准入负面清单"三线一单"的环境准入制度,建立规划环评与项目环评联动机制;新增项目环保审批前置,实行环保"一票否决"制;积极推进《丽水产业集聚区—南城低丘缓坡开发项目(南城拓展区块)规划环境影响报告书》《丽水市公路交通发展"十二五"规划环境影响报告书》《丽水市区电镀行业规划环境影响报告书》等20余个规划环评。

积极探索生态红线管控政策体系,明确政府及企业、社区、个人在生态红线区域保护中的责任和义务。按照城市核心区、生态经济区、生态保护区的不同功能定位,对县(市、区)实施分类考核,与干部年度评优资格挂钩。

二是着力建设高效生态资源体系。以绿色生态发展为指引,以节约集约利用资源为重点,着力统筹资源保护和开发利用,着力建设高效生态资源体系,不断提高全社会节能、节水、节材、节地等资源节约集约利用水平。

抓好节能减排,提高绿色低碳能源使用比率,严格把环境容量作为区域产业选择的标准,深化选商引资,调整优化经济结构,大力实施重点减排项目;实施生物质能、太阳能、风能等生态能源工程,大力推进生态养殖工程;积极开展循环经济和重点污染治理技术研究,从解决工业循环经济的前端因素入手,积极开展循环经济和重点污染治理技术研究。组织绿色生产技术攻关,用高新技术改造传统产业,促进企业改进装备、提升生产工艺。通过政策激励企业开展技术创新,为企业污染物排放的减量化、无害化、资源化提供技术支撑,提升工业循环经济的整体竞争力;制订并落实节能降耗推进计划,明确各职能部门的工作职责,签订政府节能降耗目标责任书,落实重点耗能企业节能降耗责任,加强能源利用统计工作,大力实施节能项目。

三是不断完善环境监督执法体系。不断强化生态执法、生态考核、生态督查"三位一体"的制度体系建设,积极探索生态法治,推进环保监测监察执法制度创新,完善生态保护预警监管机制和生态环境执法联动机制。2017年,丽水建立环境执法与司法联动机制,设立丽水市环境执法与司法协调联动办公室、丽水市检察院驻市环保局检察官办公室、丽水市公安局驻环保局工作联络室,实现"公、检、法、环"全联动,形成环境执法新合力。

开展严厉打击环境违法行为、保障群众健康环保专项行动,牵头建立环保、公安联动执法机制,会同温州、金华等市建立跨界环保执法监测联动机制,全面落实"属地管理、分级负责、全面覆盖、责任到人"的网格化环保监管体系。

(三)打造最优生态质量

丽水扎实推进生态保护,持续释放生态红利,不断提高生态自信,走出了一条发展与生态协调、富裕与美丽双赢的山区科学发展新路,成为"尤为如此"的生态典范。

在成为浙江省首个国家级生态示范区后,丽水市不断加大生态建设力度,取得了明显新进展,全面、提前、超额完成"三改一拆""五水共治""五气共治"各项任务,水环境质量全省第一,市区空气质量稳居全国前十,全市生态环境状况指数、生态环境质量公众满意度连续10余年居全省第一,生态文明总指数跃居全省第一。

坚定"青山常在,碧水长流"信念并将此化为治水、兴水的强大动能,成为全国水生态文明城市建设试点,以"五水共治"为抓手,推动制定了市、县、乡全覆盖的水环境综合治理及"河长制"实施方案,制定出台了《丽水市饮用水源保护条例》;以重点区域整治、重点时段整治为突破口,实行"五气齐抓",全面深化工业涂装等行业的VOCs(挥发性有机物)污染整治工作,加快清洁能源、绿色交通发展,空气质量持续提升,成功成为全国28个气候适应型城市建设试点之一,成功承办首届全国气候适应型城市试点建设研讨会;强化土壤环境监测网络建设和污染防治,确保土地污染面"零增长"。以"存量清零"为抓手,统筹治土、治"固废"(固体废弃物),在全省率先发布《丽水市土壤污染防治工作方案》,加强危废处置监管,制定严格的农药和化肥区域准入标准,实现化肥农药使用强度、使用总量"双下降",降低农业面源污染。推进有害固废、生活固废、污泥固废、建筑固废、再生固废"五废共治",建设市餐厨废弃物处置中心,扎实推进城乡生活垃圾分类处理。

二、统筹推进综合生态工程建设

丽水以生态产业工程、生态集聚工程、生态实施工程、生态涵养工程、生态文化工程为载体,扎实做好"保护、恢复、优化、建设"四篇文章,有效形成了加强环境保护治理,推动绿色循环发展,促进生态系统良性循环,不断增强生态屏障功能,实现区域生态安全和可持续发展。

(一)构建生态安全屏障

近年来,丽水充分发挥后发优势,牢固确立"在发展中保护生态,在保护生态中实现新的发展"的发展观,不断强化生态保护和修复,全面提升环境安全预警能力科学化和规范化管理水平,努力构建生态安全屏障,织就一张山水林田湖综合保护网,提高区域可持续发展能力。

以瓯江源头区建设为重点,加强生态保护与修复,重点加强水土流失防治、水生态保护和矿山生态修复等,巩固提升生态屏障建设,积极构建全市"山水林田湖生命共同体"。作为浙江省唯一被列入国家水生态保护与修复试点的项目,丽水启动了瓯江干流生态系统保护与修复工程。加快推进庆元、景宁国家主体功能区建设试点,全面实施主体功能区战略和生态环境功能区划,科学划定生态保护红线。完善生态屏障区、生态走廊带、生态节点"三位一体"的生态系统串联体系,保护生态系统完整性。加强生态公益林、湿地资源体系和自然保护区的保护与建设。加强生物安全管理,有效防范物种资源丧失与流失,积极防控外来物种入侵,实施水环境保护和水生态系统修复计划,构建自然岸线格局。加强野生动植物、古树名木、濒危物种保护和耕地保护。有序推进小水电综合整治,继续开展生态河道建设和小流域生态修复,建设流域协同监管机制。

积极推进"丽水大森林"建设,不断完善全市森林生态体系。丽水按照从"森林围城"向"森林进城"转变、从"森林营造"向"森林经营"转变、从"山上为主"向"城乡覆盖"转变的理念,统筹建设生态公益林、景观林、防护林,推进城区周边山体绿化和瓯江干流、高速公路沿线山地森林植被改造,大力实施林业生态安全保障工程、美丽林相建设工程、瓯江干流防护林保护与建设工程等,构筑"山上森林为面,三沿景观林为线,城镇、村庄绿化为点"的"丽水大森林"格局,实现森林覆盖率、林木蓄积量和森林固碳能力"三增长"。

强化环境监察、监测、宣传、信息传送、应急等体系建设,提升环境综合管理能力。全面建立监测评价与预警体系,不断提升科学化和规范化管理水平;不断加强现有水质和空气自动监测系统的运行管理,扩大污染源在线监控系统的覆盖面,完善污染源监控预警体系;建设县级以上集中式饮用水源地在线监测系统；建设大气复合污染监测体系，提高特殊污染因子监测水平；全面提升环境监测、预警和应急能力。

（二）加强环境综合治理

丽水市不断强化责任担当，用顶格的生态标准、严格的生态治理、科学的生态制度，不断加大生态保护和环境治理，补齐环保短板，助推丽水绿色生态发展。

一是加大水环境治理力度。持续深化"五水共治"，建立市、县、乡三级全覆盖"河长"体系，实行每条责任河道"一张水图、一本任务书、一个时间表、一份报告书"工作机制，实现城镇截污纳管和农村生活污水处理全覆盖，全面提高水环境质量；增加河道生态流量，深化城乡集中式饮用水源保护及入河排污口管理能力，基本完成了农村饮用水工程建设，全市所有行政村及下辖的自然村均建立了因地制宜的饮用水工程；强化流域污染防治机制，全面推进造纸、印染、化工、制革、合成革、电镀六大行业整治提升，建立"一企一证一卡"的企业排污总量控制新模式，企业污染减排工作成效明显；以供给侧结构性改革为重要抓手，不断优化产业结构，强力整治"低、小、散"企业，相继建立了瓯江及溪流上下游不同行政区域间断面水质监测结果奖罚机制和补偿机制；探索农村生活污水集中治理攻坚的有效模式，推进农业面源污染治理，实行畜禽养殖区域和污染物排放总量"双控"机制；完善水源地保护区风险防范体系，推进"一湖一策"试点，加强水源涵养修复。

二是实施清洁空气行动。开展大气复合污染防治，出台《丽水市大气复合污染防治实施方案》，启动实施市灰霾大气气溶胶观测系统建设，建成市本级、青田等灰霾大气气溶胶观测站；深化工业废气治理，建成丽水经济技术开发区杭丽热电等重点项目，深化合成革行业污染整治工作，出台《丽水经济技术开发区合成革产业水性生态化改造三年行动计划》《丽水经济技术开发区合成革产业转型升级实施方

案》《丽水经济技术开发区合成革行业环境保护精细化管理操作指南》
等文件，引导合成革产业进行转型升级；加强机动车排气污染防治，实
施统一的机动车环保分类标志管理，严格执行国家机动车阶段性排放
标准；实施城市蓝天工程，开展市区扬尘、市区餐饮油烟废气等专项整
治，制定实施《丽水城区夜排档污染整治专项行动方案》，启动开展干
洗业有机废气污染整治、"高污染燃料禁烧区""烟控区"建设等工作，
发布《丽水市人民政府关于划定禁止销售使用高污染燃料区域的通
告》《丽水市人民政府关于扩大和创建丽水市区烟尘控制区的通知》，
编制完成《丽水市干洗业有机废气污染整治方案》《丽水市划定禁止销
售使用高污染燃料区域实施方案》；加强农村大气污染防治，强化监
管，建立禁止露天焚烧秸秆的长效管理机制，加快推进农作物秸秆综
合利用，大力实施生物质发电项目推广。

　　三是开展土壤清洁行动。推进重点区域污染场地治理修复，发布
《丽水市清洁土壤行动方案》，组织开展重金属污染场地和水域排查工
作；建设土壤环境状况监测监控体系，建立农田土壤（重金属）污染长
期定位监测点，对农业"两区"及重点土壤环境敏感区土壤污染状况进
行跟踪监测；开展基本农田土地质量和农产品产地环境状况调查，定
期通报相关农产品和土壤环境质量状况；建立并完善以农业"两区"为
重点覆盖全市 60 万亩左右永久基本农田的土壤污染监测预警体系。

　　健全土壤污染防治的保障机制，建立市级部门土壤污染防治联席
会议制度，定期指导协调全市清洁土壤行动，组织有关部门，通过召开
督促会、实地督查、约谈领导等形式，推进工程进度，将清洁土壤行动
列入生态市年度考核任务书，统筹安排生态建设专项资金，重点支持
土壤环境监测、调查评估、科研试点、重大污染场地修复示范和污泥处
置工程。积极争取各类生态环保补助资金，完善多元化投融资机制，
按照"谁投资、谁受益"的原则，引导和鼓励社会资金参与土壤污染
防治。

　　四是加强固体废弃物污染防治。加强危险废物（简称危废）污染

防治,建成丽水市危废和污泥处置全过程视频监控平台;加强工业企业污泥污染防治,制订实施工业企业污泥污染防治计划,对重点企业进行污泥规范化整治;加强化学品调查和管理,大范围开展化学品检查和调查登记,组织化学品环境管理和危险废物专项执法检查;完善生活垃圾处理设施。

（三）推进低碳循环发展

全面落实"绿水青山就是金山银山"理念,以经济生态化、生态经济化为取向,以建设绿色、生态、低碳经济为目标,大力发展循环经济,倡导绿色低碳发展方式和生活方式,打造资源节约型、环境友好型社会,实现经济效益和生态效益的有机统一。

一是大力发展循环经济。以生态精品农业"912"示范工程创建为契机,加快推进生态循环农业发展,推广种养结合、农牧结合、林牧结合的生态立体农业循环模式,建设一批生态循环农业示范区,构建农业循环产业链,生态循环农业示范市创建通过省级中期评估;着力发展循环工业,大力推进企业清洁生产,深化工业园区生态化改造,不断提升资源综合利用水平;不断完善再生资源回收利用网络,加快建设城市社区和乡村回收站点、分拣中心、集散市场"三位一体"的回收体系,推进再生资源规模化利用,推动社会大循环。

二是努力推进绿色低碳发展。制订《丽水市低碳发展行动计划》,明确低碳产业、低碳能源、低碳城市、低碳建筑、低碳交通、低碳技术、低碳生活、森林碳汇八大重点发展领域,推进结构性减排,加快低碳城市建设,开展森林碳汇提质提标。

三是倡导绿色生活方式。以"四换三名"为契机,不断强化建筑节能,加快推进既有建筑节能改造,完善建筑用能智能化管理,对机关、学校、医院、商场、宾馆等公共机构实施能耗定额管理制度;制定低碳产品补贴政策,逐步提高节能节水产品和再生利用产品的比重,规范节能产品市场,引导消费者购买小排量汽车、新能源汽车等低碳产品;

通过平面和网络媒体宣传倡导低碳生活态度和消费模式,减少使用一次性用品,增强垃圾减量、分类和循环利用意识,提倡公共出行。

三、全力建设"秀山丽水"的生态城市

丽水始终根植于"秀山丽水、诗画田园、养生福地、长寿之乡"的生态优势,按照"凸显生态底色"的要求,强化规划引领,优化空间布局,扎实推进"六城联创"工作,不断提升城市综合实力,打造宜业宜居大花园,实现居住在丽水、饮食在丽水、休闲在丽水、旅游在丽水、创业在丽水,不断提高丽水的知名度、美誉度和开放度,成为"秀山丽水"的生态典范。

（一）打造浙江"大花园"最美核心区

丽水坚持"生产空间集约高效、生活空间宜居适度、生态空间山清水秀",着力构建"全域统筹、生态引领、城乡一体"的发展新格局。坚持全市一盘棋,以"青山画城、绿水兴城、文化荣城"的规划理念,启动实施空间规划行动,不断完善城市功能、提升城市品位。

一是规划引领城市生态发展。为准确把握城市定位,优化城市结构,凸显丽水在省域生态价值中的核心定位,丽水强化城市规划引领生态发展。在最新的城市总体规划中,围绕"秀山丽水、诗画田园、养生福地、长寿之乡"区域定位,提出将丽水建设成为国际生态旅游城市、国家生态文明示范区、浙江省历史文化名城和浙西南中心城市的目标,提出"一江双城三大功能区"的城市总体发展结构。

二是统筹推进地上地下网络建设。不断加大市政基础设施投资,加快推进路网建设,全面践行道路市场化维护,不断提高监督管理水平;不断完善给水设施,提高管网水质,进一步提升城市污水处理能力,加快推进燃气管道工程建设;着力推进城区地下综合管廊建设,梳理各类地下管线,协调各类管线铺设的相互空间关系。

三是不断美化城市道路景观。开展海绵城市、管廊城市建设研

究,不断提高城市园林绿化水平和保洁功能,相继新建、修建和改造提升了一大批公园、绿地,城市环境不断改善,城市魅力日益凸显;加大城市夜景亮化工程建设投入,提升改造城市夜景亮化,优化全市夜景照明环境。

四是大力推进城中村改造,进一步改善宜居环境,提升群众生活质量,优化城市空间,提升城市品位,塑造城市形象,完善城市功能。

（二）推进山水与城市的融合

丽水充分做足山水与城市融合的文章,构建"起居院落里,游走山水间"的山水花园城市意境,着力塑造世界级诗画丽水的山水城市新标杆。

一是推进山与城的融合。丽水是典型的山区市,号称"九山半水半分田",在 2012 年成功创建为国家森林城市。位于丽水城北的丽水白云山国家森林公园是丽水城区的重要组成部分。从 2006 年开始,丽水遵循"以人为本、重在自然、精在特色、贵在和谐"的原则,围绕"改革兴园、生态立园、惠民办园、产业强园、文化靓园"的发展主线,持续推进公园综合提升工程,现已成为浙西南最具规模、风格独特、极具地方特色、功能齐全、设施完善的城市公园。

二是推进湖与城的相映。在撤地设市后,丽水中心城区依托城市防洪体系,规划建设了市区防洪堤及南明湖景观带。南明湖景观带现已成为一个集生态休闲、度假、观光、农家乐、商务、文体、休闲娱乐等综合性功能于一体的典型湖泊型景区。

三是推进水与城的互动。利用城区中河流湿地生态景观,丽水于 2010 年开始建设国家级湿地公园,现已成为人文景观与湿地景观交相辉映,农耕文化、水利文化、摄影文化与田园风光有机结合的湿地公园,并获评 2017 年度"中国十大品质休闲基地"。

（三）统筹推进"六城联创"

按照"加快创业创新、建设生态文明、推进跨越发展"的总体要求,丽水在 2008 年提出把全面推进"中国优秀旅游城市""省级环保模范城市""国家森林城市""国家园林城市""国家卫生城市""全国文明城市"创建统筹起来,共同推进"六城联创",并制定了《关于推进"六城联创"工作的实施意见》。此后,市区大规模开展绿化建设,大面积增加绿量,精心建设街头游园,大力推进拆墙建绿、透绿,创新发展借地绿化,积极有效地开展了城市公共绿地的认建、认种、认养活动;以"朝阳、碧水、蓝天、清净、洁美、绿色"六大工程为载体,塑造了经济持续增长、环境清洁优美、生态良性循环、人与自然和谐相处、可持续发展的城市形象。

创"中国优秀旅游城市":为了进一步优化旅游业发展环境,增强城市的现代旅游功能,打响"山水古文明,丽水好风光"的旅游品牌,使丽水成为长三角地区生态文化休闲度假旅游目的地,丽水坚持创建"中国优秀旅游城市",并于 2006 年被授予"中国优秀旅游城市"荣誉称号。

创"省级环保模范城市":立足于"生态优势是丽水最大的特色和优势"这一市情实际,坚持把改善环境质量作为落实科学发展观的重要内容,把环境保护作为经济结构调整的重要手段,积极实施"生态立市、绿色兴市、工业强市"三市并举发展战略,大力推进生态文明和全面小康社会建设,实现了环境保护与经济发展的高度融合、互促共进。2011 年 1 月,丽水市被浙江省环保厅命名为"省级环保模范城市"。

创"国家森林城市":2007 年以来,丽水市按照创建总体要求,实施"城市建成区城市森林体系""城乡一体化森林生态网络体系""森林生态屏障""特色森林产业"四大板块 50 多项重点工程,形成"城市引绿增绿成林、城乡林网水网交融、森林提质增效富民"的山区森林城市特色,实现城市森林保护、建设、利用"三位一体"的良性互动。2012年,丽水市成功创成"国家森林城市"。

创"国家园林城市":2014 年 1 月 14 日,住房和城乡建设部印发了《关于命名 2013 年国家园林城市、县城和城镇的通报》,决定命名丽水市为"国家园林城市"。

创"国家卫生城市"：自 2005 年启动创建国家卫生城市以来，丽水市不断改善城市卫生环境，提高城市品质，市容整体面貌有了显著改观，于 2008 年通过省级卫生城市复核。2015 年 3 月，丽水市被命名为"国家卫生城市"。

创"全国文明城市"：从 2015 年开始，丽水市向"全国文明城市"发起冲刺，市委、市政府坚持任务分解机制和月点评机制，建立决战决胜行动方案和百日决胜行动实施方案，在 2017 年以浙江省第一的成绩创成"全国文明城市"，在 2020 年以"全国第八"的优异成绩通过复评。

四、全面打造"四美城乡"升级版

按照"美丽丽水、美丽县城、美丽城镇、美丽乡村"等"四美城乡"思路，丽水不断提升城乡综合功能，努力改善城乡基础设施，逐步形成区域、城乡、人与自然统筹协调发展的格局。

（一）着力推进城乡统筹发展

丽水打破城乡二元户籍制度，不断优化城镇化布局和形态，扩大绿色生态空间比重，促进城镇发展形态向集群化、智能化、生态化、现代化转变，在全省乃至全国率先走出一条以人为本、组团发展、产城融合、生态文明、文化传承的具有山区特色的新型生态城镇化之路。

一是不断优化城镇体系空间布局。重视抓好城乡一体化规划与各类规划的衔接，加快形成市区、县城、小城镇、中心村协调发展的区域城镇体系，推动中心城区基础设施向农村延伸、公共服务向农村覆盖，不断完善城镇体系、村庄布局和城乡协调发展产业布局。

二是加快建设小城市。丽水各地积极通过实施组团布局与"小县大城"战略，加快 10 个小城市的人口集聚、产业集中和功能集成，强化小城市作为区域政治、经济、文化中心的功能作用，提高其对周边区域的辐射带动力，积极打造"小县名城"。

三是加快培育中心镇。全面落实扩权强镇政策，强化中心镇培育工程，增强中心镇连接城乡的枢纽作用，构筑"1 个中心城市、10 个小城市、20 个中心镇"的"112"城镇体系格局，进一步推进城镇体系结构的优化和城乡统筹发展。围绕"112"城镇化战略格局，统筹规划各城镇功能分工和产业布局，推进基础设施一体化建设和网络化发展，促进区域城镇群的有机联动发展，提升资源利用效率和区域整体竞争力。

四是增强城镇综合承载能力。加快推进城乡统筹协调发展，积极实施产业融合、城乡一体、改革和发展综合配套的城乡统筹战略任务。一方面，着力于促进资源和要素的集聚，积极探索符合山区实际的城乡统筹发展道路，按照"同城同待遇"要求，在平原城镇建设"下山脱贫"小区，促进农民在就业、就学及社会保障方面享受与城镇居民同等政策，积极鼓励人口的内聚外迁，吸引农民离土离乡进城进镇落户居住。另一方面，着力于产业集聚，按照行政、工业、商贸、居住、旅游、休闲、文教等规划不同功能区块，形成分工合理、区域特色鲜明、生产要素和自然资源禀赋优势得到充分发挥的城市产业空间布局。

五是大力实施"小县大城"战略。丽水市云和县提出"小县大城"发展战略，把县城作为县域增长极来建立和发展，通过加快推进新型城市化进程，减少农民、富裕农民，化农民为市民，促进城乡统筹发展，带动县域经济社会整体实现跨越式发展。"小县大城"发展战略作为欠发达山区推进科学发展、跨越发展的一种成功模式，效益日益凸显，影响力不断扩大，得到了省、市的充分肯定，先后被写入《浙江省国民经济和社会发展第十一个五年规划纲要》《浙江省委、省政府关于推进欠发达地区加快发展的若干意见》《中共浙江省委关于制定浙江省国民经济和社会发展第十三个五年规划的建议》等重要文件。

（二）开展城乡环境综合整治

统筹推进"五水共治""三改一拆""无违建县创建""小城镇环境综

合整治"等工作,全面提升城乡人居环境,进一步彰显旅游名城、特色小镇、主题村落的魅力,推动城乡人居环境全面改善。

一是强势推进"三改一拆"和"无违建"创建工作。紧紧围绕"建设美丽幸福大花园"这一目标,积极将"三改一拆"和"无违建"创建作为城市品质提升、经济转型升级的有效途径,制定出台了《丽水市人民政府关于开展"无违建乡镇(街道)"创建活动的实施意见》《丽水"无违建乡镇(街道)"创建标准及验收办法》等系列文件,积极打好"拆治归"组合拳,取得了明显成效。

二是深入开展"五水共治"。以"五水共治"为突破口,始终践行"绿水青山就是金山银山"理念,以"坚守生态底线,筑牢生态屏障,永葆生态底色不褪色、不变色"为己任,以争做绿色发展探路者和模范生为使命,打好治水攻坚战,壮士断腕治污水、自我加压强基础、点水成金惠民生,治出了秀山丽水的精气神、"清净洁"、内在美和"优富绿",在 2016 年获得"五水共治"全省最高奖项——"大禹鼎";加强节约用水工作的管理,丽水出台了《丽水市地下水资源管理暂行办法》《关于超计划用水加价费和城市规划区内地下水资源费征收标准批复的通知》等政策,基本建立了城市节水用水管理制度。

三是开展"一二三九"行动。在省"一加强三整治"基础上,提出了具有丽水特色的"一二三九"行动,组织开展全省规模最大的综合整治行动,共有 158 个乡镇(街道)编制了实施方案:"一"是抓好一个规划,加强规划设计引领;"二"是抓好 20 个示范小镇建设,突出示范引领效应;"三"是抓好三项整治,细化综合整治内容;"九"是抓好九个项目,形成综合整治抓手。各县(市、区)全力推进,迅速掀起了整治热潮。打响"治危拆违攻坚战",召开了"除隐患、保安全、促转型"治危拆违攻坚战全市动员大会,编制行动方案,开展全面的摸底排查,重点推进危旧房屋治理改造。

(三)加快完善"五网"基础设施

按照共建共享、智慧互联的要求,加快构建完善的综合交通网、生态保护网、绿色能源网、智慧信息网和社会服务网等五大基础网络体系，提升基础设施现代化水平。

一是建设综合交通网。坚持以大投入促进大发展，综合交通设施建设实现跨越式发展。随着金丽温铁路扩能改造工程、丽水机场工程的实施，丽水已迈进"高铁时代"，即将进入"航空时代"，"陆、水、空"立体互联、三位一体的现代综合交通体系开始形成。

二是构筑生态保护网。不断完善治污基础设施，基本实现垃圾运输密闭化、垃圾处置无害化，初步实现垃圾处置机械化和管理科学化，城市道路清扫率、公厕和果皮箱保洁率、垃圾清运率以及垃圾无害化处理率全部达到100%；通过重点部位和敏感时段的严防死守，森林防火网格化管理、公益林护林员GPS定位巡查、建设生物防火林带和扑火队伍等综合治理措施，全面加强森林安全防控，森林火灾得到有效控制，林业生态安全进一步巩固；编制《避灾安置场所规划》，合理布局，建设规范的避灾安置场所和救灾物资储备场所，大力开展防灾减灾宣传，完善自然灾害应急预案，加大救灾应急设备和物资储备，继续开展灾害信息员培训，规范开展灾民救助，防灾减灾能力稳步提升。

三是打造绿色能源网。加快绿色能源发展，出台全市绿色能源发展"十三五"规划，加大新能源汽车的推广应用力度，加快光伏发电产业健康发展，有序开发清洁能源，加强对新能源和可再生能源的技术攻关，加快开发太阳能、光电和光热技术；积极推动电网建设，电网结构更加科学合理，供电保障能力显著增强，规划储备库日趋完善；稳步推进园区集中供热，坚持"远近结合、统筹兼顾"的原则，优化城市热源布局，因地制宜发展集中供热。

四是建设智慧信息网。加快信息基础工程建设，推进"光网城市"和"宽带城市"等信息基础工程建设，加强物联网技术在市政基础设施领域的应用；实施大数据战略，打造数据基础设施统一平台，推进全市政务数据资源共享交换，建立大数据安全支撑体系，强化网络和信息安全保障能力；推进智慧应用体系建设，建设高速、移动、安全、泛在的新一代信息基础设施网络,建设智慧旅游、智慧交通、智慧医疗等一批公共信息服务平台;打造智慧城管,进一步完善空中巡查功能,不断提升数字城管信息采集工作的水平和质量,强化市民投诉案卷等重点问题的督办处置。

五是优化社会服务网。大力建设市大剧院、市博物馆新馆、市美术馆、市图书馆、市非遗馆、市游泳馆等公共文教体设施;不断完善医疗卫生设施,持续推进医疗卫生服务体系建设,缩小城乡医疗服务水平差距,"三级"农村医疗卫生服务框架体系初步建立;加快建设基层社会服务平台,推进"96345"便民平台有效运行;完成三大运营商号码落地,大大提升用户体验满意度。

第四节　生态文明建设的丽水实践经验

多年来,丽水充分发挥后发优势,牢记习近平同志的嘱托,坚持"八八战略"一张蓝图绘到底,始终坚持把生态作为最大的特色、最大的优势、最大的政治加以落实,牢固确立"在发展中保护生态,在保护生态中实现新的发展"的发展观,从"生态立市"到"生态发展"再到"生态惠民","绿水青山就是金山银山"的理念已根植丽水大地,融入群众血液,成为丽水人民的共同意愿和自觉行动。在加快构建可持续发展的经济体系、全面提升核心竞争力的进程中,始终注重环境保护,强化资源节约,珍惜大自然赋予的秀美风貌和独特环境资源,走出了一条发展与生态协调、富裕与美丽双赢的新路子,也为生态文明建设打造了丽水样板,提供了可供借鉴的丽水经验。

一、坚持"生态"发展战略

"八八战略"是习近平同志在浙江工作时作出的重大战略部署,其主要内涵就是要发挥"八个方面的优势"，推进"八个方面的举措"，解决的是浙江走什么路、怎么率先基本实现现代化的问题。"八八战略"，尤其是其中的"进一步发挥浙江的生态优势，创建生态省，打造'绿色浙江'"，是 20 年来丽水坚持走"绿水青山就是金山银山"绿色生态发展之路的行动纲领。坚持以"八八战略"为总纲，丽水历届市委深入学习贯彻习近平同志在浙江工作期间对丽水"守住了这方净土，就守住了'金饭碗'"等重要指示精神，把殷切嘱托转化为推动丽水各项工作开展的根本遵循，为秀山丽水带来了全面深刻、影响深远、鼓舞人心的变化。

作为后发地区，丽水毅然决然地放弃了以生态环境为代价的发展模式，坚定"生态"发展战略不动摇，始终将生态环境保护视为事关丽水发展前途和命运的关键要素，坚持以生态文明建设的理念调整工业发展和农业发展的思路，坚持将生态保护贯穿于生产、生活的各个领域，成为生态文明体系探索的先行者。从各个领域、各个层面，不断完善既有发展战略及其体制支撑，不断推进生态文明体制机制创新，形成了绿色发展和生态文明建设的自我强化机制，最终将逐步积累起来的体制机制创新经验汇聚成为一套相对成熟、定型的制度体系，形成独特的竞争优势。2005 年以来，丽水市先后被列入全国生态文明建设试点地区、国家生态文明先行示范区、全国水生态文明城市建设试点、国家全域旅游示范区，创建成为中国优秀旅游城市、国家森林城市、国家园林城市、国家卫生城市。2018 年，丽水市被列为全国唯一的生态产品价值实现机制试点市，根据推动长江经济带发展领导小组办公室印发的《关于支持浙江丽水开展生态产品价值实现机制试点的意见》，丽水在建立价值核算评估应用机制、建立生态产品市场交易体系、创新生态价值实现路径等方面开展探索，在全国地级市层面率先对全市 GEP 和生态资产进行核算。

丽水的实践取得了美丽环境、美丽经济和美好生活深度融合的可喜局面，充分说明后发国家和地区只要未雨绸缪，顺应人类文明发展潮流,顺应人民群众对美好生活的向往,坚持以生态文明的视野来统筹发展进程,就完全有可能超越发达国家曾经经历的从农业文明到工业文明再到生态文明的发展轨迹,摒弃先污染后治理的老路,形成生态文明、工业文明、农业文明融合发展、相辅相成、相得益彰的局面。

二、坚持政府与市场优势互补的生态文明建设路径

市场与政府,是决定发展绩效的两大决定因素。生态环境资源或生态产品具有显著的公共物品属性,其价值难以得到精确的核算,产权难以得到精确的界定,市场经济的外部性决定了消费使用环境资源的私人边际收益与社会边际收益、私人边际成本与社会边际成本存在着严重背离。因此,市场这只"看不见的手"在生态环境的保护上不可避免会发生失灵现象。但是,丽水的实践表明,市场失灵绝不是在绿色发展过程中排斥市场机制的理由,恰恰相反,只有充分发挥市场在资源配置中的决定性作用,用市场机制动员社会成员广泛参与绿色创业,才可能支撑地方产业结构的绿色化调整。对于资本、人才资源高度稀缺的后发地区来说,如果不能用市场机制将传统"靠山吃山"的农民转变为绿色产业的创业主体,让他们直接从产业的绿色化转型过程中分享发展成果,不仅难以在强化生态环境保护的过程中及时培育出替代性产业,而且也难以培育出现代生态文明建设的主体力量。[①]

政府是最重要的制度装置之一,政府行为构成社会主体行为选择的重要约束条件。美国著名政治学家福山通过全球范围的国家治理绩效比较研究,得出一个重要结论,那就是软弱无能国家或失败国家已成为当今世界上许多严重问题的根源。作为区域公共事务的管理主体,地方党委、政府是后发地区经济社会发展战略的决策者和实施者,是区域体制创新的推动者和组织者。地方党委、政府顺应人类文

---

① 何显明、赖惠能主编:《中国全面小康发展报告·丽水样本》,红旗出版社2020年版,第39—40页。

明发展的潮流，制定实施能够充分发挥生态资源优势的核心战略，并建立健全一整套支撑绿色发展战略实施的制度体系，对市场行为进行有效的规制和调节，是绿色发展战略得以持续推进并形成自我强化机制的重要前提。

丽水的绿色崛起，再次彰显了改革开放 40 多年来浙江发展模式的成功实践经验。党委、政府尊重群众的首创精神，稳步推进了市场取向的改革，使浙江的市场化程度走在了全国前列。习近平同志将浙江在处理政府与市场关系上取得的经验形象地概括为协调好"两只手"。他指出，改革开放以来，浙江率先初步建立并不断完善调动千百万人积极性的市场经济体制，在繁荣民营经济、壮大国有经济、促进社会结构转型方面都取得了很大成就。有人说，浙江经济就是老百姓经济，但是老百姓经济并不是说党委、政府是无所作为的，恰恰是党委、政府尊重群众的首创精神，稳步推进了市场取向的改革，使浙江的市场化程度走在了全国前列。深化市场取向的改革，关键是要处理好政府与市场的关系，即"看得见的手"与"看不见的手"这"两只手"之间的关系。① 2003 年 7 月，习近平同志还根据浙江的发展经历进一步提出："在市场经济条件下，党委、政府抓工作，必须坚持有所为、有所不为，既要发挥'有形之手'的作用，更要发挥'无形之手'的作用。有为和无为不是对立的，而是统一的。有为不是包办代替，无为也不是放任自流，无为是为了更好地有为，做到不该管的事情放手不管，该管的事情集中精力坚决管好。"②丽水的实践经验表明，习近平同志概括的"两只手"理论和"两座山"理论是内在契合的，要把绿水青山转化为金山银山，既要充分发挥市场这只手的作用，以市场机制调动城乡居民积极参与绿色创业，培植绿色发展的内生动力，又要以党委、政府的积极作为，以强有力的战略引领、制度干预和政策规制来调节市场行为，

---

① 习近平：《之江新语》，浙江人民出版社 2007 年版，第 182 页。
② 《浙江要为"资源配置"率先趟路》，《人民日报》2013 年 11 月 15 日。

最终探索形成政府与市场优势互补的生态文明建设路径。

三、坚持以生态惠民为根本目的

在向往美好生活已经成为广大人民群众共同价值诉求的新时代，良好的生态环境现实地构成了美好生活不可或缺的重要组成部分，构成了全面小康的题中应有之义。正如习近平总书记深刻指出的那样："发展经济是为了民生，保护生态环境同样也是为了民生。既要创造更多的物质财富和精神财富以满足人民日益增长的美好生活需要，也要提供更多优质生态产品以满足人民日益增长的优美生态环境需要。要坚持生态惠民、生态利民、生态为民，重点解决损害群众健康的突出环境问题，加快改善生态环境质量，提供更多优质生态产品，努力实现社会公平正义，不断满足人民日益增长的优美生态环境需要。"[①]

20年前，丽水作为欠发达地区，不仅农民收入低于全省平均水平，而且城乡差距也大于全省平均水平。2003年，丽水农村居民人均纯收入3100元，仅为全省的57％。如何在守住绿水青山的同时，让绿水青山的守护者分享到生态保护的红利，从根本上摆脱守着绿水青山受穷的困境，是丽水探索生态文明建设和绿色发展之路的根本着眼点。在保持经济增长的同时，丽水始终坚持以生态惠民为根本目的，强调落实以人民为中心的发展思想。

多年来，丽水着力打造美丽环境、发展美丽经济、创造美好生活，坚决守牢富裕和安定是人民群众的根本利益、富民与安民是各级党组织和干部政治责任的两条底线，实现发展依靠人民与发展成果惠及人民的有机统一。在推进发展中，充分尊重人民群众的首创精神，保护好、引导好、发挥好人民群众的积极性，激发全社会的创造活力，始终坚持"群众想什么、我们就干什么"，千方百计补齐农民增收的短板，让

---

① 习近平：《推动我国生态文明建设迈上新台阶》，《求是》2019年第3期。

全民分享、主客共享生态红利,加快推进"绿色发展、科学赶超、生态惠民",将千千万万普通的农民转变为现代市场主体,从"河权到户"治水模式,到"林权 IC 卡",一系列制度创新都有效缓解了农民参与生态产业创业资金从哪里来的问题。同时,丽水还着力培育既能充分发挥生态资源优势,能够实现生态附加值最大化,同时又特别适合大众创业的绿色产业,如乡村旅游、农村电商、品牌农产品、来料加工、农家乐和民宿等。自种植业、养殖业、外出务工"老三宝"之后,民宿农家乐、农村电商、来料加工已经成为丽水农民脱贫致富的"新三宝"。为提供大众化的绿色产业生态附加值,丽水还全面加强品牌建设,做好"丽水山耕"生态农产品、"丽水山景"乡村旅游、"丽水山居"田园民宿的"三山"文章,打造地域特色公用品牌体系。

绿色产业的兴旺在使生态环境得到有效修复和优化的同时,有效地促进了城乡居民收入的快速增长,实现了绿色发展与以人民为中心的高度统一。2015 年,丽水完成了省委下达的摘帽"欠发达"、实现"绿富美"和消除家庭人均年收入 4600 元以下现象两项重点任务。2022 年,丽水全年居民人均可支配收入为 44450 元,比上年增长5.7%。按常住地分,城镇常住居民和农村常住居民人均可支配收入分别为 55784 元和 28470 元,分别增长 4.7% 和 7.9%。

四、坚持绿色发展的生态自觉和文化自信

丽水走在前列的生态文明建设,反映到城乡居民精神面貌上,最显著的特征就是普遍化的生态自觉和对绿色发展的文化自信。正是这种精神层面的自觉和自信为丽水的生态文明建设提供了强大的内生动力。

得益于高质量绿色发展和生态文明建设的持续推进,得益于政府明确一贯的政策引导,丽水营造出了全国范围内都相当少见的保护生态、绿色发展的氛围,干部群众对于"生态"发展战略形成了高度一致

的认同。交通的革命性变革所打破的城市之间空间距离的束缚,也使丽水干部群众深刻体会到了发达地区所表现出来的对美好生态环境的深切向往,极大地增强了丽水最大的优势在于生态的信念,极大地增强了对丽水未来发展的信心。而普通群众在广泛参与生态文明建设的过程中,也深切地体会到生态资源的价值,认识到"绿色的才是最值钱的"。视野的拓展、观念的变革,最终汇聚成全域范围的普遍性的生态自觉,使得丽水在推动生态文明建设和绿色发展的过程中,无论是下山脱贫、生态移民、区划调整还是淘汰落后产能,无论是拆违治污还是垃圾分类,都得到了城乡居民的广泛支持,从而极大地减少了生态文明建设和绿色发展的社会阻力,降低了实施成本。

对生态文明的自觉和对城市未来发展信心的提振,赋予了丽水城乡居民对家乡及家乡文化前所未有的认同感和自豪感。原先对大城市的高楼大厦和流行时尚的神往、艳羡甚至自卑心理,早已为家乡美好生态环境所赋予的生活品质的自豪感所驱散。家乡的美丽、乡土文化的时尚重新被认识,散落在乡村角落的古村土屋、小桥流水,绽放出了不曾有过的魅力。自编自演、"土里土气"的乡村春晚,展示出来的是村民对美丽、富足的获得感、认同感、归属感和自豪感。这是丽水精神世界的一场深刻革命,不仅为丽水不断深化绿色发展实践提供强大的精神支撑,而且也彰显了丽水走在现代生态文明建设前列的诱人前景。

第六章　加快欠发达地区的发展，
　　党的领导是保证

　　把党的建设作为一项伟大工程来推进，是我们党自我净化、自我完善、自我革新、自我提高的一大创举，也是我们党领导人民进行伟大社会革命的重要法宝。习近平同志在浙江工作期间，在经济社会发展上推进"八八战略"的同时，在党的建设上提出了"巩固八个基础，增强八种本领"等一系列重要观点和重大举措，并具体生动地付诸实践，力争取得实效，为新时代全面加强党的领导和党的建设提供了重要的理论准备和实践基础。

　　丽水是山区、革命老区和少数民族比较集中的地区，地理位置偏僻，区位条件比较差，经济基础比较薄弱，是浙江的相对欠发达地区。在浙江工作期间，习近平同志将全面加强和改善党的领导摆到了欠发达地区加快发展的根本保证的战略地位上，就如何加强党的领导、加强党的建设作出了一系列重要指示。一个时期以来，丽水全市上下以勇当绿色发展探路者和模范生的担当，坚持以习近平总书记的"丽水之赞"为引领和动力，坚定厉行"丽水之干"，大力弘扬践行浙西南革命精神并以之注魂、赋能、立根，在创新实践"绿水青山就是金山银山"理念的成功探索中开辟了高质量绿色发展新路，成为全省经济新的增长点和国家首批生态文明先行示范区。

第一节　围绕提高执政能力,切实加强和改善党的领导

进入 21 世纪后,国际上,世界多极化和经济全球化的趋势继续在曲折中发展,科技进步日新月异,综合国力竞争日趋激烈,各种思想文化相互激荡,各种矛盾错综复杂;而我国的改革发展也进入关键时期,社会利益关系更为复杂,新情况、新问题层出不穷。在机遇和挑战并存的国内外条件下,党中央把"大力加强执政能力建设"作为关系中国特色社会主义事业兴衰成败、关系中华民族前途命运、关系党的生死存亡和国家长治久安的重大战略课题正式提出。2002 年 11 月召开党的十六大,在报告中总结了"坚持加强和改善党的领导,全面推进党的建设新的伟大工程"等十条党领导人民建设中国特色社会主义必须坚持的基本经验,提出了加强党的执政能力建设的战略任务。党的十六届四中全会又对此进行了专门部署,审议通过了《中共中央关于加强党的执政能力建设的决定》。

在这个重大问题上,习近平同志有着深入系统的思考。他指出:"改革开放以来,我省经济社会发展之所以能取得巨大成就,最根本的就是围绕'中心',强化'核心',充分发挥党的领导核心作用。"[①]根据党的十六届四中全会精神,结合浙江党的建设实际,浙江省委就加强执政能力建设形成了一个总体思路,那就是:以确立科学的执政理念为前提,以推进发展这个党执政兴国的第一要务为主题,以保持党同人民群众的血肉联系为核心,以建设高素质干部队伍为关键,以改革和完善党的领导体制和工作机制为重点,以加强党的基层组织和党员队伍建设为基础,努力在增强执政意识、坚持执政宗旨、把握执政主题、夯实执政基础、整合执政资源、改进执政方式和完善执政制度等方面

---

① 《从"巩固八个基础、增强八种本领"到新时代党的建设》,《浙江日报》2018 年 7 月 28 日。

下功夫，从思想、组织、作风和制度建设等方面全面推进党的建设新的伟大工程，切实提高执政本领和领导水平。

一、突出强调加强和改善党的领导

2003 年 7 月的浙江省委十一届四次全会，在部署实施"八八战略"的同时，作出进一步加强和改进党的建设的决定。在 2004 年 10 月的省委十一届七次全会上，习近平同志进一步指出，"党的执政能力建设有其自身的内涵和要求，但最终还是要体现在经济、政治、文化、社会的发展上，体现在党的各项建设上"[①]。这次全会作出了《中共浙江省委关于认真贯彻党的十六届四中全会精神切实加强党的执政能力建设的意见》，紧扣浙江加强党的执政能力建设的主要任务，从战略高度谋划切实加强和改善党的领导，作出了"巩固党执政的八个基础、增强党执政的八种本领"[②]的重大部署。这一被浙江干部群众俗称为"党建领域的'八八战略'"，紧密联系浙江实际，就全面巩固党的执政基础，增强党的执政能力进行了战略部署，形成了一个相当完整的治党总体布局。"八个方面的基础"和"八个方面的本领"涵盖了党的思想建设、作风建设、组织建设、反腐倡廉、制度建设等方方面面内容，将党的领导核心作用贯穿到了经济、政治、文化、社会、生态文明建设的各个领域，是一个相当完整的全面加强党自身建设、全面加强党的领导地位

---

① 《从"巩固八个基础、增强八种本领"到新时代党的建设》，《浙江日报》2018 年 7 月 28 日。

② 具体内容和布局是：一是致力于巩固党执政的思想基础，加强理论武装和党对意识形态工作的领导，不断增强用发展着的马克思主义指导新实践的本领。二是致力于巩固党执政的经济基础，全面推进经济强省建设，不断增强驾驭社会主义市场经济的本领。三是致力于巩固党执政的政治基础，全面推进法治社会建设，不断增强发展社会主义民主政治的本领。四是致力于巩固党执政的文化基础，全面推进文化大省建设，不断增强建设社会主义先进文化的本领。五是致力于巩固党执政的社会基础，全面推进"平安浙江"建设，不断增强构建社会主义和谐社会的本领。六是致力于巩固党执政的体制基础，健全和完善党的领导制度和领导方式，不断增强地方党委总揽全局、协调各方的本领。七是致力于巩固党执政的组织基础，加强干部队伍建设和基层组织建设，不断增强自身素质和团结带领广大群众干事业的本领。八是致力于巩固党执政的群众基础，密切党同人民群众的血肉联系，不断增强拒腐防变和抵御风险的本领。

的思想纲领和战略布局。它深刻地体现了习近平同志对加强党的先进性建设和执政能力建设思考的前瞻性、持续性,也清晰地折射出习近平同志关于党的建设的逻辑起点,那就是始终坚持把推进党的建设新的伟大工程在浙江的实践,与推进中国特色社会主义伟大事业在浙江的实践紧密结合起来,一心一意谋发展,聚精会神抓党建。

二、突出强调坚持和加强党的全面领导

在浙江工作期间,习近平同志注重充分发挥党的领导核心作用,以此保障中国特色社会主义在浙江实践的顺利推进。强调"我们党是对经济、政治、文化和社会各方面实施全面领导的执政党,必须加强党整体的执政能力建设,牢牢掌握党的领导权",要求地方党委"任何时候都要集中精力,抓好把方向、议大事、管全局、抓人才的工作",进一步加强党对政治领域、经济领域、意识形态领域的领导。注重完善坚持党的领导的机制,强调要贯彻民主集中制,"凡属方向性、全局性、战略性的重要问题,都必须按照'集体领导、民主集中、个别酝酿、会议决定'的原则办",并要求正确处理好地方党委和几套班子的关系,健全和完善"一个核心""三个口子"的组织机构和工作机制。①

三、突出强调把政治建设作为党的根本性建设

党的政治建设是党的根本性建设,决定党的建设方向和效果。旗帜鲜明讲政治,是习近平同志在浙江工作期间一贯坚持的重大原则。2002 年 11 月,习近平同志担任省委书记后第一时间主持召开省委理论学习中心组学习会,要求省委班子"牢固树立政治意识、大局意识和责任意识,始终保持政治上的清醒和坚定"。他反复强调,"政治方向问题始终是党的事业和党的建设的根本问题",要时刻保持清醒的政

---

① 《习近平新时代党建思想的浙江萌发和内在特质》,《浙江日报》2018 年 2 月 9 日。

治头脑,旗帜鲜明地批评和纠正"上有政策、下有对策"的现象,要求各级党员干部特别是党政正职切实增强政治意识、大局意识、责任意识和党性观念,坚决维护党中央权威,并指示各级党委纪委要坚持把维护党的政治纪律放在首位,坚决查处有令不行、有禁不止、各行其是等严重违反政治纪律的行为。①

四、突出强调思想建党、理论强党

思想建设是党的基础性建设,是我们党的重要政治优势。习近平同志在浙江工作期间,十分重视抓好思想建设,指出要向着正确方向胜利前进。2005 年 1 月,他在省委保持共产党员先进性教育活动专题报告会上指出:"一刻也不能忽视加强理论武装,一刻也不能放松对意识形态工作的领导,一刻也不能停止增强用发展着的马克思主义来指导新的实践的本领。"②突出"红船精神",加强革命传统和理想信念教育。习近平同志将"红船精神"概括为"开天辟地、敢为人先的首创精神,坚定理想、百折不挠的奋斗精神,立党为公、忠诚为民的奉献精神"③。他强调以"四个真"和"三种境界"强化理论学习,提出了"学在深处、谋在新处、干在实处"的理论学习总要求,强调要真学、真懂、真信、真用,并提出理论学习也要像王国维论述治学那样追求"三种境界"。④ 突出意识形态主导权,加强思想舆论宣传工作,坚持"唱响主旋律、抓住主渠道、针对主群体、建好主阵地、打好主动仗"的总体思路。

————————

① 《从"巩固八个基础、增强八种本领"到新时代党的建设》,《浙江日报》2018 年 7 月 28 日;《习近平新时代党建思想的浙江萌发和内在特质》,《浙江日报》2018 年 2 月 9 日。

② 《从"巩固八个基础、增强八种本领"到新时代党的建设》,《浙江日报》2018 年 7 月 28 日。

③ 本书编写组编著:《干在实处　勇立潮头——习近平浙江足迹》,人民出版社、浙江人民出版社 2022 年版,第 215 页。

④ 习近平:《干在实处　走在前列——打进浙江新发展的思考与实践》,中共中央党校出版社 2006 年版,第 13、395—397 页。

五、突出强调制度治党

坚持制度治党,通过健全科学严密的制度体系实现全面从严治党常态化,是习近平总书记关于党的建设和组织工作重要思想的鲜明特色。在浙江工作期间,习近平同志高度重视党章的基础性地位和关键性作用,曾在多个场合强调学习贯彻党章,要求各级党委(党组)切实加强以党章为核心的党内法规制度体系建设,在依法治国、依法治省的进程中依法治党、依章治党、依制度治党。有了完整的制度安排,还要有让制度刚性运作的保障机制。在浙江工作期间,习近平同志就一再告诫各级干部"莫把制度当稻草人",强调指出,各项制度制定了,就要立说立行、严格执行,不能说在嘴上,挂在墙上,写在纸上,把制度当"稻草人"摆设,而应落实到实际行动上,体现在具体工作中。① 这些做法和要求与党的十八大以来习近平总书记明确强调的,要让制度、纪律成为带电的"高压线","要抓好法规制度落实","坚决防止'破窗效应'"②一脉相承。

六、突出强调全面从严治党

坚持全面从严治党是新时代中国特色社会主义基本方略之一,彰显了我们党自我净化、自我完善、自我革新、自我提高的坚定决心。早在浙江工作期间,习近平同志就初步形成了构建不敢腐、不能腐、不想腐机制的构想,强调"要深入调查研究,广泛征求意见,充分沟通协调,花大力气构筑适应改革开放和市场经济要求、具有浙江特色、有较强操作性的反腐倡廉防范体系,建立健全思想教育、权力制约、监督管理、法纪约束、测评预警、廉政激励等机制,着重在权力制约、监督管理

---

①　习近平:《之江新语》,浙江人民出版社 2007 年版,第 71 页。
②　中共中央文献研究室编:《习近平关于全面从严治党论述摘编》,中央文献出版社 2016 年版,第 107、205 页。

上下功夫，走出一条预防和治理腐败的新路子"①。要坚持以作风建设为突破口，营造清廉、为民、务实的好风气。党的作风建设关系党的生命。坚持突出"关键少数"，从严监督管理干部队伍，干部监督管理要从严从小、重在平时，对干部存在的问题早发现、早提醒、早纠正，是对他们最大的关心和爱护，特别是针对领导干部这个"关键少数"，要树立正确的权力观，算好政治账、利益账、良心账"三笔账"，筑牢拒腐防变的思想防线。

七、突出强调建设高素质干部队伍

执政党的建设，选人用人是一个关键性、根本性的问题。党管干部原则任何时候都不能丢，党委要切实把好用人关，防止简单"以票取人"。干部选拔要突出以德为先，用人要把德放在首位，选那些政治上靠得住、工作上有本事的人；干部评价要坚持注重实绩，党员干部要树立正确的政绩观，要看 GDP，但不能唯 GDP，不求急功近利的"显绩"，创造泽被后人的"潜绩"②；干部考察要功夫下在平时，发挥好党委一把手"一双眼睛"和班子集体"多双眼睛"作用，多视角、多侧面、多层次识别干部；干部选配要着眼事业需要，强调科学合理使用干部，人岗相适、以事择人，注重发挥各年龄段干部的积极性；干部培养要注重实践历练，强化基层导向，铺"路子"不如压"担子"，把优秀年轻干部放到关键岗位、艰苦环境锻炼培养。

八、突出强调建强基层战斗堡垒

抓基层、打基础，始终是我们党治国理政、管党治党的固本之策。习近平同志在浙江工作期间，提出了"执政重在基层、工作倾斜基层、

---

① 习近平：《干在实处　走在前列——推进浙江新发展的思考与实践》，中共中央党校出版社2006 年版，第 448 页。

② 习近平：《之江新语》，浙江人民出版社 2007 年版，第 108 页。

关爱传给基层"①的重要论断。各级党委必须牢固树立固本强基的思想,把工作的着力点放在基层,不断增强基层党组织的创造力、凝聚力、战斗力。要整体推进各领域基层党的建设,推动实施农村基层组织"先锋工程"、选派农村工作指导员、加强村级组织活动场所建设、发展村级集体经济等工作;要加强非公企业、社会组织等领域党建工作,只要是有利于社会主义建设的新领域,都要建立党的组织。浙江"两新"组织"两个覆盖"工作全面提速;同时统筹抓好社区、国企、高校、机关等领域党的建设。着力提高党员队伍先进性、纯洁性,创新党员教育管理工作,要求广大农村党员要做生产发展的带头人,要做新风尚的示范人,要做和谐的引领人,要做群众的贴心人②,必须做到"平常时间能看得出来,关键时刻能冲得出来,危难时刻能豁得出来"③,部署开展不合格党员处置工作。落实"三真"要求,关爱基层干部,部署推动省委制定实施《关于认真落实"三真"要求 切实加强基层干部队伍建设的意见》,采取十条措施解决基层干部普遍关心的现实问题,极大激发了广大基层干部的工作积极性。

九、突出强调党的群众路线

心无百姓莫为"官",群众利益无小事,要培养和增强对人民群众的深厚感情,老百姓在干部心中的分量有多重,干部在老百姓心中的分量就有多重④;作风问题的实质是宗旨问题,群众呼声是作风建设的第一信号⑤。广大党员干部要努力提高做群众工作的本领,要相信和依靠群众,但又不能做群众的尾巴;干部要教育和引导群众,但千万不

---

① 习近平:《干在实处　走在前列——推进浙江新发展的思考与实践》,中共中央党校出版社2006年版,第432页。

② 《心无百姓莫为官——习近平同志帮扶下姜村纪实》,《人民日报》2017年12月28日。这是2006年5月25日,习近平同志在淳安县枫树岭镇下姜村调研时,向党员干部(村级)提出的四点要求。

③ 习近平:《之江新语》,浙江人民出版社2007年版,第136页。

④ 习近平:《之江新语》,浙江人民出版社2007年版,第216页。

⑤ 习近平:《之江新语》,浙江人民出版社2007年版,第263页。

能站到群众的对立面。党的十八大以来，习近平总书记提出以人民为中心的思想，强调"中国共产党人的初心和使命，就是为中国人民谋幸福，为中华民族谋复兴"，"时代是出卷人，我们是答卷人，人民是阅卷人"，要尊重人民主体地位和首创精神，永远把人民对美好生活的向往作为奋斗目标，使人民获得感、幸福感、安全感更加充实、更有保障、更可持续。① 这些重要论述，与习近平同志在浙江工作期间的群众路线要求、提法一脉相承。

第二节　有什么样的干部就能创造什么样的工作局面

在浙江工作期间，习近平同志以切实加强和改善党的领导为出发点，推动实施以"巩固八个基础，增强八种本领"为主要内容的党建工作举措，涵盖了党的思想建设、作风建设、组织建设、反腐倡廉和制度建设的方方面面，构成了一个完整的省域层面全面加强党的建设的思想纲领和战略布局。丽水是浙江乃至华东地区最大的生态屏障，也是浙江的相对欠发达地区，在 21 世纪之初确立了"生态立市、绿色兴市"的发展战略，但是对如何发挥好生态资源优势、走好欠发达山区跨越式发展的新路子还处于探索阶段。习近平同志就丽水如何加强党的领导、加强党的建设作出一系列重要指示，极大地振奋了丽水广大干部群众的精神状态，坚定了他们走绿色化发展路子的信心和决心。

一、围绕实现丽水跨越发展，强调欠发达地区的发展，党的领导是保证

丽水是浙江的欠发达地区，在丽水等地调研指导欠发达地区理清

---

① 中共中央党史和文献研究院、中央"不忘初心、牢记使命"主题教育领导小组办公室编：《习近平关于"不忘初心、牢记使命"论述摘编》，党建读物出版社、中央文献出版社 2019 年版，第 1、11、14、37、141 页。

发展总体思路的过程中,习近平同志多次旗帜鲜明地指出,加快欠发达地区发展,党的领导是保证。要"把握好围绕中心与强化核心的关系,就是要在紧紧抓住经济建设这个中心不动摇的同时,切实加强党的领导,加强基层党组织建设"①,努力形成围绕经济抓党建、抓好党建促发展的良好局面。要全面加强和改善党的建设,为全面推进现代化建设提供强有力的组织保证。要抓好领导干部的学习,也要抓好一般党员的学习,提供统一思想的基础;要继续做好《干部选拔任用工作条例》的贯彻工作,进一步加大改革力度,使干部的选拔更有群众的基础,提高公正性和透明度,让一批埋头苦干、德才兼备的干部脱颖而出;要大力加强党的基层组织建设,培本固源;要抓好"八个坚持,八个反对"②,进一步加强和改进党的作风建设。这些重要论述,从战略高度上指明了以党建伟大工程统领现代化各项事业的根本准则。

二、围绕加强党的建设,强调要把握好围绕中心与强化核心的关系

加强党的建设,要以提高执政能力为重点。丽水经济社会要实现跨越式发展,成为全省新的经济增长点,必须围绕执政能力建设这个重点,全面落实《省委关于加强党的执政能力建设的意见》等文件,全面加强和改进党的思想、组织、作风和制度建设。要坚持把党的思想理论建设放在首位,在武装头脑、指导实践、推动工作上取得扎扎实实的成效。进一步加强领导班子建设,健全民主集中制等各项工作制度和党内生活制度,努力把市、县两级领导班子建设成为政治坚定、求真

---

① 中央党校采访实录编辑室:《习近平在浙江》(上),中共中央党校出版社 2021 年版,第 223 页。

② 2001 年 9 月,为建立良好党风,党的十五届六中全会作出了《中共中央关于加强和改进党的作风建设的决定》,提出了"八个坚持,八个反对"的措施:坚持解放思想、实事求是,反对因循守旧、不思进取;坚持理论联系实际,反对照搬照抄、本本主义;坚持密切联系群众,反对形式主义、官僚主义;坚持民主集中制,反对独断专行、软弱涣散;坚持党的纪律,反对自由主义;坚持艰苦奋斗,反对享乐主义;坚持清正廉洁,反对以权谋私;坚持任人唯贤,反对用人上的不正之风。

务实、开拓创新、勤政廉政、团结协调的坚强领导集体。进一步加强党的基层组织建设，抓好农村、企业、社区、新经济组织、新社会组织的党建工作，提高基层党组织的创造力、凝聚力和战斗力。要加强党员教育管理，保持党员队伍的先进性和纯洁性。要进一步加强作风建设，牢记"两个务必"，坚持正确的权力观、地位观、利益观，坚持科学发展观和正确政绩观，大力弘扬求真务实精神，大兴调查研究之风，努力做到摸实情、出实招、求实效。各级党委要把党风廉政建设和反腐败斗争作为提高党的执政能力、巩固党的执政地位的一项重大政治任务抓紧抓实，认真落实党风廉政建设责任制，建立健全与社会主义市场经济体制相适应的教育、制度、监督并重的惩治和预防腐败体系。推进机关效能建设，不断提高工作效率和服务水平，努力开创丽水各项工作的新局面。这些重要论述为包括丽水在内的欠发达地区把握好围绕中心与强化核心的关系，确立在始终抓住经济建设这个中心不动摇的同时，加强党的建设的工作布局，提供了重要的思想遵循。

三、围绕树立正确的政绩观，强调实现好维护好保护好最广大人民群众的根本利益

巩固党的执政基础，增强党的执政本领，坚持以人民为中心，切实维护好人民群众的根本利益是根本。在浙江工作期间，习近平同志多次强调，"在任何时候任何情况下，都要始终坚持把最广大人民的根本利益放在首位，自觉用最广大人民的根本利益来检验自己的工作和政绩，做到凡是为民造福的事就一定要千方百计办好，凡是损害广大群众利益的事就坚决不办"①。为此，习近平同志大力倡导"拎着'乌纱帽'为民干事"②的情怀，要求各级干部树立为人民谋幸福的政绩观，"把实现好、维护好、发展好人民群众的根本利益作为根本出发点和落

---

① 习近平：《之江新语》，浙江人民出版社 2007 年版，第 33 页。
② 习近平：《之江新语》，浙江人民出版社 2007 年版，第 50 页。

脚点"①。

　　加快欠发达地区发展,必须把群众利益放在第一位,切实维护好人民群众的根本利益。丽水各级干部要进一步转变作风,切实解决好项目建设过程中的群众切身利益问题。领导干部特别是党政"一把手"要亲自抓信访,主动到群众中去,到问题多的地方去,到问题复杂的第一线去,悉心研究群众利益,关心群众疾苦,倾听群众呼声,体察群众情绪,认真排查各类矛盾,特别是热点、难点问题,把问题解决在基层。

　　让欠发达地区的群众尽快富裕起来,让他们共享全省改革发展的成果,是各级领导干部特别是欠发达地区干部义不容辞的责任,是检验党的执政能力的具体体现,"要牢固树立群众利益无小事的思想,围绕人民群众最现实、最关心、最直接的利益,切实办好顺民意、解民忧、谋民利、得民心的好事实事,努力实现好、维护好、发展好最广大人民群众的根本利益,引导好、保护好、发挥好他们的积极性,实实在在地解决好群众生产生活中的困难和问题"②。在 2004 年 1 月的这次丽水调研中,针对当时贯彻党的十六届三中全会和中央经济工作会议精神的背景和浙江的实际,习近平同志召开了一次座谈会,对整个山区的建设发展作出指示。这次讲话的主题是"牢固树立'群众利益无小事'的思想,坚持把为民办实事摆在重要位置"。对如何努力实现好、维护好最广大人民群众的根本利益,习近平同志提出了三点要求:一是千方百计增加农民收入,二是加快建立健全农村"新五保"体系,三是努力办好为民谋利的好事、实事。"这三点要求,每一点他都非常详细地展开讲,讲得非常清晰、具体,为我们做好下一步的工作提供了切实可行的依据。"③

　　① 习近平:《干在实处　走在前列——推进浙江新发展的思考与实践》,中共中央党校出版社 2006 年版,第 413 页。
　　② 中央党校采访实录编辑室:《习近平在浙江》(上),中共中央党校出版社 2021 年版,第 121 页。
　　③ 中央党校采访实录编辑室:《习近平在浙江》(下),中共中央党校出版社 2021 年版,第 54 页。

　　千方百计增加农民收入。解决"三农"问题的核心是增加农民收入。丽水作为欠发达地区，不仅农民收入低于全省平均水平，而且城乡差距也比全省大。因此这项工作无论是对全省还是对丽水来说，都是一项十分紧迫的任务。促进农民增收是一项系统工程，要广开门路，多管齐下。一是加快农业结构调整，大力发展第二、三产业，促进农村劳动力向非农产业转移，提高农民收入中来自第二、三产业的比重，同时也要注重提高来自第一产业的收入水平；二是搞好农村税费改革，切实减轻农民负担；三是鼓励农民下山移民，异地致富，并且要使农民下得来、稳得住、富得起；四是加强农民技能培训，提高农民就业致富能力；五是大力发展劳务经济，积极引导和组织劳务输出。

　　加快建立健全农村"新五保"体系。要深刻认识和把握统筹城乡经济社会发展的重大意义，立足全局抓统筹，通过体制创新和政策调整，加快破除城乡分割的二元结构，逐步缩小工农差别、城乡差别和地区差别，努力实现城乡一体化。一是建立城乡一体化的最低生活保障制度；二是建立包括农民工在内的职工基本养老保险制度；三是建立被征地农民基本生活保障制度；四是建立以县为单位的大病统筹合作医疗制度；五是实行孤寡老人集中供养制度。

　　努力办好为民谋利的好事实事。实现、维护和发展好人民利益不是抽象的，而是具体的。当时，全省已经推进实施了"欠发达乡镇奔小康工程""山海协作工程""百亿帮扶致富工程""千村示范、万村整治工程""千万农民素质提升工程"等民心工程，在办好这些实事的同时，各地要针对广大群众普遍关心的热点、难点问题，抓紧排出一批解民忧、谋民利的实事，制定目标明确、措施有力、操作性强的实施方案。要通过深入细致的思想工作，动员和组织社会各方面的力量，积极参与为民办实事的活动。要坚持尽力而为、量力而行和勤俭办事的方针，精打细算，力争花小钱、办大事。要遵循市场经济规律，采取市场化、社会化的办法，努力把实事办好，把好事办实。

　　2004年1月8日，习近平同志在丽水调研时指出："要大力弘扬艰苦奋斗的优良传统和作风。在各级领导班子和领导干部中深入开展'两个务必'和'为民、务实、清廉'教育，严格执行有关规定和纪律，做到严以律己、廉洁自律，坚决反对铺张浪费行为，坚决制止名目繁多、没有实效的各类节日庆典活动，严格控制茶话会、联欢会等活动数量和规模，不组织部门之间、上下级之间的拜年互访活动，反对讲排场、比阔气，力戒浮躁之气、奢靡之风。"①2007年1月23日，在丽水主持召开加快实施"欠发达乡镇奔小康工程"座谈会时，习近平同志明确提出，"必须进一步加强组织领导，加大扶持力度，充分发挥党委、政府在欠发达乡镇奔小康中的引导推动作用。要坚持'真扶贫、扶真贫'，实施'进村入户、抓低促面'的帮扶机制，切实把帮扶工作做到村、做到户、做到人，促进低收入农户的持续增收"②，各级党委、政府和领导干部必须心里始终装着老百姓，对人民群众倾真心、动真情，切实关心困难群众的生产生活。

四、围绕加强干部队伍建设，强调发展的"关键在各级领导班子和干部队伍"

巩固党的执政基础，增强党的执政本领，重中之重在于抓好"关键少数"。对欠发达地区干部群众来说，既要正视自身的客观条件和现实基础，也要充分发挥主观能动作用。

习近平同志要求把艰苦岗位当作干部实践锻炼的重要平台，指出"越是艰苦的环境，越能磨炼干部的品质，考验干部的毅力。欠发达地区、工作复杂的地方、挑战性强和困难较多的领域是培养干部的重要部位，也是选人用人应关注的地方"③。丽水坚持以"三个代表"重要思想为指导，认真贯彻落实党的十六大精神和省委、省政府的工作部

---

① 中央党校采访实录编辑室:《习近平在浙江》(上)，中共中央党校出版社2021年版，第111页。
② 《习近平在衢州丽水调研时强调　深入推进"欠发达乡镇奔小康工程"　加快浙江全面建设小康社会进程》，《浙江日报》2007年1月24日。
③ 中央党校采访实录编辑室:《习近平在浙江》(下)，中共中央党校出版社2021年版，第142页。

署,紧密结合丽水实际,发挥老区人民的革命精神和新时期的浙江精神,不甘落后、奋力拼搏、迎难而上、争先创优,千方百计加快发展,各项工作取得了显著成绩。

习近平同志的一系列重要指示,着眼于欠发达地区相对艰苦的工作环境、工作生活条件对领导干部意志力的考验,着眼于欠发达地区实现跨越式发展对各级领导干部发挥好主观能动性的特殊要求,为包括丽水在内的广大欠发达地区的干部队伍建设,提出了量身定制的准绳,具有极强的现实指导意义。

第三节　坚持和改善党的领导,为丽水绿色高质量发展提供组织保障

习近平同志几次到丽水调研,都要求丽水各级党委、政府切实加强党的领导,促进物质文明、精神文明和政治文明协调发展。多年来,丽水市委始终牢记习近平同志的重要嘱咐,在抓住经济建设这个中心的同时,高度重视党的建设,坚持总揽全局、协调各方,从政治建设、思想建设、组织建设、作风建设、纪律建设等方面着手,改革和完善党委领导的体制机制,坚持民主集中制,严明党的政治纪律和政治规矩。全市各级党组织在集中主要精力抓全局性、战略性、前瞻性的重大问题时,坚持把发挥地方党委的领导核心作用与支持同级各种组织积极主动、独立负责、协调一致地开展工作统一起来,正确处理与人大、政府、政协、司法机关、人民团体和各种社会组织的关系,做到不包办、不越权、不干涉,使各自的职能作用得到充分发挥,形成了各方在党委的统一领导下相互支持、相互配合,各司其职、各尽其责的工作格局。

一、全面加强党的领导,形成围绕经济抓党建、抓好党建促发展的良好局面

多年来,丽水着力改变过去一些阶段、局部工作中存在的管党治党宽松状况,坚持把政治建设摆在突出位置,不断提高把方向、谋大局、定政策、促改革的能力,提高保持政治定力、驾驭政治局面、防范政治风险的能力。

以党的政治建设为统领。丽水市委贯彻党中央和省委一系列全面从严治党的战略部署,以加强党的长期执政能力建设、先进性和纯洁性建设为主线,以党的政治建设为统领,以坚定理想信念宗旨为根基,推进党的政治建设、思想建设、组织建设、作风建设、纪律建设。教育党员干部坚定理想信念,坚定"四个自信",特别是各级领导干部带头执行《关于新形势下党内政治生活的若干准则》《中国共产党党内监督条例》,带头维护政治纪律和政治规矩,始终在政治立场、政治方向、政治原则、政治道路上同党中央保持高度一致。严格执行领导干部政治素质考察实施细则,探索建立领导干部政治素质档案。全面推进清廉丽水建设,率先建立县级"清廉指数"指标体系,设立清廉丽水"红黑榜"和乡镇(街道)政治生态排行榜。严格落实中央八项规定精神和廉洁自律准则,以踏石留印、抓铁有痕的劲头整治"四风",实践"四种形态",坚定不移"打虎""拍蝇""猎狐",高标准推进监察体制改革试点,使得丽水全面从严治党、党风廉政建设和反腐败工作群众满意度位居全省前列。把制度建设贯穿其中,大力弘扬求真务实精神,以改革的精神推进自身建设,努力加强领导班子、干部队伍、人才队伍和基层组织建设,为"跨越发展、科学赶超、生态惠民",建设美丽幸福新丽水提供了坚强的领导。

市委提高总揽全局、协调各方,领导全市经济社会发展的水平。丽水制定《中共丽水市委关于完善经济社会发展重大事项决策机制的

规定（试行）》，围绕确保党的路线方针政策在本地区全面、正确地贯彻落实，按照"集体领导、民主集中、个别酝酿、会议决定"的原则，始终坚持重大问题由党的委员会集体讨论，作出决定。制定和完善了《关于重要情况通报和报告的规定》《中共丽水市委常委会讨论任免干部无记名投票表决办法》《中共丽水市委全体委员会讨论任用干部表决办法》等制度，实行了讨论问题前班子成员分头调研和议题提前告知的做法，进一步改进了市委领导经济和社会事业发展的方式方法。普遍实行了发展党员票决制、党员和村民代表讨论重大事项票决制等决策性制度，使党组织的决策更趋科学化和民主化。坚持把发挥地方党委的领导核心作用与支持同级各种组织积极主动、独立负责、协调一致地开展工作统一起来，正确处理与人大、政府、政协、司法机关、人民团体和各种社会组织的关系，积极支持其履行工作职能，做到不包办、不越权、不干涉，使各自的职能作用得到充分发挥，形成了各方在党委的统一领导下相互支持、相互配合，各司其职、各尽其责的工作格局。持续推进并不断强化全市党的基层组织建设，党的领导得到全面加强，党的领导被忽视、淡化、削弱的状况得到明显改变。出台《关于全面加强新形势下国有企业党建工作的意见》，市国资委党委开始全面履行国企党建工作职责。加强"两新"组织党建工作品牌建设，持续深化"六小"工作法[①]，制定下发了《关于进一步深化"六小"工作法的通知》，明确了"四个一"的举措和"6＋1"的目标，并编制了《"六小"工作法指导手册》。

不断创新制度体系，完善党的领导。2000年以来，丽水市委先后出台了《关于进一步加强人大工作的若干意见》《关于进一步加强新时期人民政协工作的若干意见》《关于加强和改善党的领导，支持人民政协履行职能制度化、规范化和程序化建设的实施意见》《关于进一步加强中国共产党领导的多党合作和政治协商制度建设的实施意见》等关

---

① "六小"：小课堂、小建议、小关爱、小活动、小竞赛、小典型。

于加强人大和政协工作的文件。2004 年，市委制定出台了《关于加强和改善党对新世纪新阶段工会、共青团、妇联工作领导的实施意见》《关于进一步加强民主党派、工商联和无党派代表人士工作的若干意见》。制定出台了《丽水市党代会闭会期间发挥代表作用的制度》《丽水市惩治和预防腐败体系实施办法（试行）》《进一步加强机关党员教育管理工作的意见》等制度，全面加强和完善党的领导。

坚定贯彻绿色生态发展战略。丽水市委牢记习近平同志重要嘱托，举生态旗、打生态牌、创生态业，走山路、唱山歌、念好"山字经"，建设生态文明，久久为功，一届接着一届干，一张蓝图绘到底。2003 年提出"生态立市、工业强市、绿色兴市"的"三市并举"发展战略，2008 年在全国率先发布《丽水市生态文明建设纲要（2008—2020）》，2009 年制定《丽水市生态文明指标体系及考核办法》，都体现着丽水历届党委在绿色生态发展中一以贯之的引领能力。党的十八大后，丽水市委牢固树立新发展理念，推进生态发展的战略定力更加坚定。2013 年 12 月，丽水市委审议通过《关于坚定不移走"绿水青山就是金山银山"绿色生态发展之路，全面深化改革，建设美丽幸福新丽水的决定》；2017 年 2 月，市委四次党代会提出确保与全省同步高水平全面建成小康社会、勇当绿色发展的探路者和模范生"两大历史使命"；2017 年 8 月，市委四届二次全会通过了《打好五张牌、培育新引擎、建设大花园，全力创建浙江（丽水）绿色发展综合改革创新区》的决定；2017 年 11 月，市委四届三次全会通过了《关于高举习近平新时代中国特色社会主义思想伟大旗帜 始终遵循"尤为如此"重要嘱托 奋力加快高质量实现"两大历史使命"的决定》。与时代和事业同频共振的战略决策，引领着丽水广大干部群众始终遵循习近平同志"尤为如此"的重要嘱托，志不求易，事不避难，把市委决策形成的统一意志转化为务实担当的自觉行动，在崇尚实干中主动作为，在团结拼搏中争创一流，全力践行"两大使命"，加快建设"生态更美、产业更优、机制更活、百姓更富、社会文明程度更高"的美丽幸福新丽水。

二、树立正确用人导向，打造"一个绝对、四个尤为"的"丽水铁军"

丽水铭记习近平同志对丽水干部队伍建设提出的一系列重要指示，清醒认识建设高素质干部队伍的极端重要性，围绕"信念坚定、为民服务、勤政务实、敢于担当、清正廉洁"的新时代好干部标准，坚持从严教育培养、从严选拔任用、从严管理监督，努力打造"政治绝对忠诚、干事尤为担当、做人尤为干净、作风尤为过硬、精神尤为昂扬"的"丽水铁军"。

加强干部选拔任用配套制度建设。丽水市委从保障丽水科学发展、绿色发展、生态发展的需要出发，进一步完善党政领导干部选拔任用制度。先后出台了《丽水市领导干部任职前公示制度实施办法》《丽水市党政领导干部任职试用期制实施办法》《中共丽水市委全委会成员民主推荐提名暂行办法》《市直机关新提任副处级领导干部担任市信访督查员暂行办法》《中共丽水市委全体会议讨论任用干部表决办法》《丽水市推进领导干部能上能下操作细则（试行）》《丽水市署名推荐领导干部人选操作办法（试行）》《进一步完善领导干部个人重要事项报告清单》等一系列制度文件，在全省率先出台县（市、区）法院、检察院领导干部统一提名管理暂行办法，法检系统市管领导干部选拔任用工作流程，规范法院、检察院和审计机关领导干部选任程序，进一步扎紧了选人用人的制度"篱笆"。

重品行崇实干，树立正确用人导向。树立注重品行、崇尚实干、重视基层、鼓励创新、群众公认的正确用人导向，出台了《关于领导干部认真践行敢于担当的意见》《进一步强化正确用人导向的意见》《干部人事工作"十要十不准"》等制度。突出实干实绩导向，围绕事业发展选干部。如近些年来，把"四个一线"作为培养锻炼干部的主阵地，选派干部到"三重工作"挂职锻炼，赴县（市、区）开展剿劣督导工作，继续开展市、县双向互派挂职。实行干部挂职计划审批制度和季报制度，及时掌握挂职干部的动态和情况。把了解干部的功夫下在平时，坚持开展换届后领导班子和领导干部集中回访，主动参加重点项目和重点工作点评会、推进会、协调会等会议，深入工作一线，全方位、多角度、立体式考察干部。围绕省、市重点专项工作，探索实施"出现场"干部考察模式和重点专项工作考核比选办法，经常性、近距离、有原则地考察干部，一批实干担当的干部得到提拔重用。重基层、重一线、重实绩的导向更加鲜明。

严格标准、严肃程序，把好干部素质关。丽水各级党委把党章对党员干部提出的标准和要求，把《党政领导干部选拔任用工作条例》规定的基本条件作为选拔党政干部的标准，作为加强领导班子和干部队伍建设的基本要求，保证干部基本素质。在选人用人上，丽水始终坚持和落实"信念坚定、为民服务、勤政务实、敢于担当、清正廉洁"的好干部标准和"三严三实"、忠诚干净担当等要求，坚持德才兼备、以德为先的原则，强化用人标准意识，防止降格以求。对个别思想作风、工作作风和生活作风存在问题的干部，及时采取必要的组织措施。在干部选拔任用中有问题举报，经核查属实的立即取消任职资格。在领导干部个人有关事项报告抽查核实中，发现并认定为漏报情节较重或隐瞒不报的，取消考察对象资格。严格按干部选拔任用工作条例规定程序选人用人，确保规范性，提高选人用人质量。坚决破除"四唯"，把民主推荐的结果作为重要参考依据，不简单以票取人，充分运用会议推荐和个别谈话推荐有效结合的方式，提倡署名推荐干部。坚持民主集中制原则，在充分酝酿协商、广泛听取意见的基础上，将人事调整方案提交党委集体讨论决定，讨论决定严格按照规定程序操作。每个干部的选拔使用都要经过每道程序的严格甄别，接受全面检验。同时，严格执行廉政建设一票否决制。每次提交常委会讨论前，拟提拔人选名单均以书面形式征求纪检部门意见，并与信访、公安、检察等部门及时沟通情况。建立了县(市、区)和市直机关干部监督员、观察员制度，干部监督工作联席会议制度，从工作体系上谨防用人失察，防止"带病提拔""带病上岗"。

坚持群众路线，把好干部考察关。全面、准确、客观、公正地考察评价干部，是防止用人失察、失误的关键所在。丽水在干部考察工作中，普遍采取"自己说、群众评、个别谈、组织审"的方式，充分听取考察对象的上级、同级和下级以及纪检、监察、公检法、信访等有关方面的意见，尤其重视听取群众的评价。如在市直单位届末考察工作中，除规定的人员外，还请工作服务对象、下属单位主要负责人等参加述评职会议，扩大群众参与面；组织各单位相互评议、测评，为考察工作提供横向评价的依据；在县级换届考察中，对领导干部五年内上一任职单位进行延伸预告，对两年内上一任职单位进行延伸考察；在公开选拔工作中，还通过家访座谈、民意测评等方式向考察对象的家属、朋友、邻居等，了解掌握干部的"两圈"情况；在后备干部考察中，对考察报告的撰写进行改进，使考察材料能够集中反映考察对象的优势、明显不足、发展潜能，凸显个性特点。

从严从紧，把好干部的监督关。坚持事前防范和事后调整并重，不断加大监督力度，改进监督方式，提高监督质量，重视监督结果的分析、研究和运用。在监督对象上，以"一把手"为重点；在监督内容上，以行使事权、财权和用人权为重点；在监督过程中，以事前监督为重点，通过突出重点，进一步增强干部监督工作的针对性和有效性。认真落实以领导干部述职述廉、经济责任审计、提醒函询诫勉、个人重大事项报告等为重点的工作制度措施。2001 年，在全省首次尝试领导干部离任交接，2003 年专门出台了《丽水市领导干部离任前经济责任和公物交接制度》，要求领导干部明确职务变动以后，停止行使职权，及时清理经济事务，书面办理交接手续，加大经济责任审计的力度。2016 年，出台了《丽水市市管领导干部档案工作离任审计制度（试行）》，重点检查领导干部档案工作守法、守纪、守规、尽责情况，加强对领导干部依法决策、行使权力、勤勉履责的制约和监督，为推进国家治理体系和治理能力现代化提供基础保障。2017 年，出台《加强干部监督信息综合运用构建大监督工作机制的实施意见》，完善抓早抓小预警式管理机制，及时实施提醒函询诫勉。完善领导干部个人重大事项报告制度，调整充实事前报批或报告、事后报告和年度报告的事项。创新领导干部离任交接模式，编发《丽水市直属单位主要领导履职应知应会手册》，变个别交接为集体交接、事后监督为事前提醒、经济交接为全面交接。不断加强对干部选拔任用工作的监督，做到全面自查与重点抽查相结合，逐级检查与交叉检查相结合，定期检查与不定期检查相结合。要求各地、各部门每年对贯彻执行情况进行一次全面自查，并从中抽取部分单位、部分提任干部进行重点抽查。探索并初步建立了《综合考核评价试行办法》《乡镇选任工作实施意见》等相配套的选任质量评价机制。细化了评价内容、指标和标准，通过样本分析、数据分析、历史分析和比较分析，在量化评价的基础上形成定性评价意见。通过建立执纪执法单位联席会议制度、市县两级干部监督工作例会制度、聘请干部工作监督员、设立征求意见箱、向居民发放监督卡等途径，构建干部工作的有效监督体系。

打造"一个绝对、四个尤为"的"丽水铁军"。丽水是"中国生态第一市"，20 年来，始终牢记习近平同志"绿水青山就是金山银山，对丽水来说尤为如此"的重要嘱托，丽水全体党员干部责无旁贷地担当起践行"绿水青山就是金山银山"理念、打通绿水青山与金山银山的转化通道、打造绿色发展中国方案"丽水样本"、勇当绿色发展探路者和模范生的重大使命。从丽水新的历史方位出发，2016 年 12 月，丽水市委三届十三次全会，对从严加强干部队伍建设、打造勇立绿色发展潮头的"丽水铁军"作出全面部署，提出争当"一个绝对、四个尤为"的"丽水铁军"。具体包括："一个绝对"，即政治绝对忠诚，就是强化"四个意识"，坚定"四个自信"，不折不扣执行党的路线方针政策，坚决维护党中央权威，自觉在思想上、政治上、行动上同以习近平同志为核心的党中央保持高度一致。"四个尤为"，即"干事尤为担当"，就是牢固树立实干实绩、敢于担当的意识，爱岗敬业、勇于担责，开拓创新、敢为人先，在打通绿水青山与金山银山的转化通道的主战场、第一线、最前沿建功立业，让组织和群众信得过、能放心；"做人尤为干净"，就是树立正确的权力观、地位观、利益观，保持清正廉洁，恪守道德高线，坚守法律底线，严守纪律红线，敬畏人民、敬畏组织、敬畏权力，展示干部队伍的先进性、纯洁性、示范性；"作风尤为过硬"，就是强化以人民为中心的发展思想，致力于增强群众的获得感、幸福感，积极践行党的群众路线，严格执行作风建设的规定，带头反对"四风"，树立丽水干部勤政务实的良好形象；"精神尤为昂扬"，就是全面深化干部人事制度改革，努力营造能上能下、能进能出、比学赶超、创先争优的良好环境，激励干部想干事、会干事、能干事、干成事、不出事，形成使命在肩、百舸争流的生动局面。"一个绝对、四个尤为"的"丽水铁军"队伍建设目标，为奋力开创丽水绿色发展的新局面提供了新的组织保障。

2018 年 8 月召开的丽水市委四届四次全体（扩大）会议强调，以"丽水之干"担纲"丽水之赞"，推动"八八战略"再深化、改革开放再出发，高质量谱写"八八战略"丽水新篇章。市委专门出台了《关于进一步激励干部新时代新担当新作为以"丽水之干"担纲"丽水之赞"的实施意见》，着力强化敢担当、善担当、能担当导向。紧接着，围绕着如何推进"丽水之干"，2019 年，丽水市委四届六次全会专门作出《大力弘扬践行浙西南革命精神的决定》，在全市掀起大力弘扬和践行浙西南革命精神的热潮，为"丽水之干"注魂、赋能、立根。

三、深入践行党的群众路线，切实维护人民群众的根本利益

习近平同志有着深厚的为民情怀，把老百姓的疾苦放在心中。他曾提出，为民办实事应该形成一个长效机制，而不仅仅是做一两件事。于是，2004 年 10 月，浙江省委、省政府在全国率先出台《关于建立健全为民办实事长效机制的若干意见》，重点涉及就业、社保等十大领域。

这一机制，为浙江解决人民群众最关切、最迫切的民生难点问题发挥了重要作用。遵循习近平同志"切实维护好人民群众的根本利益"①的嘱托，丽水市贯彻落实为民办实事长效机制，深入践行党的群众路线，把密切联系群众作为干部的基本功，全面推行县、乡、村三级干部联乡联村联户、联动办实事和党员干部基层走亲连心制度，推动各级党员干部用脚步丈量民情，与群众"一块苦、一块干、一块过"。各县（市、区）结合地方实际，积极探索新形势下密切联系群众、维护群众利益的有效机制和载体，先后涌现出了松阳"民情地图"、莲都"住村联心"等一系列在全省和全国产生重要示范影响的创新典型。

"民情地图"促服务，密切党群干群关系。为解决干部联系服务群众"身入、心入、融入"不够的问题，2010年4月，松阳县四都乡首次探索绘制了包含农户姓名、住房位置、电话号码的"村情图"。6月，松阳县全面推广这一做法，19个乡镇（街道）401个行政村完成首套手绘"民情地图"2406张。2011年，松阳县借助信息化手段，开发了"民情地图"地理信息系统，由"纸质地图"升级为"电子地图"。2012年，全县401个村，绘制"民情地图"完成2406张。2012年，丽水在全市乡镇推广"民情地图"。在实施推进过程中，"民情地图"的信息采集不断完善，运用体系更加多元，管理体系持续健全。比如在内容上，要求乡镇干部进村入户采集信息，分类绘制，形成村情民情图、产业发展图、组织体系图、重点人员图、结对帮扶图、防灾避险图等基础图6张，同时，可结合各地重点工作、重点项目等绘制若干补充图，构建形成了"6＋X""民情地图"模式。同时按照"一村一册、一户一档、一事一表"的要求，乡镇干部对村情民情进行汇总、梳理，采取定期更新与即时更新相结合的方式，对"民情地图"实行动态化管理。同时，探索开发了集基础信息、民情日志、服务办事、工作交流、考试平台等七大功能模块于

---

① 习近平：《干在实处　走在前列——推进浙江新发展的思考与实践》，中共中央党校出版社2006年版，第55页。

一体的"民情地图"地理信息系统，将纸质"手绘图"升级为电子"活地图"。在运用体系方面，明确"按图指引"的服务重点。依托"民情地图"中反映的 169 项民情信息，进行定期梳理汇总、综合研判，为乡镇干部精准服务提供依据；对"民情地图"反映出的群众诉求和问题，实行逐级提交、全程代理、即交即办和限时办结，实现了服务的第一时间响应和问题的即时解决。在绩效评价上，实行"月查、季督、年考"的常态化管理，并把"民情地图"工作作为乡镇干部提任考察、年度考核的重要依据等。该创新做法得到了中央、省、市等各级领导的批示肯定和各大媒体的广泛关注，被编入全国党员学习培训教材《基层党组织加强和创新社会管理的实践》，先后荣获"浙江省公共管理创新案例评选优秀奖""浙江省服务型基层党组织建设十大特色品牌"等荣誉 20 多项，2015 年，成功入选"国家级社会管理与公共服务标准化试点项目"，同年 11 月，北京大学"国家治理论坛"对此组织了专题研讨。

"住村联心"，增强干群血肉联系。为切实转变乡镇干部工作作风，让广大身在基层的乡镇干部工作重心和工作力量下移，实实在在为农民群众服务，2005 年 2 月，莲都区在丽新畲族乡、高溪乡、联城镇，率先开展了以乡镇干部"工作在农村、住宿在农户、服务在农民、联系在民心"为主要内容的"住村联心"工作试点。10 月，在莲都全区全面推广。12 月，又在丽水全市乡镇推广。围绕长效推进，莲都区委建立了督查落实、联动服务、保障激励工作机制，为乡镇推行"住村联心"制度提供必要的财力支持，确保日常补贴、年终考核等配套经费的落实。根据形势的发展需要，2017 年以后又实行"组团夜访"，从"单兵作战"改到"集团战役"，通过党政主要领导带队，党政班子集体下访，有效整合资源，充分发挥合力，升级了"住村联心"机制。"住村联心"工作制度提升了干部素质能力，有效破解村级"中梗阻"问题，成为促进新农村建设、加强基层党组织建设、转变干部作风的一个十分有效的载体，形成"让干部经常受教育、群众长期得实惠"的长效机制。这些制度创新与近年来浙江走在前列的数字化改革相融合，为基层治理体系和治理能力现代化奠定了"数智基础"。

第四节　全面加强党的建设的丽水实践经验

在浙江工作期间，习近平同志就如何加强党的领导、加强党的建设、加强干部队伍建设等作出了一系列重要指示。在欠发达地区经济持续较快发展和社会全面进步的历史条件下，丽水结合推进跨越发展、绿色发展的现实需要，在推动丽水跃升为浙江省经济新的增长点和国家首批生态文明先行示范区等新发展征程中，形成了独特的全面加强党的建设的实践经验。

一、始终坚持旗帜鲜明讲政治这个导向

党的领导是中国特色社会主义最本质的特征，也是中国特色社会主义制度的最大优势。中国特色社会主义政治发展道路的核心要义，是坚持党的领导、人民当家作主、依法治国的有机统一。改革开放以来，特别是党的十八大以来，丽水市委切实加强党的领导，促进物质文明与精神文明、政治文明协调发展，在始终抓住经济建设即创新推动绿色生态发展这个中心的同时，全面推进党的建设新的伟大工程，努力形成围绕经济抓党建、抓好党建促发展的良好局面。

思想政治建设是党的基础性建设，是中国共产党的重要政治优势。坚定理想信念，用科学理论武装全党、教育干部、引导人民，是党的优良传统，是党能够保持先进性、纯洁性，不断提高长期执政能力的重要保证和基本经验。丽水在深化内容、丰富形式、完善机制、拓展渠道上下功夫，不断强化党员干部特别是领导干部的理想信念教育和理论武装工作，使党员干部的思想政治素质得到全面提升。进入21世纪，丽水贯彻习近平同志作出的重要指示，以加强党的长期执政能力

建设、先进性和纯洁性建设为主线，以党的政治建设为统领，以坚定理想信念宗旨为根基，推进党的政治建设、思想建设、组织建设、作风建设、纪律建设，把制度建设贯穿其中，大力弘扬求真务实精神，以改革的精神推进自身建设，努力加强领导班子、干部队伍、人才队伍和基层组织建设，为"跨越发展、科学赶超、生态惠民"，建设美丽幸福新丽水提供了坚强的组织保障。尤其是党的十八大以来，丽水各级党委更是把经常性教育与集中性教育紧密结合起来，思想政治建设在创新中不断迈进，广大党员锤炼了党性修养，拧紧了思想政治上的"总开关"，筑牢了拒腐防变的思想防线。尤其是高质量开展党的群众路线教育实践活动、"三严三实"专题教育、"两学一做"学习教育和当前正在进行的党史学习教育，推进了党的思想政治建设的常态化。

各级领导干部带头执行《新形势下党内政治生活的若干准则》《中国共产党党内监督条例》，把好用权"方向盘"，系好廉洁"安全带"，激浊扬清，扶正祛邪，旗帜鲜明坚持真理、修正错误。带头维护政治纪律和政治规矩，以实际行动践行"四个意识"，忠诚履职、勇于担当，推动各级党组织和党员干部自觉向核心看齐、自觉维护核心，坚定执行党的政治路线，始终在政治立场、政治方向、政治原则、政治道路上同党中央保持高度一致，决不允许自行其是、各自为政，决不允许有令不行、有禁不止，决不允许上有政策、下有对策，确保党的路线方针政策和党中央决策部署不折不扣贯彻落实。全市广大党员干部秉持赤子忠诚，让"四个意识""四个自信"烙刻灵魂，让忠诚核心、拥戴领袖融入血脉，让为党站岗放哨成为永恒天职，自觉为营造风清气正的政治生态履职尽责、做出贡献，做勇于献身理想之人。

丽水是浙江省唯一的所有县（市、区）都是革命老根据地的地级市，在新民主主义革命时期，尤其是战火纷飞的战争年代，老一辈革命家在这里留下了光辉战斗足迹，凝结成了"浙西南革命精神"。改革开放以来，"浙西南革命精神"已成为激励丽水人民坚定理想信念、战胜一切困难、在前进道路上夺取一个又一个胜利的力量源泉。在习近平总书记对丽水的跨越式绿色发展给予高度肯定、发出 102 字的"丽水之赞"后,新时代丽水人面临以"丽水之干"担纲"丽水之赞"的时代背景。丽水市委强调,要进一步弘扬践行以"忠诚使命、求是挺进、植根人民"为内涵的浙西南革命精神。丽水各级干部更是主动扛起责任、拉高标杆,找准坐标、勇于担当,干在"生态惠民"的实处、走在"科学赶超"的前列、勇立"绿色发展"的潮头,全市形成了以"丽水之干"担纲"丽水之赞"的浓厚干事创业氛围。

二、始终重视高素质专业化干部队伍建设这个关键

丽水市铭记习近平同志对丽水干部队伍建设提出的一系列重要指示,清醒认识到建设高素质干部队伍对丽水跨越式绿色发展的极端重要性。在发展方式的全面转型过程中,丽水始终高度重视对各级干部担当、干事的责任感和激情的激发,着力培育特别肯吃苦、特别能战斗、特别有韧劲、特别善创新的奋斗精神。特别是习近平总书记对丽水践行"绿水青山就是金山银山"理念取得的成效作出充分肯定之后,丽水市委更是明确提出要以"丽水之干"担纲"丽水之赞",要求各级干部"冲破束缚,轻装上阵地干;脚踏实地,求真务实地干;立说立行,雷厉风行地干;追求卓越,精益求精地干;久久为功,锲而不舍地干"。市委密集出台了《关于进一步激励干部新时代新担当新作为以"丽水之干"担纲"丽水之赞"的实施意见》《关于适应实现"两大历史使命"需要大力发现培养选拔优秀年轻干部的实施意见》《关于深化完善容错纠错机制的实施细则》等文件,不断强化"组织为干部担当、干部为事业担当"的鲜明导向,释放了"干"字当头、以干为重、以干得助、以干图强的强烈信号。

为给"丽水之干"注魂、赋能、立根,丽水市委着力挖掘和弘扬"浙西南革命精神",要求各级干部紧紧抓住丽水发展的历史性和战略性机遇,自觉肩负起"绿水青山就是金山银山"理念践行的先行者使命,

围绕"生态产品价值实现机制"探索试点，努力成为优质生态产品的供给者、生态价值标准的制定者、生态价值体系的评估者，为成为生态产品价值实现机制示范、推进"绿水青山就是金山银山"实践提供更多的"丽水探索、丽水素材、丽水经验"。可以说，正是这样一种走在前列的发展理念觉醒，这样一种先行先试的责任担当，这样一种脚踏实地、锲而不舍的"丽水之干"，使丽水克服了后发地区面临的种种不利条件，成功地抓住了稍纵即逝的机遇，推动丽水成功实现了绿色崛起。

为了持续提高欠发达地区领导班子和干部队伍的领导水平和工作能力，深入贯彻习近平同志为丽水量身定制的干部建设准绳，结合基层实际，以庆元县"技能型乡镇政府建设"为样本，创造了具有地方特色的服务型地方政府建设模式。以培养技能型干部为载体，从干部观念和角色转换入手，逐步实现乡镇政府功能定位的转变，进而发展到对乡镇机构进行结构性调整，以及以服务为导向的运作机制的建构，并根据实践的需要渐次推进，螺旋式上升，成功实现基层政府从"管理型"向"服务型"转型；同时，极大提升了干部能力素质，优化了乡镇内设机构，提高了乡镇政府的工作效能。在技能型乡镇政府深入推进的过程中，政务代办、科技指导、维稳调处等各种服务创新受到了民众的广泛认同，促进了基层社会的和谐发展。技能型乡镇政府建设始终立足于地方经济的发展，想方设法调动干部为群众脱贫致富和企业发展想办法、找出路的积极性和主动性，抓住了新农村建设的根本；着力创建想农民之所想、急农民之所急的服务型政府，增进了群众对党和政府的感情，巩固了党在农村的执政基础。20年来，丽水在推进基层探索实践基础上，始终坚持把技能型乡镇政府建设作为抓基层强基础的重要载体，以"一锤一锤钉钉子"的精神常抓不懈、一抓到底，总结经验并推广到全市乡镇工作中，结合时代发展不断赋予新的内涵，确保技能型乡镇政府建设持续焕发出新的生命力。

三、始终秉持以人民为中心的发展思想这个根本

正如习近平总书记 2018 年 4 月 26 日在深入推动长江经济带发展座谈会上所肯定的："浙江丽水市多年来坚持走绿色发展道路，坚定不移保护绿水青山这个'金饭碗'，努力把绿水青山蕴含的生态产品价值转化为金山银山，生态环境质量、发展进程指数、农民收入增幅多年位居全省第一，实现了生态文明建设、脱贫攻坚、乡村振兴协同推进。"①这 102 个字的"丽水之赞"饱含着习近平总书记对丽水的特别牵挂、特殊关爱和殷切期望，也是对丽水在坚定不移走生态优先、绿色发展道路中始终坚持以人民为中心的发展思想的充分肯定。而丽水跨越式发展的落脚点，正是"生态惠民"。

20 年来，丽水牢固树立以人民为中心的发展思想，在经济底数相对薄弱的情况下，依然坚持把财政支出三分之二以上用于改善民生，坚决扛起富民、惠民、安民的政治责任。坚持不懈抓好增加群众收入这件民生大事，推进"欠发达乡镇奔小康工程"、"低收入农户增收致富奔小康工程"和精准脱贫攻坚战，城乡居民收入稳步增长，其中农民收入增幅连续多年位居全省首位，消除了家庭人均年收入 4600 元以下的绝对贫困现象，城乡收入比持续缩小。每年坚持办好十方面民生实事，统筹做好就业、社保、教育、卫生、养老等领域民生工作，"五保合一"大社保体系全面建成，9 个县（市、区）全部创成国家义务教育基本均衡县、省教育强县。医药卫生体制改革和"双下沉、两提升"工作取得明显成效，居民健康指标持续改善。意识形态工作全面加强，社会主义核心价值观深入人心，成功创建全国文明城市，实现国家卫生城市创建市、县"满堂红"。建成丽水大剧院、市体育中心、市博物馆等标志性公共设施，大力推进农村文化事业发展，乡村春晚成为全国公共

---

① 习近平：《在深入推动长江经济带发展座谈会上的讲话》，《求是》2019 年第 17 期。

文化服务体系示范项目。全面建设平安丽水，首创"平安报表"管理法，在全省率先建成社会矛盾大调解体系，连续 10 余年获得省级"平安市"称号，夺得全省首批"平安金鼎"，成为全国综治优秀市，群众安全感满意率连续数年位居全省第一。

得民心者得天下。丽水的绿色发展之路持续取得跨越式发展成效，其根源正是当地党委、政府始终把带领人民群众创造幸福美好生活当作奋斗目标，全力保障和改善民生，做好富民文章、惠民文章、安民文章，积极探索新形势下密切联系群众、维护群众利益的有效机制和载体，为我们树立了欠发达地区创新实现以人民为中心发展理念的实践典范。

展　望

丽水要在浙江忠实践行"八八战略"和高质量发展建设共同富裕示范区中发挥不可替代的重要作用,必须进一步提高政治站位,立足秀山丽水的资源优势和践行"绿水青山就是金山银山"理念的先行优势,坚定不移地沿着习近平总书记为丽水指引的路子走下去,以"丽水之干"续写"八八战略"的秀美新篇章,努力把丽水建设成为共同富裕美好社会山区样板,在构建现代生态文明体系上充分发挥先行示范作用。

一、以"两个先行"打造"重要窗口"与丽水跨越式高质量发展的新目标新定位

2022年,浙江省第十五次党代会提出,在高质量发展中奋力推进中国特色社会主义共同富裕先行和省域现代化先行的奋斗目标。浙江省委十五届二次全会明确了忠实践行"八八战略",以"两个先行"打造"重要窗口",奋力谱写中国式现代化篇章的大逻辑。这就为丽水在新时代更好地发挥先行示范作用指明了方向。丽水市全面贯彻落实浙江省委部署,把跨越式高质量发展作为新的历史使命,把创建全国革命老区共同富裕先行示范区作为基本定位。这一目标定位准确地把握了新发展阶段丽水在全省改革发展大局中的功能定位,明确了丽水推进以"两个先行"打造"重要窗口"建设的奋斗目标和核心任务。要实现这一目标,就必须进一步强化在全省打造美丽中国先行示范区

征程中的使命担当，坚持面向全国、面向世界、面向未来，用好"跨山统筹""创新引领""问海借力"三把"金钥匙"，以数字化改革撬动生态产品价值实现的体制机制创新，努力在全域生态产品价值整体提升和实现上取得更大的实质性突破，为构建现代生态文明体系贡献更多制度化、成熟化的丽水经验。

（一）面向全国：在构建现代生态文明体系中发挥好示范引领作用

在决胜全面建成小康社会取得决定性成就之际，中国开启了全面建设社会主义现代化的新征程。浙江已经根据"重要窗口"的定位，提出了打造美丽中国先行示范区的奋斗目标。作为浙江最大的生态屏障，作为"绿水青山就是金山银山"理念的重要萌发地和先行实践地，丽水必须切实承担起美丽中国先行示范区建设的探路者责任，在构建现代生态文明体系中发挥好示范引领作用。

中国的现代化是人与自然和谐共生的现代化，从全面建成小康社会向全面建设社会主义现代化国家迈进，对生态文明体系建设提出了更高要求。在改革开放初期，为了解决 10 多亿人口的温饱问题和基本小康问题，中国在经济快速发展过程中付出了生态环境代价。进入全面建成小康社会的攻坚阶段以后，我国将生态文明建设作为统筹推进"五位一体"总体布局和协调推进"四个全面"战略布局的重要内容，提出了一系列新理念、新思想、新战略，污染治理力度之大、制度出台频度之密、监管执法尺度之严、环境质量改善速度之快前所未有，推动生态环境保护发生了历史性、转折性、全局性变化。目前，我国生态环境质量持续好转，出现了稳中向好趋势，但成效并不稳固，稍有松懈就有可能出现反复。可以说，生态文明建设正处于压力叠加、负重前行的关键期，已进入提供更多优质生态产品以满足人民日益增长的优美生态环境需要的攻坚期，也到了有条件有能力解决生态环境突出问题的窗口期。习近平总书记指出："随着我国社会主要矛盾转化为人民日益增长的美好生活需要和不平衡不充分的发展之间的矛盾，人民群众对优美生态环境需要已经成为这一矛盾的重要方面，广大人民群众热切期盼加快提高生态环境质量。人民对美好生活的向往是我们党的奋斗目标，解决人民最关心最直接最现实的利益问题是执政党使命所在。人心是最大的政治。我们要积极回应人民群众所想、所盼、所急，大力推进生态文明建设，提供更多优质生态产品，不断满足人民日益增长的优美生态环境需要。"①构建现代生态文明体系，全面推进中国经济从高速增长转向高质量发展，走出一条人与自然和谐共生的现代化道路，已经现实地成为全面推进社会主义现代化建设的重大课题。

为此，我国已经明确提出，要通过加快构建生态文明体系，使我国经济发展质量和效益显著提升，确保到 2035 年节约资源和保护环境的空间格局、产业结构、生产方式、生活方式总体形成，生态环境质量实现根本好转，生态环境领域国家治理体系和治理能力现代化基本实现，美丽中国目标基本实现。到 21 世纪中叶，建成富强民主文明和谐美丽的社会主义现代化强国，物质文明、政治文明、精神文明、社会文明、生态文明全面提升，绿色发展方式和生活方式全面形成，人与自然和谐共生，生态环境领域国家治理体系和治理能力现代化全面实现，建成美丽中国。②

2022 年 6 月 20 日召开的浙江省第十五次党代会根据党中央的战略部署，立足"重要窗口"的战略定位和浙江肩负的高质量发展建设共同富裕示范区的历史使命，明确提出要在高质量发展中奋力推进中国特色社会主义共同富裕先行和省域现代化先行，进一步标识了浙江干在实处、走在前列、勇立潮头的追求，为丽水面向全国，在构建现代生态文明体系中发挥好先行示范作用，确立了新的标杆。

---

① 习近平:《推动我国生态文明建设迈上新台阶》,《求是》2019 年第 3 期。
② 习近平:《推动我国生态文明建设迈上新台阶》,《求是》2019 年第 3 期。

　　对照习近平总书记擘画的中国生态文明体系构建蓝图,对照浙江"两个先行"的定位,丽水要实现跨越式发展,就必须充分发挥生态文明建设的先行实践优势,坚持先行先试,全面探索促进现代生态文明体系建设的体制机制保障,聚焦生态产品价值实现机制的试点探索,全面打通绿水青山与金山银山的转化通道,率先形成经济生态化与生态经济化良性循环的发展格局,以美丽环境、美丽经济、美好生活深度融合和"绿起来、富起来、强起来"的发展逻辑,树立人与自然和谐共生的现代化实践标杆。

　　进入 21 世纪以来,在习近平同志一系列重要理念和指示的引领下,丽水较早地确立了"绿水青山就是金山银山"理念,完成了发展观念的革命性变革,进而借助于独特的生态资源优势,就绿色发展进行了先行先试的探索,在努力将绿水青山转化为金山银山的实践上走在了全国前列。而"重要窗口"建设赋予丽水的一项重要职责,则是要更加自觉地肩负起探路者角色功能,着眼更好地在现代生态文明体系建构上发挥示范引领作用,全面深化绿色高质量发展的探索,努力在全面打通绿水青山与金山银山的转化通道,推进美丽环境、美丽经济、美好生活深度融合,实现经济生态化与生态经济化的良性循环上,为全国贡献出具有可复制性和可推广性的实践经验。

　　"八八战略"实施以来,包括丽水在内的浙江各个地方,在推进发展方式转型和"绿色浙江"建设方面先行先试,为全国各地践行"绿水青山就是金山银山"理念、推进美丽乡村建设,贡献了大量成功的典型案例和实践经验,为国家推进生态文明建设的制度建设贡献了丰富的浙江元素。"重要窗口"建设给浙江在生态文明建设上提出了更高要求,那就是必须深刻领会和把握现代生态文明体系制度建设的系统性,增强制度创新的系统性、整体性、协同性,着力在制度衔接、制度联动上下功夫,努力为构建中国特色的现代生态文明体系贡献集成化的制度创新成果。这就要求我们自觉扛起生态文明建设先行示范的使命担当,从系统工程和全局角度寻求新的治理之道,通过发展绿色低碳循环的全产业美丽生态经济,建设天蓝地绿水清的全要素美丽生态环境,打造宜居宜业宜游的全系列美丽幸福城乡,完善科学高效完备的全领域美丽治理体系,全领域、全地域、全过程、全方位加强现代生态文明体系建设。

丽水要聚焦率先基本实现生态环境领域治理体系和治理能力现代化,全面推进环境治理的制度体系创新,不断提高生态环境的治理水平。要顺应浙江打造省域现代治理先行示范区的进程,深入探索调动社会各方积极性和创造性,将生态文明建设转化为全体人民自觉行动的有效治理结构;深入探索充分运用市场化手段,推进生态环境保护市场化进程,完善资源环境价格机制,将生态环境成本纳入经济运行成本,同时撬动更多社会资本进入生态环境保护领域;深入探索更好地发挥政府在生态文明建设中的作用,综合运用行政、市场、法治、科技等多种手段,健全生态治理的政策体系,在构建现代生态治理体系上发挥好先行者的示范作用。

要聚焦生态产品价值实现机制的探索,深入探索政府主导、企业和社会各界参与、市场化运作、可持续的生态产品价值实现路径,努力在生态产品价值核算、生态产品的地域品牌标识、生态产品的政府购买、生态产品价值的市场实现、生态产品的信用评价等方面,形成一揽子的制度方案,充分发挥丽水生态产品价值实现探索的全国试点功能,使丽水成为推动生态产品价值实现的制度创新的重要策源地。

(二)面向世界:在展示人与自然和谐共生的中国式现代化道路上发挥好窗口作用

生态文明建设关乎人类未来,建设绿色家园是人类的共同梦想。我国已成为全球生态文明建设的重要参与者、贡献者、引领者,要增强我国在全球环境治理体系中的话语权和影响力,积极引导国际秩序变革方向,就必须秉持人类命运共同体的理念,更加积极主动参与全球环境治理,传播我国加快构筑尊崇自然、绿色发展的生态体系,共建清洁美丽的世界的主张，并为形成世界环境保护和可持续发展提供中国解决方案。丽水要实现跨越式高质量发展，就必须坚持面向世界，增强绿色发展和构建现代生态文明体系的自信心，聚焦生态产品价值转化这一世界性课题，充分展示中国努力探索人与自然和谐共生的现代化道路的负责任大国形象。

丽水要在展示中国式现代化道路中实现跨越式高质量发展，就必须以高水平的生态文明建设和高质量绿色发展，充分展示出欠发达地区依靠自身努力，通过充分发挥比较优势实现赶超发展的成功实践经验，为广大后发地区摆脱依附性发展困境、实现自主性发展提供重要借鉴。实践证明，后发地区既可能面临诸多后发的机遇，也可能面临诸多挑战。因此，自怨自艾地哀叹后发宿命式的劣势，或者想当然地空谈后发优势，都是没有意义的，问题的关键在于能否立足发展的实际条件，通过充分发挥自身的比较优势，找到一条既能够将后发的机遇和优势发挥出来，又能较好地规避、克服、缓解后发劣势的发展道路。丽水在践行"八八战略"的过程中之所以能够实现绿色崛起，关键就在于在习近平同志一系列重要指示的引领下，不断增强发展的自主性，着力培育自身发展的内在动力，走出了一条能够充分发挥自身资源禀赋优势的发展道路，并逐步形成了绿色发展的自我强化机制。在这一进程中，丽水必须始终保持绿色发展的战略定力，坚持一张蓝图绘到底，一任接着一任干，从各个领域、各个层面，不断完善高水平的生态文明建设和高质量绿色发展，形成绿色发展的自我强化机制，最终将逐步积累起来的体制机制创新经验汇聚成为一整套相对成熟、定型的制度体系，形成独特的竞争优势，从而在将生态资源优势转化为发展优势、将后发劣势转化为后发赶超优势上，为后发地区提供经验借鉴。

"绿水青山就是金山银山"理念，是现代化道路选择的中国方案在价值层面的理论表达。中国方案意味着中国在发展道路的选择上清醒地认识到，早发国家的现代化，是建立在全球共同承担其资源环境代价基础上的,全球生态环境的深刻变革决定了后发国家早已永久性地丧失了早发国家工业化的时空条件,再也不可能复制发达国家高能耗、高消费的现代生活方式。在全球生态环境面临严峻挑战的今天,任何一个国家或地区,只有坚持以绿色发展为核心准则,才有可能形成可持续发展的潜力。作为后发地区,丽水毅然决然地放弃了以生态环境为代价的发展模式,坚定地把绿色发展理念贯穿于生态、生产、生活各个领域,成为生态文明体系探索的先行者。

(三)面向未来:在破解高质量绿色发展普遍性难题新题上当好开路先锋

中华民族伟大复兴的征程正处于从全面小康迈向全面现代化、从中等收入经济体迈向高收入经济体的关键时段,生产方式、生活方式及社会交往方式都将发生比之前更为深刻和复杂的变迁,发展环境也面临着许多更为复杂、严峻的挑战。更重要的是,中国作为一个国情异常复杂的巨型国家,特殊的国情、特殊的道路选择,以及特殊的发展时空境遇,决定了中国全面现代化所面临的挑战的艰巨性、复杂性,是已经实现了现代化的任何一个国家都难以比拟的。14亿多人口的巨型国家的现代化,意味着步入高收入群体、享受现代文明成果的人口规模,将超过现有发达国家人口的总和。后发的历史境遇,意味着中国式现代化不可能重复发达国家当年先污染后治理的发展历程,更不可能像它们那样将污染转嫁到发展中国家,必须将经济活动、人的行为限制在自然资源和生态环境能够承受的限度内。社会主义现代化,意味着中国将努力追求以人为核心的现代化,实现社会的全面进步和人的全面发展。这一切都预示着,走向全面现代化的中国将必然遭遇众多前所未有的现实挑战,需要破解无数的难题新题。在这样特殊的时代背景下,丽水要扛起跨越式高质量发展的使命,就必须进一步提高政治站位,以更大胸襟和气魄、更宽视野,顺应未来所向,勇立改革开放的潮头,在破解普遍性发展难题新题上勇当开路先锋,努力为民族复兴大业多探路、多闯关、多破题。要把国家所需、人民所盼、未来所向与丽水所能紧密结合起来，坚持跨山统筹、创新引领、问海借力，着力在构建现代生态文明体系和实现高质量绿色发展上大胆探索，努力为全国提供成熟的经验，发挥好先行先试的示范引领作用。

跨山统筹，就是要破除丽水长久以来依山而居、靠山而作、划山而治的"分散式"路径依赖，树立一体化、协同化、差异化发展的思维，在更大时空范围内统筹生产力布局、资源开发、设施配套、交通建设，通过强强联合、特色结合、优势组合，推动生产力由散到聚、以聚促变，聚力打造具有区域竞争力的新增长极，进而培育形成区域发展整体规模优势和特色差异品牌。要强化整体谋划，统筹协调空间布局、产业重塑、生态治理，将生态产品价值实现机制探索的深化聚焦到全域生态产品价值的整体提升和转化上来，突破以零散的乡村景点、单一的乡村食品去追求生态产品市场价值的局限，以多要素的渗透、多业态的融合，打造高附加值的生态产品，实现全域生态产品价值整体提升和转化的前景，最大限度地发挥生态资源优势的整体效应。

创新引领，就是要坚持创新是引领发展的第一动力，是推动高质量绿色发展的核心关键，坚定不移、毫不动摇把创新摆在事关发展全局的核心战略位置，深入实施创新驱动发展战略，创造一切有利条件引进优质创新资源，提升自主创新能力，协同推进管理创新、模式创新、制度创新等各领域全面创新，让创新成为丽水高质量绿色发展的鲜明特征和强大引擎。要聚焦数字化变革，坚持以数字化改革撬动各领域各方面改革，通过强化生态环境的战略规划和统筹协调，依托最美的生态环境，推动高端生态、高端科技和高端人才的深度融合，实现生态产品价值，实现探索的整体迭代升级。要集中精力、集中资源，在中心城市率先布局建设高端要素集聚、创新活力勃发的浙西南科创中心，更好地发挥市一级作为资源要素引进和组织者的关键性作用，推动建设浙西南科创产业园、科创小镇、科创走廊等重大创新载体。要抓住平台整合优化提升的重大机遇，以前瞻性眼光和魄力推进全市平台一体规划和体系重塑,推动"高精尖特"创新主体、重大产业、重要企业、重点项目优先向主力平台布局,努力在高能级产业战略平台建设上取得重大突破。

问海借力,就是要跳出丽水看丽水,放眼全局开新局,顺应构建以国内大循环为主体、国内国际双循环相互促进的新发展格局的态势,紧紧抓住"一带一路"建设、长江经济带发展,特别是长三角区域一体化发展等带来的历史性机遇,利用好大湾区大花园大通道大都市区建设创造的新的发展条件,主动开放、扩大合作,全面深化山海协作,打造多类型、多层次、多领域的高等级合作发展平台,加快吸引集聚更多外来优质要素和高端资源,增强丽水高质量绿色发展内生动力。要积极主动地致力于构建制度型对内对外开放体系,接轨国际市场通行规则,建立健全竞争中性、市场透明、产权保护等方面的制度,围绕商事制度、贸易监管、金融开放创新等内容,持续深化"最多跑一次"改革和市场化改革,营造法治化、国际化、便利化的营商环境。要推进跨区域交流合作,用好长三角一体化发展国家战略、自贸区改革机遇和"山海协作"制度优势,创设更多制度型开放载体。要扩大跨境交流合作,加强与"一带一路"沿线国家在市场、规则、标准等方面的"软联通",打造更多科创、产业、经贸国际化合作"硬平台",提高开放型经济水平。

二、坚定不移地走高质量绿色发展之路

丽水是"绿水青山就是金山银山"理念的重要发源地和先行实践地。习近平同志在浙江工作期间,就丽水发挥生态优势,走出一条生态绿色可持续的发展的路子作出了一系列重要指示。正是在这些重要指示的直接引领下,20 年来,丽水不断增强"绿水青山就是金山银山"的信念,聚焦打通绿水青山转化为金山银山的通道,全面贯彻落实"八八战略",逐步探索出一条欠发达山区发挥后发优势和生态优势,实现跨越式发展的路子,形成了生态文明建设、脱贫攻坚、乡村振兴协

同推进,美丽生态、美丽经济、美丽生活深度融合的发展格局,在生态文明建设上走在了全国前列。丽水创新发展、绿色崛起的生动实践充分证明,绿色发展是欠发达山区实现赶超发展的必由之路,"绿水青山就是金山银山"理念和习近平生态文明思想是引领欠发达山区实现绿色崛起的根本遵循。在决胜全面建成小康社会取得决定性成就、开启全面建设社会主义现代化国家新征程的历史阶段,丽水必须进一步全面贯彻落实新发展理念,大力弘扬"忠诚使命、求是挺进、植根人民"的浙西南革命精神,对标习近平总书记对丽水提出的殷切期望,聚焦生态产品价值实现机制的探索,拓宽绿水青山转化为金山银山的通道,健全和完善促进高质量绿色发展的体制机制,打造高水平建设和高质量发展的标杆,不断续写"八八战略"在丽水的新篇章。

（一）忠诚使命：打造"绿水青山就是金山银山"理念的实践标杆

丽水绿色崛起的过程,是"绿水青山就是金山银山"理念强大现实生命力的生动写照。在习近平同志一系列重要指示的引领下,丽水干部群众实现了发展理念的一次革命性、历史性跃升,驱动丽水从工业文明疲惫的追随者转变成为现代生态文明实践的先行者。正是在"绿水青山就是金山银山"理念的先行实践中,丽水干部群众日益深切地认识到了之前熟视无睹的生态环境蕴含的金山银山式的价值,逐步实现了绿色发展从自发到自觉的蜕变。回顾总结丽水 20 年来走过的发展方式转变之路,面对新的发展理念引领丽水取得的绿色发展的显著成就,丽水有最充足的理由保持践行"绿水青山就是金山银山"理念的高度自觉,保持绿色发展的恒久的战略定力,肩负起高质量绿色发展探路者的使命担当。

高质量绿色发展是推进人与自然和谐共生的中国式现代化建设的题中应有之义,是丽水在新发展阶段全面贯彻新发展理念、打造新发展格局的内在要求,也是丽水在全省努力打造美丽中国先行示范区中担负起探路者角色的根本任务。为此，就必须在深刻领悟"绿水青山就是金山银山"理念的科学内涵和精神实质中确立科学的立场、观点、方法，始终铭记习近平同志"绿水青山就是金山银山，对丽水来说尤为如此"的重要嘱托，牢牢扭住"生态是最大优势、发展是最重任务"基本市情，对标对表"丽水之赞"寄予的使命和任务，开辟新时代丽水发展的新境界。

丽水的实践已经充分证明，欠发达地区要实现赶超发展，就必须坚持绿色发展不动摇，以"绿起来"带动"富起来"。而推进高水平建设和高质量发展重要窗口建设，就是以高质量绿色发展来展示欠发达地区如何摆脱既要绿水青山又要金山银山在实践中可能陷入的顾此失彼的两难境地，实现从"富起来"向"强起来"跨越的内在逻辑和有效路径。为此，就必须在指导思想上牢固树立"抓好 GEP 同样是为了GDP，抓出 GDP 才有更好 GEP"的观念，不断拓宽绿水青山转化为金山银山的现实通道，推动 GDP 和 GEP 规模总量协同较快增长，GDP和 GEP 之间转化效率实现较快增长。要围绕加快推动生态经济化、经济生态化，全力构建现代化生态经济体系，使 GEP 更多、更好、更快、更直接地转化为 GDP，充分释放绿水青山的经济价值，变生态要素为生产要素、生态价值为经济价值、生态优势为发展优势，同时让发展成果更好地服务生态建设，更好地惠及群众利益，走出具有鲜明的丽水特色的高质量绿色发展之路。

在新的历史起点上深化"绿水青山就是金山银山"理念的创新实践，推动绿色高质量发展，必须解放思想、与时俱进，在发展方式和路径上来一场深刻的革命，以大刀阔斧的改革创新和久久为功的坚韧求索，坚决克服"不必转化"的守成心态、"不用转化"的盲目认知、"不敢转化"的畏难意识、"不会转化"的本领欠缺，以壮士断腕的勇气坚决打破损害生态环境的"坛坛罐罐"，抱定即使牺牲 GDP 增长也要为绿水青山增添价值的决心和意志，在保持经济较快增长的同时，加大对生态建设的反哺和支持力度，推动 GDP 加快向 GEP 的有效转化，实现两者协同较快增长，全力构建现代化生态经济体系，努力变生态要素为生产要素、生态价值为经济价值、生态优势为发展优势。

推动高质量绿色发展，必须坚持以系统的观念来认识生态系统，高水平推进人与自然和谐共生的现代化，统筹推进现代生态文明体系建设，打造生态文明高地。一方面，"山水林田湖草"是生命共同体，生态是统一的自然系统，是相互依存、紧密联系的有机链条。因此，必须进一步强化跨山统筹的理念，打破行政区划对统一的生态系统的人为分割和阻隔，强化市域生态系统的统一规划、统一修复，着力于全域生态产品价值的整体提升，最大限度地发挥出秀山丽水生态资源优势的整体价值。另一方面，生态环境问题归根结底是发展方式和生活方式问题，要从根本上解决生态环境问题，必须贯彻创新、协调、绿色、开放、共享的发展理念，加快形成节约资源和保护环境的空间格局、产业结构、生产方式、生活方式，把经济活动、人的行为限制在自然资源和生态环境能够承受的限度内，给自然生态留下休养生息的时间和空间。① 要立足生态、生产、生活相互渗透、相互影响的人与自然关系的内在规律，着眼于实现美丽生态、美丽经济、美丽生活的深度融合，统筹谋划、系统施策，将高质量绿色发展的指导思想贯彻到生产、生活的各个领域，贯彻到区域经济发展的全过程，逐步探索和建构系统化的促进现代生态文明体系建设的治理体系。

推动高质量绿色发展，必须进一步推进发展方式的革命性变革，以"跨山统筹""创新引领""问海借力"的理念和方法，全面实施丽水平台"二次创业"，将平台打造成为生态工业发展的主战场和工业生态化发展的主展区，打造成为加快建设现代化生态经济体系的重载基地、推动 GDP 和 GEP"两个较快增长"的硬核支撑，打造成加快丽水高质量绿色发展、推动经济现代化的强劲动力引擎。要切实贯彻好区域协调发展战略，破除划山而治的思维，打破各自为政的藩篱，落实"一带

---

① 习近平：《推动我国生态文明建设迈上新台阶》，《求是》2019 年第 3 期。

三区"的战略构想,强化全市"一盘棋"的发展思维,在更大时空范围内统筹布局空间规划、资源开发、项目建设和设施配套,促进区域资源要素优化配置和产业集聚发展,从根本上突破生产力布局分散这一制约丽水经济发展的现实瓶颈。要全面贯彻创新驱动发展战略,着力打造浙西南科创高地,加强与大院名校、科研机构合作,引育各类众创空间、科技创新主体,协同推进技术创新、管理创新、模式创新、制度创新等各领域全面创新,强化产业链培育、价值链提升、集群式成长。要坚定不移地贯彻高水平扩大开放战略,紧紧抓住长三角一体化发展、打造"山海协作工程"升级版等有利契机,大力加强以数字化、网络化、智能化为重点的新型基础设施建设,推动平台创新发展,加强域外投资引进、产业转移承接,努力做到为我所有,同时更加注重飞地经济、研发经济、孵化经济等新型开放合作机制的建立运用,打通平台开放发展新通道。

(二)求是挺进:在高质量绿色发展的体制机制创新上勇立潮头

适应全面建设社会主义现代化建设进程中人与自然和谐共生的要求,建构现代生态文明体系,既是实现高质量绿色发展的题中应有之义,也是推进高质量绿色发展的重要前提。现代生态文明体系作为赶超工业文明的更高级的社会文明形态,是社会生产方式、生活方式及其体现的人与自然关系深刻变革的产物,涉及思想观念、制度体系、行为方式等持续深刻的变革。构建现代生态文明体系,是一个复杂的社会系统工程,也必然是一个长期的历史过程。在中国进入新的发展阶段,迫切需要全面贯彻新的发展理念、建设新的发展格局的大背景下,推进生态文明体系建设,"必须加快建立健全以生态价值观念为准则的生态文化体系,以产业生态化和生态产业化为主体的生态经济体系,以改善生态环境质量为核心的目标责任体系,以治理体系和治理能力现代化为保障的生态文明制度体系,以生态系统良性循环和环境风险有效防控为重点的生态安全体系"①。

我们必须清醒地认识到，一个地区拥有的良好生态环境、丰富生态资源，只是为更早、更快、更好地推进生态文明体系建设提供了必要条件，但生态环境优势不等于生态文明建设水平的优势。丽水在全面贯彻落实"绿水青山就是金山银山"理念、探索欠发达地区绿色崛起的过程中，在生态文明建设上取得了初步成效。推进高水平建设和高质量发展重要窗口建设肩负的一个重要使命，就是要充分发挥生态优势和绿色发展先行的实践优势，大力弘扬求是挺进精神，勇立生态文明建设的潮头，努力在构建现代生态文明体系上发挥探路者的示范引领作用。2022 年 2 月召开的中国共产党丽水市第五次代表大会全面系统地概括了高质量绿色发展必须遵循的规律性认识、经验性总结和行动性指南，即"八个必须坚持"：必须坚持高扬"丽水之干"的行动奋斗旗帜，必须坚持以浙西南革命精神注魂、赋能、立根，必须坚持把跨越式高质量发展作为新的历史使命，必须坚持把共同富裕确立为现代化建设的首要目标，必须坚持建设现代化生态经济体系的战略任务，必须坚持自觉运用好三把"金钥匙"，必须坚持把"双招双引"作为战略性先导工程，必须坚持以制度建设现代化推进市域治理现代化。"八个必须坚持"，是丽水坚定不移地沿着习近平总书记指引的方向奋勇前进，不断深化"绿水青山就是金山银山"理念的探索实践的经验结晶。为此，就必须在生态环境保护和建设，以及人与自然和谐共生的现代化建设中，实现从天生丽质向治理提质转变、从生态颜值向经济价值转变、从产品直供向模式提供转变。要积极推动"生态佳"迈向"生态＋"，构建以"生态＋"为显著特征的现代化生态经济体系。要努力成为全面深入推进生态文明建设各领域改革的积极探索者和实践者，在机制创新、功能拓展、路径开发、标准创设等方面先行先试，形成新时代生态文明建设的"丽水方案"。

---

① 习近平：《推动我国生态文明建设迈上新台阶》，《求是》2019 年第 3 期。

　　要围绕推动"绿水青山就是金山银山"理念往深里走、往心里走、往实里走，建立健全以生态价值观念为核心的生态文化体系，在全社会培育形成最浓厚的爱护生态环境、守护秀山丽水的氛围，将"绿水青山就是金山银山"理念转化为全社会强大的思想共识和行动自觉。习近平同志早在2003年就在《求是》杂志发表《生态兴则文明兴——推进生态建设　打造"绿色浙江"》一文，明确提出了"生态兴则文明兴，生态衰则文明衰"的重要论断，强调"不重视环境保护和生态建设的政府是不清醒的政府，不重视环境保护和生态建设的部门是不称职的部门，不重视环境保护和生态建设的企业是没有希望的企业，不重视环境保护和生态建设的公民是没有社会公德的公民"[①]。要将生态价值观念的普及作为新时代文明实践的重要内容，大力弘扬"天不言而四时行，地不语而百物生""万物各得其和以生，各得其养以成"等优秀传统文化观念，大力倡导像保护眼睛一样保护生态环境，像对待生命一样对待生态环境的环保意识，大力倡导简约适度、绿色低碳的生活方式，广泛开展节约型机关、绿色家庭、绿色学校、绿色社区创建活动，全面推进生活方式的绿色革命，培育形成每个人都是生态环境的保护者、建设者、受益者，没有哪个人是旁观者、局外人，谁也不能只说不做、置身事外的全民参与格局。

　　聚焦生态产品价值实现机制探索，构建以产业生态化和生态产业化为主体的生态经济体系。要坚持不懈地实行最严格的生态环境保护制度，完善资源高效利用制度，大力倡导文明健康绿色环保的生活方式，积极构建"政府有为、企业有责、市场有效、社会有序"的大生态保护格局。持续深化政府主导、企业和社会各界参与、市场化运作、可持续的生态产品价值实现路径的探索，充分发挥市场机制的作用，撬动更多社会资本进入生态环境保护领域，将生态环境成本纳入经济运行成本，同时更好地发挥公共政策在发展高效生态农业、生态旅游、生

---

① 习近平：《生态兴则文明兴——推进生态建设　打造"绿色浙江"》，《求是》2003年第13期。

态服务业,推动生态产品价值提升和转化上的引导作用。要坚持以开放促改革,建设更高层次的开放型经济,以生态环境、生态资源优势吸引和集聚高端要素资源,在更广阔的空间范围内进行资源的优化配置,以最美的生态环境与最高端的要素资源的对接,达到最好的生态产品价值实现效果。

围绕建立层层抓落实的机制,建立健全以改善生态环境质量为核心的目标责任体系。要全面贯彻中央和省委出台的《党政领导干部生态环境损害责任追究办法(试行)》和《浙江省党政领导干部生态环境损害责任追究实施细则(试行)》,进一步完善《丽水市生态环境损害党政领导干部问责暂行办法(试行)》,以严格的责任追究机制倒逼各级党委、政府切实履行好生态保护的职责。在此基础上,要积极探索健全自然资源产权、资产管理和监管体制,编制好自然资源资产负债表,健全领导干部离任生态审计制度,建立全方位、高标准的生态环境监管模式。

全面推进市域治理现代化,建构以治理体系和治理能力现代化为保障的生态文明制度体系。要进一步完善党委领导、政府负责、社会协同、公众参与的现代治理结构,充分发挥生态治理多元社会主体各自的优势,形成生态保护和生态治理的社会合力。要深化法治丽水建设,着力破解生态环境保护中存在的制度不严格、法治不严密、执行不到位、惩处不得力等问题,充分发挥法治在生态保护和生态治理中的刚性保障作用。要围绕生态产品价值实现的内在逻辑,在生态产品价值的保值增值、生态产品价值的产权界定、生态产品价值的核算、生态产品价值的标识、生态产品价值实现的市场化路径、生态产品价值实现的政府角色定位等关键性问题,率先探索形成一整套成熟的制度保障体系,努力在打通绿水青山转化为金山银山的通道上贡献更多的制度化的丽水经验。

坚持底线思维,构建以生态系统良性循环和环境风险有效防控为重点的生态安全体系。要树立生态优势是丽水最大的优势、生态安全是丽水最大的安全意识,坚持防患于未然,深入实施大气、水、土壤污染防治三大行动计划,建立健全全域"山水林田湖草"各个生态体系风险防控机制,将生态环境风险纳入常态化管理,系统性地构建全过程、多层级的生态环境风险防范体系,有效防范各类生态环境风险,将各类生态环境风险及其可能引发的生态危机控制在最低限度,确保秀山丽水一方净土的安全。

(三)植根人民:以生态富民为检验高质量绿色发展成效的根本尺度

能否实现生态富民,是检验高质量绿色发展成效的根本尺度。在现代化进程中出现程度不一的发展成果分享不均衡、不公平问题,是一个世界性的普遍现象。二战以后大批亚非拉国家启动了现代化进程,普遍性地发生了社会两极分化现象。世界银行于2006年在《东亚经济发展报告》中提出了"中等收入陷阱"概念。相关研究表明,50多年来,全球100多个中等收入经济体中,仅有13个国家和地区跨越了"中等收入陷阱",从中等收入经济体发展为高收入经济体。一些国家还经历了"晋级—退出—再晋级"的痛苦过程。"中等收入陷阱"的一个实质性问题,就是社会两极分化不仅直接威胁着社会的稳定,而且严重制约了社会总体消费水平的提升,制约了经济发展转型升级,形成了社会动荡、政治腐败、经济停滞的恶性循环。2015年10月,党的十八届五中全会通过的《中共中央关于制定国民经济和社会发展第十三个五年规划的建议》中明确提出了共享的发展理念,作为引领中国新发展实践的重要准则。共享发展理念基于马克思主义发展观和社会主义公平正义的价值理念,既深刻地总结了中国发展丰富的实践经验,又广泛借鉴和吸取了"包容性增长""基础广泛的增长""分享型增长""益贫式增长"等理念的营养,必将随着中国共享发展实践的深化而对推动全球共享发展贡献出具有广泛借鉴意义的中国方案、中国智慧。

党的十九大报告第一次把全体人民共同富裕的社会主义本质具体化为现实的奋斗目标，提出到 2035 年基本实现社会主义现代化时，全体人民共同富裕迈出坚实步伐，到 21 世纪中叶，把我国建成富强民主文明和谐美丽的社会主义现代化强国时，全体人民共同富裕基本实现。在此基础上，党的十九届五中全会进一步提出了"全体人民共同富裕取得更为明显的实质性进展"①的目标。习近平总书记在关于《中共中央关于制定国民经济和社会发展第十四个五年规划和二〇三五年远景目标的建议》的说明中特别强调，"促进全体人民共同富裕是一项长期任务，但随着我国全面建成小康社会、开启全面建设社会主义现代化国家新征程，我们必须把促进全体人民共同富裕摆在更加重要的位置，脚踏实地，久久为功，向着这个目标更加积极有为地进行努力"②。随后出台的国家"十四五"规划明确提出"支持深圳建设中国特色社会主义先行示范区、浦东打造社会主义现代化建设引领区、浙江高质量发展建设共同富裕示范区"。2021 年 6 月 10 日，中共中央、国务院印发《关于支持浙江高质量发展建设共同富裕示范区的意见》，对浙江省建设共同富裕示范区的发展目标明确了具体的"时间表"：到 2025 年，浙江省推动高质量发展建设共同富裕示范区取得明显实质性进展；到 2035 年，浙江省高质量发展取得更大成就，基本实现共同富裕。2021 年 6 月 11 日，中共浙江省委十四届九次全体会议通过《浙江高质量发展建设共同富裕示范区实施方案（2021—2025 年）》，对浙江贯彻落实中央意见，以高质量发展为基础，在共同富裕实践上发挥好先行示范作用进行了全面部署。

共享发展既是一种全民共同创造社会财富的实践形式，又是一种全民共同分享发展成果的社会财富分配方式。实践证明，共享发展水平在同一国家的不同地区同样会呈现出巨大的不均衡性。欠发达地

① 《中共十九届五中全会在京举行》，《人民日报》2020 年 10 月 30 日。
② 《中共中央关于制定国民经济和社会发展第十四个五年规划和二〇三五年远景目标的建议》，人民出版社 2020 年版，第 55 页。

区,一般来说,由于资本、技术、人才的稀缺,本地创业主体相对较少,产业发展更多依靠引进外部资本,本地居民难以实现充分就业,因而中西部广大地区在城乡居民收入普遍相对较低的情况下,往往呈现出了更为突出的城乡居民收入不均衡的问题。拥有生态资源优势的后发地区在较好地处理了工业发展与生态保护的关系,走出一条绿色发展之路的前提下,要实现高质量的绿色发展,还必须通过体制机制创新,充分调动并有效容纳城乡居民广泛参与绿色产业的发展,同时借助于政府的调节,使城乡居民充分分享生态产品价值实现带来的社会财富,从而真正实现共享式的绿色发展。这同样是一个极具挑战性的课题。

实现共同富裕的关键在于缩小城乡之间、地区之间和阶层之间的收入差距。丽水绿色崛起的重要成功经验之一,正在于坚持走绿色发展道路,坚定不移保护绿水青山这个"金饭碗",实现了农民收入增幅多年位居全省第一。丽水的发展水平和城乡居民收入水平尽管相对于沿海发达地区还存在明显的差距,但相对于其他省份的山区并不落后,有条件依托生态资源优势,在走出一条山区共同富裕之路上发挥好重要示范作用。2021 年 7 月 30 日,丽水市委四届十次全体会议审议通过了《丽水加快跨越式高质量发展建设共同富裕示范区行动方案(2021—2025 年)》(以下简称《行动方案》)和《中共丽水市委关于全面推进生态产品价值实现机制示范区建设的决定》,明确提出要在加快跨越式高质量发展扎实推动共同富裕的奋斗新征程中,努力把丽水建设成为共同富裕美好社会山区样板,为浙江省建设共同富裕示范区做出重要历史贡献。《行动方案》以解决地区差距、城乡差距、收入差距问题为主攻方向,更加注重破解发展不平衡不充分问题,更加注重发挥生态比较优势,更加注重向农村、基层和困难群众倾斜,围绕绿色发展生态富民、创新引领产业振兴、统筹区域协调发展、花园城市乡村建设、富民增收机制创新、精神文明全民共创、公共服务优质共享、社会和谐共建共治,提出了一系列工作举措。

必须看到,丽水在扎实推动共同富裕方面取得成功,不仅会对浙江省共同富裕示范区建设起到关键性作用，做出至关重要的贡献，而且将为全国与丽水属于同样类型、处于同样发展阶段、具有同样发展情况、同样渴盼加快发展的地区探索实现共同富裕之路提供宝贵的经验借鉴与实践示范。展望 2035 年，丽水要立足于加快跨越式高质量发展，努力成为全面展示浙江高水平生态文明建设和高质量绿色发展两方面成果和经验的重要窗口，打造高质量发展建设共同富裕示范区，就必须始终坚持发展为了人民、发展依靠人民、发展成果由人民共享，将生态富民的成效作为检验高质量绿色发展的根本尺度。要进一步深化丽水走在前列的林权改革、河权改革、农村金融改革，扩大以"丽水山耕""丽水山居""丽水山泉"为代表的生态产品区域公用品牌的创建，充分调动广大农民群众参与生态产品创造和价值转化的积极性、创造性。要进一步完善为民办实事长效机制，提升基本公共服务均等化水平，健全破解相对贫困问题的有效机制，不断壮大中等收入群体的规模。要通过深化乡村振兴实践，念好新时代的"山海经"，逐步提高低收入群体生活保障水平等举措，确保农村居民和低收入群体的收入增长水平高于全体居民收入增长水平，努力破解发展的不平衡不充分问题。

三、以"丽水之干"续写"八八战略"新篇章

打造高水平建设和高质量发展的重要窗口，续写"八八战略"在丽水的新篇章，没有捷径，唯有实干。21 世纪以来，丽水在"八八战略"特别是习近平同志到丽水考察调研时作出的重要讲话和指示的引领下，之所以能够不断增强绿色发展的内生动力，克服欠发达山区发展存在的种种不利条件，走出一条具有丽水特色的欠发达地区跨越式发展路子，靠的就是苦干、实干精神。

在贯彻落实"八八战略"、推动发展方式绿色化转型的过程中，丽水各级党委、政府铭记习近平同志的重要指示，始终高度重视对各级干部

担当、干事的热情的激发,着力培育特别肯吃苦、特别能战斗、特别有韧劲、特别善创新的奋斗精神。特别是 2018 年习近平总书记对丽水践行"绿水青山就是金山银山"理念取得的成效作出充分肯定之后,丽水市委更是明确提出要以"丽水之干"担纲"丽水之赞",要求各级干部冲破束缚,轻装上阵地干;脚踏实地,求真务实地干;立说立行,雷厉风行地干;追求卓越,精益求精地干;久久为功,锲而不舍地干。

为强化敢担当、善担当、能担当导向,充分调动和激发干部队伍的积极性、主动性、创造性,2018 年,丽水市委专门出台了《关于进一步激励干部新时代新担当新作为以"丽水之干"担纲"丽水之赞"的实施意见》,强化以结果论英雄、凭实绩用干部的用人导向,明确提出要大力选拔敢于负责、勇于担当、善于作为、实绩突出的干部,让想干事的有机会,能干事的有舞台,干成事的有地位,不干事的没市场。要求各级党委(党组)将激励干部担当作为摆上重要日程,研究出台激励干部践行"丽水之干"的具体举措,以务实的态度推动"丽水之干",高高扬起"丽水之干"的旗帜。与此同时,市委还出台了《关于深化完善容错纠错机制的实施细则》,明确在纪律、法律框架内为担当者容错、为敢为者容错,要让吃苦者不吃亏、流汗者不流泪、担当作为者没有后顾之忧,心无旁骛、义无反顾地撸起袖子加油干,释放出了为担当者担当、为负责者负责、为干事者撑腰的强烈信号。

丽水从来就是培育实干精神的沃土。作为全省唯一的所有县(市、区)都是革命老根据地的地级市,在革命战争年代,老一辈革命家在这里留下了光辉的战斗足迹,缔造了伟大的浙西南革命精神。"忠诚使命、求是挺进、植根人民"的浙西南革命精神已深深融入丽水大地,流淌在广大丽水儿女的血脉中,成为激励一代又一代丽水人坚定理想信念、战胜一切困难、夺取前进道路上一个又一个胜利的力量源泉。为了给"丽水之干"注魂、赋能、立根,2019 年 7 月 30 日,丽水市委四届六次全会专门作出《大力弘扬践行浙西南革命精神的决定》,在全市掀起了大力弘扬和践行浙西南革命精神的热潮。弘扬践行浙西南革命精神的目的，就是要从浙西南革命精神中汲取信仰的磅礴伟力，把始终坚定理想信念作为加强自身精神修养的终身课题，作为党性锻炼的核心内容；汲取不畏艰难、毅然挺进的前进动能，以迎难而上、攻坚克难的勇气，百折不挠、一往无前的韧劲，敢于啃硬骨头、敢于涉险滩的胆魄，坚定不移创新实践"丽水之干"，不断开辟新时代"绿水青山就是金山银山"发展新境界；汲取以群众为根基、以人民为中心的大智慧，矢志不渝坚持群众观点、走好群众路线、做好群众工作，时刻牢记"为了谁、依靠谁"这一根本立场，充分调动人民群众干事创业的积极性、主动性、创造性。

以浙西南革命精神来注魂、赋能、立根的"丽水之干"，是"干在实处，走在前列、勇立潮头"的工作状态精神在丽水的具体体现。"干在实处"是"走在前列"的下手处，是"勇立潮头"的落脚点。事业、成就都是干出来的，不是喊出来的。走在前列的标准越高，勇立潮头的难度越大，越是需要大力弘扬求真务实精神，弘扬苦干实干精神。经济发展水平相对滞后的丽水要在全省的"重要窗口"建设中发挥不可替代的重要作用，更是需要大力弘扬"唯实惟先、善作善成"的作风，推动"重要窗口"建设干在实处，充分彰显"丽水之干"的锐气、勇气和韧性。

干在实处，就必须高扬求真务实精神，坚持一切从实际出发，立足"生态是最大优势，发展是最重任务"的丽水市情，持之以恒地沿着绿色发展之路走下去。要大力弘扬钉钉子精神，强化一张蓝图绘到底、一任接着一任干的战略定力，以"咬定青山不放松"的韧劲、锲而不舍的恒心、不达目的不罢休的狠劲，不断深化高质量绿色发展的探索。要坚决防止和克服好高骛远、不切实际的虚浮作风，善于将"大胆假设"与"小心求证"结合起来，将愿景谋划与现实实践结合起来，积小胜为大胜，将打造高水平建设和高质量发展的重要窗口的各项奋斗目标落实在一步一个脚印的扎实工作之中。要紧紧抓住加快建设现代化生态经济体系这个"牛鼻子"，全力以赴做好"生态经济化、经济生态化"这篇大文章，为实现 GDP 和 GEP"两个较快增长"打造强大引擎。

　　干在实处,就必须坚持问题导向,高扬求是挺进的奋进旗帜,以攻坚克难的挺进精神,破解高质量绿色发展进程中遇到的各种困难。问题并不可怕,浙江的发展在很大程度上就是人多地少、资源匮乏等"问题"倒逼出来的,浙江的不少地方以脱胎换骨的勇气,从被"倒逼"转向主动选择,逼出了"腾笼换鸟"、提升内涵的新思路,逼出了"借地升天"、集约利用的新办法,逼出了节能环保、循环经济的新转折,从而用"倒逼"之"苦"换来发展之"甜",争取实现"凤凰涅槃、浴火重生"的新飞跃。这说明,"面对'倒逼'的客观现实,唯有变压力为动力,深刻认识,尽早觉悟,抓紧行动,才能从'倒逼'走向主动"①,才能推动时代发展。在推进高质量绿色发展的进程中,丽水必然会遇到各种严峻的挑战,无论是破解发展不平衡不充分问题,扎实推动生态富民取得更为显著的实质性进展,还是在生态产品价值实现机制的试点探索上取得可复制、可推广的制度性成果,都没有现成的答案和可资借鉴的经验,都必须知难而上,变压力为动力、变挑战为机遇,实打实地抓工作,硬碰硬地破难题,以踏石留印、抓铁有痕的劲头抓好各项工作落实,一步一个脚印地破解前进道路上遇到的难题。

　　干在实处,就必须对标一流,强化标杆意识,形成勇攀高峰、追求卓越的工作气魄。落实在高水平建设和高质量发展的重要窗口建设上,追求卓越的"丽水之干",必须立足于生态提标,打造绿水青山新优势。要有打造世界一流生态、最美生态的雄心,打造大花园最美核心区的责任担当,持续提升生态环境质量,不断扩大生态比较优势,建设自然资源资本强市。要进一步优化空间布局,坚持规划先行、多规合一,推动市域产能布局调整、生产力区划重构和生产要素重组,实现生产空间集约高效、生活空间宜居适度、生态空间山清水秀,为丽水高质量绿色发展厚植根基。要树立"世界眼光、国际标准"的高点定位,把国家公园打造成为推动新时代生态文明建设最佳实践,体现国家战

---

　　①　习近平:《之江新语》,浙江人民出版社 2007 年版,第 133 页。

略、承担国家使命，为丽水高质量绿色发展提供引领和动力的旗舰型产品，争当大花园和国家公园建设的标准制定者、实践地和示范区。尊重城市和乡村的自然肌理和历史文脉，重构城乡发展与自然演进的平衡机制，促进美丽城乡与美丽生态"各美其美、美美与共"，打造现代版"丽水山居图"。严守"生态保护红线、环境质量底线、资源利用上线"三条红线，积极探索市场化的生态保护体系，构建政府、市场、社会三位一体的多元生态补偿机制，完善绿水青山的产权制度、保护制度、交易制度，建立林权、水权、碳汇权、排污权、用能权等各类产权交易平台，积极开展市场交易，促进生态红利充分释放，将丽水打造成为生态产品价值实现和现代生态文明制度创新的重要策源地。

干在实处，就必须大力弘扬勇于创新的求是意识，在"求实"中"求是"，在"求是"中"求变"。要切实增强"没有走在前列也是一种风险"的忧患意识，坚持勇立高质量绿色发展的潮头，不断以先行先试的创新成果发挥示范引领作用。要用好用活"跨山统筹""创新引领""问海借力"三把"金钥匙"，推动发展方式和发展路径的深刻变革，实现经济发展从"数量追赶"向"质量赶超"、从"规模扩张"向"结构优化"、从"要素驱动"向"创新驱动"的根本性转变。要围绕生态产品价值实现机制探索试点，努力成为优质生态产品的供给者、生态价值标准的制定者、生态价值体系的评估者，为生态产品价值实现和高质量绿色发展提供更多的丽水经验、丽水方案。

干在实处，就必须始终坚持以人民为中心，问需于民、问计于民、问情于民，以人民对美好生活的向往为丽水发展建设的根本价值导向。要将经济社会建设的成就最终落实到生态富民上来，落实到不断满足人民群众日益增长的美好生活的向往上来，以人民群众获得感、幸福感的不断增强，激发和汇聚起全社会参与现代生态文明体系构建的磅礴力量。要充分发挥群众的主体作用，充分尊重群众的主体地位，努力在全市上下推动形成同心协力、崇尚实干的浓厚氛围，合力奏响高质量绿色发展的"丽水之干"的最强音。

参考文献

[1] 本书编写组编著:《干在实处 勇立潮头——习近平浙江足迹》,人民出版社、浙江人民出版社 2022 年版。

[2]《党的二十大文件汇编》,党建读物出版社 2022 年版。

[3] 葛学斌主编:《"两山"重要理念在丽水的实践——丽水改革开放 40 年研究》,浙江人民出版社 2018 年版。

[4] 何显明、赖惠能主编:《中国全面小康发展报告·丽水样本》,红旗出版社 2020 年版。

[5] 习近平:《干在实处 走在前列——推进浙江新发展的思考与实践》,中共中央党校出版社 2006 年版。

[6] 习近平:《加强基层基础工作 夯实社会和谐之基》,《求是》2006 年第 21 期。

[7] 习近平:《坚持以人为本的科学理念 推进社会主义和谐社会在浙江的实践》,《今日浙江》2006 年第 21 期。

[8] 习近平:《建设"平安浙江"促进社会和谐稳定——在省委十一届六次全体(扩大)会议上的报告(节选)》,《今日浙江》2004 年第 9 期。

[9] 习近平:《努力在又好又快发展中推进浙江和谐社会建设在省十届人大五次会议闭幕时的讲话(2007 年 2 月 3 日)》,《浙江人大》(公报版)2007 年第 2 期。

[10] 习近平:《推动我国生态文明建设迈上新台阶》,《求是》2019 年第 3 期。

［11］《习近平在全国生态环境保护大会上强调　坚决打好污染防治攻坚战　推动生态文明建设迈上新台阶》，《人民日报》2018年5月20日。

［12］习近平：《在深入推动长江经济带发展座谈会上的讲话》，《求是》2019年第17期。

［13］习近平：《正确处理事关"十一五"经济社会发展全局的几个重大关系》，《政策瞭望》2005年第12期。

［14］习近平：《之江新语》，浙江人民出版社2007年版。

［15］《与时俱进的浙江精神》，《浙江日报》2006年2月5日。

［16］中共中央文献研究室编：《十八大以来重要文献选编》（上），中央文献出版社2014年版。

［17］中共中央宣传部编：《习近平总书记系列重要讲话读本》（2016年版），学习出版社、人民出版社2016年版。

［18］中央党校采访实录编辑室：《习近平在浙江》（上），中共中央党校出版社2021年版。

［19］中央党校采访实录编辑室：《习近平在浙江》（下），中共中央党校出版社2021年版。

后　记

按照浙江省习近平新时代中国特色社会主义思想研究中心、浙江省社会科学界联合会的统一部署,中共丽水市委委托浙江省社会科学院组织力量撰写了本书。本书全面阐述了丽水市委、市政府团结带领全市广大干部群众贯彻落实习近平同志的重要讲话和指示精神、忠实践行"八八战略"重大部署所进行的不懈努力、得到的重大启示、凝聚的奋进力量,以及推动丽水经济社会发展取得历史性成就的好经验、好做法。20年来,丽水自觉地将自身发展纳入全省、全国发展的大局,在守护好秀山丽水的基础上,不断探索和拓展绿水青山转化为金山银山的通道,逐步形成了经济生态化与生态经济化良性循环的发展格局,走出了一条欠发达山区绿色赶超的发展之路。

中共丽水市委高度重视本书的撰写工作,委托浙江省社会科学院开展专题研究。浙江省社会科学院原院长何显明承担了导论、第三章、第四章和展望的撰写任务,袁顺波负责第一章和第五章的文稿执笔,徐友龙撰写了第二章和第六章。本书封面图片由郦益敏拍摄。本书的撰写得到了浙江省委宣传部、浙江省社会科学界联合会、丽水市各级各部门的大力支持,在此一并表示衷心的感谢!

由于水平有限,书中难免有不尽完善之处,敬请读者批评指正。

作　者
2023 年 6 月